中南财经政法大学出版基金资助出版

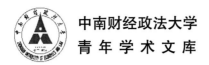

中南财经政法大学
青年学术文库

国际商事仲裁正当程序问题研究

梁艳艳　著

WUHAN UNIVERSITY PRESS
武汉大学出版社

图书在版编目(CIP)数据

国际商事仲裁正当程序问题研究/梁艳艳著.—武汉:武汉大学
出版社,2023.11(2024.12 重印)
中南财经政法大学青年学术文库
ISBN 978-7-307-24033-9

Ⅰ.国… Ⅱ.梁… Ⅲ.国际商事仲裁—诉讼程序—研究
Ⅳ.D997.4

中国国家版本馆 CIP 数据核字(2023)第 188243 号

责任编辑:沈继侠   责任校对:汪欣怡   版式设计:马　佳

出版发行:**武汉大学出版社**　(430072　武昌　珞珈山)
　　　　(电子邮箱:cbs22@whu.edu.cn　网址:www.wdp.com.cn)
印刷:武汉邮科印务有限公司
开本:720×1000　1/16　印张:14.5　字数:208 千字　插页:2
版次:2023 年 11 月第 1 版　　2024 年 12 月第 2 次印刷
ISBN 978-7-307-24033-9　　定价:68.00 元

前　言

当今社会，各国商贸往来高度全球化、各行业自治组织迅速发展壮大。解决国际商事争端已成为一大产业，国际商事仲裁能为国家财政带来丰厚的财政来源，这也是各地纷纷争当仲裁中心的重要原因。国际商事仲裁法律制度建设日益受到各国或地区仲裁立法和国际商事仲裁实践的关注，且已成为一国或一地法律制度现代化和具有吸引力的重要标志之一。党的二十大报告指出："坚定不移扩大开放，着力破解深层次体制机制障碍""稳步扩大规则、规制、管理、标准等制度型开放。"同时，我国目前非常重视国际商事仲裁人才的培养，国务院六部委曾联合发文，要求到2025年全面建成涉外仲裁人才的培养体系。其中，国际商事仲裁的理论研究具有关键性的作用。所以，对国际商事仲裁深入研究的意义不言而喻。

正当程序是一项基本的法律制度和法律原则，正当程序对依法治国的实现和发展有着决定性的作用。国际商事仲裁中的正当程序的界定可能会受几个地方的仲裁程序法影响——仲裁地的程序法、被请求执行地的程序法、当事人选择的程序规则。因此，对于仲裁员来讲，若想保证未来的裁决得到承认和执行，要考虑的法律依据较复杂。本书积极回应当前完善我国国际商事仲裁机制的迫切需求，为"运用法治手段开展国际竞争"提供知识支撑。国际商事仲裁是目前解决国际民商事纠纷的主要手段，以国际商事仲裁正当程序问题为重点，分别站在仲裁庭、仲裁当事人、法院三个主体上讨论正当程序问题，便于不同的主体认清各自的权利和义务，以健康良性的程序推动仲裁程序的稳步前进，同时通过分析有代表性的国际国内商事仲裁的案例，彰显中国良性高效的系统解决方案。

　　中国作为现今世界名列前茅的进出口商业贸易大国，国际商事仲裁对中国各个经贸领域内的争端解决有着日渐深远的影响。随着中国境内的商事主体不断扩展国际贸易的规模，各种争端和纠纷的增加也不可避免。因此，构建一个公平合理正当的仲裁程序环境，不仅是我国法治和经济问题，也关涉到我国国际贸易制度的发展。本书着重强调国际商事仲裁正当程序制度构建和实施需要重视实用性、法律性的结合，应务实确定国际商事仲裁目标，提出以平衡、便利、适度作为国际商事仲裁正当程序实施原则，在动态中推进规则和机制发展创新，为国际商事仲裁正当程序机制研究提供了新的理论元素和研究视角。

目　　录

第一章　国际商事仲裁正当程序概述

经济全球化是一种复杂的演化过程，并体现为一种客观趋势，也必然充满着矛盾运动。随着经济全球化的发展，国际商事争议不断涌现。本书将国际商事争议定义为国际私法主体之间在跨国商事交往中所发生的涉及人身关系和财产关系的权利与义务纠纷。区别于国际争端和国内民商事争议，国际商事争议特点明确：首先，国际商事争议是国际性争议，必然存在涉外因素，主体、客体或者内容至少有一个与外国相联系；其次，作为商事争议，国际性商事争议的内容涉及的是个人的人身关系和财产关系，一般无须当事人所属国行使外交保护权；最后，国际商事争议是广义的民商事争议。国际商事争议的解决方式可分为诉讼内与诉讼外两种，诉讼外的争议解决方式即替代性商事争议解决（ADR），ADR 种类繁多，主要为协商谈判、调解、仲裁、小型审判、简易陪审团、早期中立评价、租赁法官等方式，都具有自愿性、非正式性、复合型、保密性、前瞻性和结果的非强制性特点。

第一节　国际商事仲裁正当程序概念

一、正当程序的含义

（一）"国际"的认定

国际商事仲裁是具有商事性质和国际性质的仲裁，即含有涉外或国际

1

性因素的民商事仲裁，从一国的角度出发也可以将其认为是涉外仲裁。但严格来说，相比于涉外仲裁的范畴，国际商事仲裁所包含的范围更大，如国际组织以及区域性的仲裁制度是被包含在前者的范围内的。区别这两个范畴的分歧主要在于如何理解"国际""涉外""商事"的含义。①

"国际"或"涉外"的概念无论在理论还是实践中，并没有一个公认的概念。1985年，《联合国国际贸易法委员会国际商事仲裁示范法》（以下简称《示范法》）对国际仲裁界定的概念很广泛（《示范法》在采纳的国家数量、实施法律的速度及统一国内法的程度上都是非常成功的②），其范畴包括："营业地在不同国家的当事人之间争议的仲裁；仲裁地和当事各方的营业地位于不同国家的仲裁；主要义务履行地和当事各方的营业地位于不同国家的仲裁；与争议标的最密切的地点和当事各方营业地位于不同国家的仲裁；当事各方明确同意仲裁标的与一个以上国家有关的仲裁。"

1994年意大利《仲裁法》并未专门规定国际仲裁，而是引入了意大利《民事诉讼法典》的规定，以取代仅适用于国内仲裁的规定。因此，判断仲裁程序是否具有国际性主要是根据意大利《民事诉讼法典》第832条③。该条规定了两种标准：主观标准和客观标准。根据客观标准，仲裁的国际性是指纠纷所指的法律关系中的义务的大部分系在境外履行。最高法院指出，第832条在提及义务的大部分时，并未规定大部分是否应该是根本部分，或主要部分，或者是附带部分、辅助部分。因此，法院认为，"大部分"的判断应根据缔约之时双方当事人的意愿、目的以及合同的一般目的加以判断。并且，这一分析应就合同的整体履行而言，而不限于提交仲裁

---

① 宋连斌：《国际商事仲裁管辖权研究》，法律出版社2000年版，第6页。

② Gerold Herrmann, Does the World Need Additional Uniform Legislation on Arbitration? The 1998 Freshfields Lecture, *Arbitration International*, Vol 15, No. 3, 1999, pp. 211-236.

③ 意大利《民事诉讼法典》第832条规定："签订仲裁条款或仲裁协议之日当事人至少有一方住所地或主要营业地在国外的，或者有关争议关系引起的责任实质性部分是在国外履行的，本篇第1章至第6章的条款适用于仲裁，但不得与本章规定相抵触。国际公约的规定应适用于所有仲裁案。"

的问题。2004 年，意大利最高法院在 NO. 18460 案中就仲裁国际性的判断作出了裁判。

在国际商事仲裁中，对于如何认定"国际"有两种标准：一种认定标准是联结因素的实质性；另外一种认定标准是争议的国际性质。① 我国 2005 年颁布的《中国国际经济贸易仲裁委员会仲裁规则》第 3 条关于"管辖范围"的规定中，除国内争议外，我国仲裁委员会还受理"国际的"或"涉外的"争议。国际商事仲裁之国际性质问题通常指的是仲裁是否与一个以上的国家有联系。对仲裁作国际性质和国内性质的区分并准确界定"国际性质"非常重要。目前国际性质的判断模式有三种，分别为：以实际联结因素为标准，又称为地理标准或法律标准；以争议是否涉及国际商事利益为标准，又称为"经济标准"；以《联合国国际贸易法委员会国际商事仲裁示范法》为标准的复合模式。《示范法》规定"双方当事人已明示约定仲裁协议的客体与一个以上的国家有联系"，这一规定显示出以当事人合意来确定国际商事仲裁的倾向，反映了国际商事仲裁在实践时，对"国际"含义的扩大解释的趋势。② 笔者认同《示范法》的规定。

在中国的《仲裁法》中，"涉外"和"国际"概念没有直接得以体现。中国国际私法理论界认为，民商事法律关系的涉外或国际性应作广义理解，即其主体、客体或内容这三个因素中至少有一个与中国内地之外的法域相联系。中国法律并未采取国际商事仲裁这一概念，取而代之的是"涉外仲裁"这一独特概念，同时法律对"商事""涉外"未作界定，实践中一般对其作宽泛解释。但法律在界定"涉外仲裁"时，以仲裁机构的国籍决定仲裁的国籍，与国际通行实践相悖。学理上一般认为中国的涉外仲裁就是国际商事仲裁。③

---

① 刘晓红、袁发强：《国际商事仲裁》，北京大学出版社 2010 年版，第 15 页。
② 刘仁山：《国际私法》，中国法制出版社 2019 年版，第 506 页。
③ Katherine, L Lynch, Chinese Law: The New Arbitration Law, *Hong Kong Law Journal*, Vol. 26, 1996, p104.

(二)"商事"的认定

本书在研究国际商事仲裁正当程序之前，要先对"商事"进行界定，是否商事争议与是否可以仲裁方式解决密切相关联，并且关系到事后仲裁裁决的承认和执行事宜。"商事"是其区别于国际公法上的仲裁的主要标志之一。但现在大多数国家已倾向于对"商事"一词作宽泛解释，国际商事仲裁的范围得到了极大扩展。"商事"这一词在国际中并没有公认的定义。《示范法》对其界定的很广泛：包含一切因契约性或非契约性而产生的关系。"商事"的中国官方释义基本上与《示范法》解释相同，也是一种比较广义的解释。[1]

(三)"仲裁"的定义

仲裁作为一种替代诉讼的争端解决方式，即由双方当事人，自愿将其争议交付给居中的第三者裁决解决争议的形式，并且该裁决与其他替代诉讼的争端解决方式不同的是，仲裁裁决是有约束力的。[2] 现在和过去关于仲裁的含义不同，中外的理解也有差异。[3] 在国际和国内都有强制仲裁制度，如我国仍存在劳动争议的法定仲裁，即提交仲裁非出于自愿，而是法定的。[4] 对于仲裁的含义而言，现在和过去不完全一样，中国和外国的理解亦有差异。[5] 根据仲裁与诉讼方式的区别、仲裁对当事人的约束力等可将"仲裁"定义为：争议当事人根据其自愿达成的协议或依据法律规定，将其争议提交法院之外的中立第三人即仲裁员，由其居中作出裁决的一种争

---

[1]　刘仁山：《国际私法》，中国法制出版社 2019 年版，第 507 页。

[2]　韩健：《现代国际商事仲裁法的理论与实践》，法律出版社 2000 年版，第 1 页。

[3]　Gary B. Born, *International Commercial Arbitration in the United States—Commentary & Materials*, Kluwer Law and Taxation Publishers, 1994, p1.

[4]　Ronald Bernstein and Derek Wood, *Handbook of Arbitration Practice*, Sweet & Maxwell Ltd. , 1993, p9.

[5]　谭兵主编：《中国仲裁制度研究》，法律出版社 1995 年版，第 1 页。

议解决方式。我国多数学者对于仲裁的定义基本上是一致的。①

（四）正当程序的含义

正当程序是英美法系诉讼和仲裁程序的基本理论、基本制度和原则，在美国法律文献中其被称"正当程序"，在英国被称为"自然正义"，正当程序原则是仲裁的根本原则，是构成一国法律原则的有机组成部分。② 在正当法律程序条款得到应用的初期，正当程序所保护的，由《权利法案》规定的生命、自由和财产是一个包容性很强的概念，包含了明智之人珍惜的所有利益。③

多数学者将《纽约公约》第 5 条第 1 款第 2 项的规定定义为"正当程序"，正当程序的基本要求是公平对待当事人。自然法中的自然公正是正当程序的源头，自然公正的含义包括，一是要平等对待当事人，给予当事人同等的陈述案件的机会；二是自己不需要自证其罪，自己不能充当自己的法官。正当程序的观念已深深地埋在当代国家的法律制度中，当代社会也广泛承认其价值的重要性。仲裁早期是两个商人常常自己寻求信任的第三人来解决争议，④ 因仲裁具有高度的自治性和民间性，将正当程序作为仲裁的基本原则和基本制度是相当重要和必要的。另外，在大多数国际公约和各国的法律中都将正当程序与承认和执行仲裁裁决相挂钩，足以见得其重要的作用和地位。⑤

当事人在国际商事仲裁中的程序权利和程序利益，必须依赖于正当程

---

① See Hrvoje Sikiric, *Arbitration and Public Policy*: *Arbitration proceedings and Public Policy*, Croatian Arbitration Yearbook, 2000, p85; Maureen A. Weston, Reexamining Arbitral Immunity in an Age of Mandatory and Professional Arbitration, *Minnesota Law Review*, February, 2004, p452.

② 李虎:《网上仲裁法律问题研究》，中国民主法制出版社 2006 年版，第 159 页。

③ H. D. Monaghan, Liberty and Property, *Cornell Law Review*, Vol. 62, 1997, p405.

④ Alan Redfern and Martin Hunter, *Law and Practice of International Commercial Arbitration*, London: Sweet & Maxwell, 2003, p3.

⑤ 齐湘泉:《外国仲裁裁决承认及执行论》，法律出版社 2010 年版，第 120 页。

序而生存。人们向往的国际商事仲裁中的公正和正义价值也必须由正当程序维护和确保。通常，正当程序涵盖两个基本方面：一是仲裁庭应给予当事人适当的通知；二是仲裁庭应公平地对待程序中的当事人，使当事人有充分和同等的机会表达主张和陈述案件。正当程序的这两个基本要求将整个仲裁程序的全过程包含在内。尤其是有关陈述案情的要求，所有的严重程序不当均可构成违反正当程序的情形。《纽约公约》第5条第1款，1985年《国际商事仲裁示范法》第18条、荷兰1986年《民事诉讼法典》第1039条第1款都规定，仲裁庭应公平地对待程序中的当事人，使当事人有充分和同等的机会表达主张和陈述案件。

对正当程序制定实施性的具体规则较为困难，一些国内法体系虽然正确地坚持要求给予仲裁中的各方当事人公平的聆讯，但其立法没有对当事人或仲裁庭提供具体的指导。实践中，何谓构成"公平聆讯"的准确条件，由国内法院根据具体情况确定。当对仲裁是否适当进行产生疑问时，各国国内法院总是从特定的国内法立场来看待这一问题。这是可以理解的，事实上也不可避免，但造成一定的困难。仲裁程序可能由来自不同法律背景的律师进行，他们习惯于不同的程序，甚至可能是不同的法律仪式。①

笔者认为，《纽约公约》第5条第1款第2项仅是正当程序的最低要求、基本要求，真正的正当程序的含义贯穿于整个国际商事仲裁始终，有学者将正当程序分为16个方面：①获得性合理（Reasonable Accessibility），当事人对程序的合理理解和能平等有效地参与程序。②费用合理（Reasonable Affordability），要求费用负担与一般性的社会财务状况相符、与解决争议的复杂性相符。③代表的可选择性（Choice of Representation），即当事人可以根据自己的意愿选择自己的代表参加仲裁。④交流不同观点（Exchange of Differences），即当事人有提出自己的主张和抗辩的权利，每方当事人可以收到有效的通知。⑤听证前披露机会并发现事实信息

---

① ［英］艾伦·雷德芬、马丁·亨特：《国际商事仲裁法律与实践》，林一飞、宋连斌译，北京大学出版社2005年版，第443页。

（Opportunity to Disclose and Discover Factual Information Before a Hearing）。⑥中立、公正和具有渊博知识的裁决者（Neutral，Impartial and Knowledgeable Decision Maker）。这是对仲裁员的要求，仲裁员应公正和中立，能够分析证据的可信性和相关性，并且有能力解决争议，对法律的适用和程序的驾驭都轻车熟路。⑦对听证给予时间准备（Opportunity to Prepare for Hearing）。若时间因素不具备将不能保证当事人听证的权利。⑧有机会获得程序救济（Opportunity to Obtain Procedural Remedies）。即有机会抗辩和修改自己的主张。⑨听证的形式和地点应当方便合理（Reasonablely Convenient Hearing Type and Location）。⑩有权出庭和提供证据（Appear and Present Evidence）。⑪呈递法律信息、作出解释和争论（Present Law，Explain and Argument）。这一权利要受到合理性、相关性和时间性的制约。⑫当事人应收到有理论依据的裁决（Receive an Understandable Award）。裁决者的自由裁量不是无限的，裁决中应具备详细的说明和法律依据。⑬对错误裁决上诉的机会（Opportunity to Appeal Award if Wrong or Wrongly Decided），对法律错误的裁决有上诉的权利，但在瑞士，仲裁庭对法律适用的错误不被认为是对正当程序的违反。① ⑭执行决定（Enforcing the Decision）。⑮程序合理迅速及时（Reasonably Prompt and Responsive Process）。尽量缩短解决争议的期限。⑯达到公平程序的结果（Goal：Fair Process and Result）。这些元素都是正当程序的总目标。② 本书探讨的国际商事仲裁正当程序是广义的概念，可以界定为：为实现国际商事仲裁价值而需要进行的仲裁程序。

《关于承认和执行外国仲裁裁决的纽约公约》是国际合作的成功范例，已经有一百多个国家和地区加入了该公约。该公约的有效实施和推广可以

---

① Elliott Geisinger，Implementing the New York Convention in Switzerland，*J. Int. Arb.* Vol. 25，2008，pp. 702-705，p691.

② Roger S. Haydock & Jennifer D. Henderson，*Arbitration and Judicial Civil Justice：An American Historical Review and a Proposal for a Private/Arbitral and Public/Judicial Partnership*，Pepperdine University School of Law，2002，pp. 178-188.

看出，公约程序的合法保障便是"正当程序"规则，这么多的国家加入该公约证明"正当程序"已经得到国际认可，仲裁裁决得到承认和执行，应达到和满足"正当程序"怎样的要求和标准，是否存在一个符合"贸易惯例"的强制标准程序，是每个国家需要把握的核心内涵，为了认清"超国家法则"核心的正当程序，我们可以从反方向去理解正当程序，即如果违反了哪些正当程序规则将导致裁决的无效或可撤销，这样的程序规则形成了国际正当程序的一部分。

二、正当程序的特征

国际商事仲裁正当程序问题，包含仲裁的程序围绕着正当程序的宗旨进行，仲裁庭和当事人以及相关机构和人员如何围绕正当程序的核心运转，就像许多行星以太阳为核心在运转一样，一旦偏离正当程序的核心，国际商事仲裁的价值将不能体现，最后建立的仲裁裁决这一房屋也将倾斜。

国际商事仲裁正当程序贯穿在以下几个方面，也即以下方面都是围绕着正当程序的核心在运转：一是启动仲裁程序。仲裁程序的启动便是正当程序的启动，是正当程序的折射。二是仲裁庭的组成。程序开始后的首要问题是及时成立仲裁庭，而仲裁庭的组成也要围绕着正当程序的核心进行，至于仲裁员的资格，最起码的要求是能够公正、独立地审理案件。三是仲裁审理。审理程序中主要涉及的问题有仲裁地点、开庭地点、仲裁庭合议地点的区分确定；仲裁审理与调查取证方式的确定；仲裁使用的语言的确定等都要遵循正当程序。四是仲裁裁决的作出。仲裁庭对仲裁协议项下的案件审理结果是作出仲裁裁决，此项裁决经仲裁员签字后交付给双方当事人。一般而言，当事人收到仲裁裁决后，仲裁程序便结束。从价值要求看，国际商事仲裁正当程序始终关注程序正义和程序效益，有其独特性。仲裁程序的基本原则体现为，当事人意思自治原则、公平原则和效率原则，这些也正是正当程序的基本要求。由于国际商事仲裁程序或依当事人的意思，或依仲裁地法，那么对程序的正当性的界定将处于混乱境地，但是各国都普遍对正当程序的最低要求达成了一致看法，即"适当通知当事人"和"给予当事人对案件提出意见的机会"。① 除此之外，在其他仲裁具体程序上，各国法院一般会根据自己的法律和习惯进行判断，如证据规则的运用。② 在 Iran Aircraft Indus. v. Avco Corp. 案中，当事人一方因未提交仲裁庭要的证据摘要而被裁决败诉，但最后美国法院认为违反了正当程序拒绝执行该裁决。③ 在多数国家，依执行地的正当程序标准来审查仲裁裁决，④ 可见仲裁员在裁决案件时要着重考察执行地的程序法，正当程序这一法律适用特点呼吁执行地法院秉承一种开放态度，执行地法院不能过分苛责裁决依据的程序。因为，没有一个仲裁员可以完全预测到未来的裁决在哪个国家执行。⑤

三、正当程序的法理基础

（一）自然正义理论

法是指各种自然和社会现象的常规顺序，而这些顺序是由构成其基础的一些假设的规则或原则来揭示的。⑥ 程序法在实体法形成前以解决冲突的功能而形成。⑦ 关于程序正义的思想和学说历史悠久，正当程序的思想最早起源于自然法思想中的自然正义，古希腊的先哲们对自然现象和社会

---

① Maureen A. Weston, Universes Colliding: The Constitutional Implications of Arbitral Class Action, *Wm. & Mary L. Rev.* Vol. 47, 2006, pp. 1770-1711.

② Margaret L. Moses, *The Principles and Practice of International Commercial Arbitration*, Cambridge University Press, 2008, p1211.

③ 980 F. 2d 141, 144 (2d Cir. 1992).

④ May Lu, The New York Convention on the Recognition and Enforcement of Foreign Arbitral Awards: Analysis of the Seven Defenses to Oppose Enforcement in the United States and England, *Ariz. J. Int'l. & Comp. L.* Vol. 23, 2006, pp. 769-770, p747.

⑤ Martin Platte, An Arbitratorps Duty to Render Enforceable Awards, *J. Int'l. Arb.*, Vol. 20, 2003, p312, p307.

⑥ ［美］罗斯科·庞德：《法理学》，封丽霞译，法律出版社 2008 年版，第 5 页。

⑦ ［日］谷口安平：《程序的正义与诉讼》，王亚新、刘荣军译，中国政法大学出版社 2002 年版，第 6 页。

现象有着非凡的哲学洞察力，亚里士多德在《伦理学》一书中提出了"自然正义"的概念，斯多葛派自然法观念中的一个重要因素乃是平等原则，① 早期基督教著作家中最为重要、最有影响的首推圣·奥古斯丁。

自然正义分为实体性的和程序性的，这里所指的是程序性的自然正义，普通法法系称为"正当程序""正义""程序公正"，大陆法系则称为"程序公共政策"。自然正义学说认为仲裁的自身性质决定了仲裁程序必须正当——平等对待当事人、公正、告知和倾听义务。客观公正的仲裁性质正是当事人选择仲裁解决争议的目的，在 Methanex Motonui v. Spellman 案中，判决的主要理由便是仲裁的正当程序原则和内容，2004 年新西兰上诉法院支持一审的判决。

(二) 宪法理论

美国宪法第五和第十四修正案中有关于"正当程序"的要求和规定，由于宪法的适用主体一般是官方机构，但在现代社会中，仲裁离不开法院的协助和监督，因此宪法有关正当程序的规定间接作用于国际商事仲裁。在实践中，有国家直接引用宪法有关正当程序的要求监督仲裁，如 1983 年日韩纠纷案和 1986 年几内亚共和国诉巴黎商会仲裁纠纷案、美国 1995 年 R. J. O'Brien and Ass'n v. Pipkin 案。并且有的国家允许当事人向法院提起有关仲裁程序的违宪之诉。

例如，2004 年，哥伦比亚宪法法院受理 NO. T—920/04 一案中，申请人提起保护其基本权利的宪法诉讼，寻求对其的正当程序权以及司法救济权进行保护。法院认为，尽管根据哥伦比亚法律，当事人对仲裁程序有异议，应提起撤销程序，但如果仲裁程序一方当事人认为仲裁庭明显无视正当程序，且这一行为根据正常程序尚且构不成撤销仲裁裁决的理由，则可以通过向宪法法院提起宪法诉讼的方法，对仲裁裁决提出异议。法院还认

---

① ［美］E·博登海默：《法理学：法律哲学与法律方法》，邓正来译，中国政法大学出版社 1999 年版，第 16 页。

为，判断仲裁或者诉讼是否违反正当程序应采用合理性标准，也就是说，如果仲裁庭的行为严重偏离合理行为标准，则属于违反正当程序。法院最终根据证据认定，仲裁庭对案件事实作出了正确的评估，并未违反正当程序原则。虽然这一裁定仅仅涉及国内仲裁，但法院在其裁判理由中并未区分国内仲裁和国际仲裁。因此，尽管哥伦比亚法律中没有规定撤销国际仲裁裁决的具体理由，本案的裁判理由可能适用于国际仲裁裁决的审查。①

(三) 国际人权理论

1950 年《欧洲人权公约》第 6 条第 1 款规定："当事人有权在合理时间受根据法律所设立之独立与公正法庭的公平与公开听审。"②1966 年《联合国公民与政治权利公约》第 14 条第 1 款也规定："所有人在法院或法庭面前应予平等。在裁判当事人的罪案指控或民事权利与义务的案件时，每个人都有权受根据法律所设立的、有管辖权的、独立的以及公正的法庭的公平与公开听审。"③《美洲人权公约》第 8 条也有类似规定。可见，司法程序应符合正当程序的要求，必须满足独立和公正。国际公权力通过立法和司法监督来掌控仲裁程序不偏离于国际人权法的原则，否则可能因本国国际商事仲裁立法和司法行为引起国际责任。④

为国际商事仲裁程序提供实体法则和救济措施是各国的责任，为贯彻国际人权法要求的公平审理原则，若各国发现违背国际人权法和人权公约的要求时有义务不承认和执行相关仲裁裁决。《国际不当行为的国家责任》第 11 条规定，国家对违背国际人权法不当行为的认可应承担国际责任，有

---

① 林一飞：《最新商事仲裁与司法实务专题案例》(第四卷)，对外经济贸易大学出版社 2010 年版，第 167 页。

② 谢新胜：《国际商事仲裁程序法的适用》，中国检察出版社 2009 年版，第 216 页。

③ 谢新胜：《国际商事仲裁程序法的适用》，中国检察出版社 2009 年版，第 217 页。

④ 张圣翠：《国际商事仲裁强行规则研究》，北京大学出版社 2007 年版，第 63 页。

学者呼吁："仲裁程序必须与公平审理相符。"①在实践中，国际人权法和公约也得到大多数国家法院的支持，如1986年几内亚共和国诉巴黎商会仲裁纠纷案和2005年厄瓜多尔诉 Occidental Exploration 案，巴黎法院和英国法院在司法审查中均依据了《欧洲人权公约》关于独立、公平审理权的要求。这些实践中的鲜活案例表明，仲裁程序应符合正当程序的原则和要求。

笔者认为，以上三种理论都是国际商事仲裁正当程序的理论源泉。实践中，一些法院也会引用这些理论监督仲裁程序。② 不过，在这三种理论中，自然正义理论是直接作用于国际商事仲裁程序的，而宪法理论和国际人权理论是通过法院间接作用于国际商事仲裁程序的。

第二节　国际商事仲裁与国际商事诉讼正当程序的关系

一、共同理论依据

商事仲裁制度作为解决商事法律争议过程中一种重要的程序法律制度，是对商事诉讼方式和商事诉讼法律制度的一个重要补充。国际商事仲裁和国际商事诉讼制度，二者是平行存在的程序法制度，二者都具有同等重要的法律地位，所涉及的都属于有关当事人可以"私法自治"的商事法律关系。二者在程序上都有严格的规定，违背二者的正当程序都将有不利的后果，就处理这些商事争议而言，法院和仲裁机构一样都是属于服务性机构，都是为有关个案中的当事人服务，处理当事人之间的私法争议，这两种制度的目的都是通过在程序上公平地对待当事人，使争议的处理具有正

---

① Miljenko Giunio, *Arbitration and the Right to a Fair Trial*: *Right to a Fair Trial and Efficiency of Arbitration Proceedings*, Croatian Yearbook, 2000, pp. 31-34; Daniel Busse, Privity to an Arbitration Agreement, *International Arbitration Law Review*, 2005, p95.

② Miljenko Giunio, *Right to a Fair Trial and Efficiency of Arbitration Proceedings*, Croatian Arbitration Yearbook, 2000, p37.

义性，以至于达到维护国际商事稳定持续的目的，从而使国际社会经济趋于稳定繁荣发展，并有利于整个国际政治和谐发展。法院诉讼和常规仲裁中，正当程序的判定通常表现为时限的认定问题，程序本身必须确保有一个适当的时间段供当事人提交证据、发表各自的主张，而整个程序进行的期限不能过长，也不能过短。①

法律是调整社会生活的规则，每项法律规则的存在都以其调整社会生活的客观需要为基础，在一个文明的法治社会中，每项法律规则也一定有包含公平正义价值的法律原则对其支持。法律的价值包括对秩序的维护、对自由的保障、对效率的促进、对正义的实现等。②

正当程序是仲裁和诉讼公正的前提和基础，由于公正概念的抽象性，正当程序也必然带有非确定性、复杂性以及相对性等特点。正当程序的观念将我们的注意力转到了作为规范大厦组成部分的规则、原则和标准的公正性与合理性之上。

二、国际商事仲裁与诉讼正当程序的区别

国际商事仲裁正当程序与国际民事诉讼程序的来源不同，决定了国际商事仲裁正当程序与国际民事诉讼程序具有不同的法律特征。国际民事诉讼程序是国家主权原则在国际民事诉讼领域发生作用的体现。国际民事诉讼程序直接来源于法律规定，无须双方当事人授权，具有强制性的特征，国际民事诉讼程序中是法院代表国家行使审判权，因此程序具有严格的规范性，每一诉讼环节和诉讼过程都有严格的法律规定，限制恣意和妄为，维护公平和正义。除非法律明文规定，法定程序不得由当事人协议变更，更不得由法官随意处置，通过国家强制力来保障法律规定的权利人的权利

---

① 李虎：《网上仲裁法律问题研究》，中国民主法制出版社 2006 年版，第 166 页。

② 钟澄：《国际商事仲裁中的弃权规则研究》，法律出版社 2012 年版，第 203 页。

获得实现。①

　　仲裁与诉讼的不同包括性质不同、管辖不同、审计制度不同、组庭原则不同和到国外执行方面的不同。② 仲裁在解决国际商事争议中的优势有：裁决作出者的公正性、保密性、仲裁员的专业性、费用的经济性、解决争议的迅捷性和仲裁裁决的可执行性。仲裁一直基于较诉讼更为灵活且成本更低的特点而存在着。③

　　（1）二者性质不同。商事诉讼正当程序完全具有强制性和司法性质。国际商事仲裁程序具有相对的任意性和民间性，是一种准司法程序。④

　　（2）仲裁正当程序的前提与基础——仲裁协议，而诉讼不存在诉讼前当事人间的合意。没有仲裁协议就不会有仲裁，更谈不上正当程序原则的贯彻，但诉讼之前，即使当事人没有对争议的解决方式做任何约定，都不会影响法院受理当事人的起诉并作出判决或裁定。另外，在仲裁协议中，当事人可以协议规划未来的仲裁程序，但是规划的程序不能与强行法相违背。在诉讼中，诉讼程序不可能由当事人提前设计。

　　（3）仲裁和诉讼中操纵程序机构的性质不同。从事国际商事仲裁的仲裁机构一般是民间组织，同时接受市场竞争的考验，这与法院以国家强制力为后盾完全不同。⑤

　　（4）二者程序的法律适用不同。本国的民事诉讼法是诉讼的程序法，比如案件涉及证据规则、送达、管辖等程序事项，都要严格地依据本国的民事诉讼法。而仲裁程序的法律适用相对灵活，仲裁员的宗旨是依据当事人的意愿，仲裁法和某个仲裁机构的仲裁规则都可以适用于仲裁程序，有时还会出现各个仲裁机构间交叉使用仲裁规则。

---

　　① 齐湘泉：《外国仲裁裁决承认及执行论》，法律出版社 2010 年版，第 167 页。

　　② 刘晓红、袁发强：《国际商事仲裁》，北京大学出版社 2010 年版，第 18 页。

　　③ Alan Redfern and Martin Hunter, *Law and Practice of International Commercial Arbitration*, London: Sweet & Maxwell, 2003, p3.

　　④ 谢石松：《商事仲裁法学》，高等教育出版社 2003 年版，第 2 页。

　　⑤ 许进胜、陈曦：《中国涉外商事仲裁实务指引》，法律出版社 2014 年版，第 4 页。

（5）仲裁的正当程序赋予了当事人对仲裁庭和仲裁员很大的选择权。为实现仲裁的公正和独立，当事人可以挑选自己满意的仲裁员，并且可以透明地了解到仲裁员的情况背景、实践经验等。而诉讼中当事人多数情况下不知是由谁来办案，诉讼人员一般由具有本国国籍的人担任，并且法院很难做到所有领域的诉讼人员都能达到专家水平，这是诉讼的劣势。

（6）文书的送达和通知。实践中，经常误把仲裁的送达理解为等同于诉讼的送达。仲裁文书可以邮寄、传真甚至电邮，这些送达方式都是有效的，有时实务当中会出现，误认为这些送达方式无效，而失去了仲裁答辩的良好时机。① 仲裁程序中仲裁文件的送交与诉讼程序中司法文书的送交不同之处有：称谓不同、强制性不同、方式不同以及性质不同等。

（7）证据提交时间截止的通知。仲裁中证据提交的时间在开庭之后，诉讼提交证据结束时间在开庭之前。② 至于提交证据结束的时间，仲裁庭可以根据情况自由作出决定。可见，诉讼对当事人提交证据的时间要求更为严格。

国际商事仲裁中证据规则与诉讼中证据规则不同的原因有以下几点。一是由国际商事仲裁的性质决定。诉讼作为司法程序具有严格的形式性，不能通过当事人的约定来适用或者不适用某种程序规则，但国际商事仲裁中适用当事人意思自治原则，当事人有权选择仲裁所适用的仲裁规则。二是由国际商事仲裁的价值目标所决定。诉讼中严格的证据制度依赖于诉讼复杂的程序模式，受有关诉讼文化和诉讼理念的影响，而仲裁的快速、经济解决纠纷的目标决定其在制度设计上区别于诉讼。三是由国际商事仲裁独特程序所决定。国际商事仲裁员的选择方式决定其不适用严格的诉讼证据规则。在英美法系的诉讼中，证据制度与陪审制度不可分割，基于对陪审团的不信任，从立法政策上确定了复杂的证据排除规则，限制陪审团的自由心证，而仲裁中不存在陪审团，对事实的认定和对法律的适用都是由

---

① 黄亚英：《商事仲裁前沿理论与案例》，中国民主法制出版社2013年版，第8页。

② 齐湘泉：《外国仲裁裁决承认及执行论》，法律出版社2010年版，第122页。

仲裁员来进行。①

(8)在承认和执行的方式上，国际商事仲裁比诉讼的形式多样。我国国际商事仲裁在承认和执行的方式上，主要是依据 1958 年的《纽约公约》。当前，《纽约公约》已经吸纳了世界上大多数国家加入。除了《纽约公约》规定的承认和执行外国仲裁裁决的主要途径外，还有其他的途径我国也适用。例如，将裁决作为合同之债，将裁决作为外国判决，将外国裁决视为本国裁决等。

(9)仲裁正当程序中广泛适用意思自治原则，并一般不公开进行，当事人不必担心自身的商业秘密受损，而诉讼必须遵从该国诉讼程序法的强行性规定，并且公开审理。

通过与诉讼对比，仲裁的优势得以更多地展示。案件管辖的自愿选择，适用范围的特殊性以及仲裁代理人的无限灵活性，办案效率高等优势，表明了仲裁比诉讼更具独立性、效率性。不仅保障了律师及代理人的切身利益，提升了办案的质量，并在国际上具有同等的法律效力。对于跨国案件更具有灵活高效性。就目前来看，仲裁的作用不断增强，并在国际经济贸易纠纷中发挥日益重要的作用。国内民事诉讼中可以获得救济的正当程序违反，在国际商事仲裁中可能难以获得救济，正是在这个意义上，国际商事仲裁正当程序标准要比国内民事诉讼严格许多，所以国际商事仲裁的正当程序通常被认为是正当程序的最低限度要求。②

第三节　正当程序与公共政策的关系

一、公共政策的含义

众所周知，每个国家有不同的公共政策。在国际公约里差不多每个公

---

① 赵秀文：《国际商事仲裁法》，中国人民大学出版社 2012 年版，第 209 页。

② Maureen A. Weston, Universes Colliding：The Constitutional Implications of Arbitral Class Action, *Wm. & Mary L. Rev.*, Vol. 47, 2006, p1770.

约都有公共政策的例外或者保留，这就会导致一定程度上的不一致或者不稳定。《纽约公约》也不例外，这导致同一份裁决书会在一个管辖权得到承认与给予执行，而在另一个管辖权却被拒绝执行，西方国家美其名曰倾向支持执行，发展中国家则是倾向不支持执行。公共政策即使在同一个国家也会不断地被改变，具有不稳定性，公共政策永远不能被赋予一个全面的定义，而且必须被非常谨慎地对待。"公共政策"一词天然地就默示了其对国家本身有着重要性的本质影响，即裁决书会威胁到国家的福利或真正损害公众的利益，执行会令执行国家合理与全面理解有关事件的公众感到反感。

作为拒绝外国仲裁裁决之理由的公共政策和正当程序经常在实践中不分彼此。公共政策仅指当国内法院按照冲突规范本应适用外国法时，如该本国法的适用将违反国内公共秩序，内国法院就可以以此为由拒绝适用该外国法。《纽约公约》因对公共政策的含义没有作明确的界定，导致国际商事仲裁员、各国法官及学者因不同的立场而对公共政策作出不同的界定。①

一国的国际商事仲裁强行规则可以被分为国内强行规则和国际强行规则，这两部门强行规则都对国际商事仲裁的意思自治原则产生重大限制或影响。对国际商事仲裁的当事人和其他参与人而言，仲裁地或执行地国家由"直接适用的法"和国际公共政策规则共同构成的国际强行规则。同时对没有被一国明确宣布直接适用于国际民商事关系或其他国际关系，却与国际商事仲裁案件有关联的国内公共政策规则和国内其他强行规则，当事人也应当予以注意，因为法院或仲裁庭可能会基于冲突规则、当事人选择、政府利益分析等因素考虑决定适当予以适用。②

国际法协会建议，依据国际公共政策的特征将其分为三方面。其一是基本原则，关于正义和道德，国家希望其能受到保护，即使它不直接与人

---

① William W. Park, Duty and Discretion in International Arbitration, *The American Journal International Law*, October, 1999, p821

② 张圣翠：《国际商事仲裁强行规则研究》，北京大学出版社 2007 年版，第 14 页。

们的利益相关。例如，以权利为基本原则的滥用和对基本程序原则的无视，如裁决必须公正。其二旨在服务于国家的基本政治、社会或经济利益。例如：反托拉斯法。其三是一国为另一国或国际组织而须遵守的义务。例如：联合国的制裁。

国际法协会建议书强调，确定和分析基本原则的过程中应该主要在仲裁地法的法律规则框架内进行，这个建议完全符合纽约公约的第五条(2)(b)的表述。根据该建议，适用于合同或执行所在地的法律与此处谈的基本原则不相关。国际法协会规定了一个弃权的例外——2(c)条：若当事人在裁决作出前可以提出放弃时，那么在将来不能再作为拒绝承认或执行裁决的理由提出。这个建议要求当事人积极地反对针对程序规则的违背，或提出仲裁协议中为了不被视为可能已接受的某些规则，那么由于当事人缺乏法律知识，或有意地选择或由于当事人不了解事实，对于这些问题，该建议似乎至少在表面过于僵化和严格，因为该规则在这个问题上是禁止当事人发言的。当出现更严重的问题时，是否还可以弃权，并且这种弃权是否可以被强制执行。依据国际法协会定义的基本原则（"关于正义或道德，国家希望其能受到保护，即使它与人们的利益没有直接关系"）应该依职权被遵守，因为基本权利反映国家或第三方或社会的普遍利益。在基本公共政策的范围内豁免的学说很少。

尽管公共政策规则被贴上"强制"的字符，但不能理所当然地阻碍裁决的承认和执行。当以下情况出现时，公共政策应阻碍裁决的承认和执行：其一是既定的法规已包含考虑过或协商过的状况；其二是裁决的承认或执行明显破坏规则所保护的基本政治、社会或经济利益。国际法协会的建议规定，只有当其后果"显然"会破坏这些利益时，裁决才被拒绝承认和执行，该建议似乎较纽约公约强加给公共政策以附加条件。是否只有违反公共政策已有"明显"破坏性后果，才能依职权或允许当事人提出，那些"次要"违反公共政策的规则在仲裁程序中是否就无关紧要，国际上对此标准达成共识可谓困难重重。

二、公共政策与裁决的承认和执行

各国法院以公共政策为由拒绝承认和执行裁决也只发生在极少数的案件中，并且是在具有极端情节或无法容忍的场合才认为是违反了公共政策。根据普遍接受的观点，国际公共政策仅限于对有关国家法律程序根本观念的违反，具体到有关裁决的承认和执行方面，公共政策的适用主要表现在以下几个方面：争议事项的不可仲裁性，明显违反法律，仲裁员不公正，裁决的形式等。

正当程序是诉讼和仲裁最根本性的程序性问题，常被纳入公共政策的范畴，违反正当程序被认为是违反公共政策的一种情形。公共政策不仅包括仲裁案件的实体问题，也包括仲裁案件的程序，公共政策的范围大于正当程序的范围。在裁决撤销或不予执行程序中，一方当事人可以裁决违反正当程序为由申请法院撤销裁决或主张不予执行，法院也可以仲裁庭违背正当程序为由自行裁定撤销裁决或裁定不予执行。有学者认为，若将正当程序构成公共政策的一部分而成为拒绝执行裁决的理由，不利于国际商事仲裁裁决的承认及执行。①

至于国际公约，几乎每一个签约的国家都会对公共政策有所保留，所以对这一模糊、多变和国与国之间有差异的理念，非要找出一些共识，否则对同一个国际公约的解释，执行起来国与国之间就会有很大差别。这种现象在《纽约公约》的执行方面就可以充分看到，所以亦导致了近十几年来非常热门的说法就是国际公约所适用的公共政策只应该是国际公共政策而不是个别国家的本土公共政策。这两者的重要区别其实就是松紧的区别，显然前者对公共政策的解释是狭隘、比较稳定且项目十分有限，但后者就宽松、多变化且项目较多。这导致了今天属于倾向支持国际上对仲裁裁决书执行的国家或者地方都认为《纽约公约》虽然没有写清楚，但是它是国际

---

①　李虎：《网上仲裁法律问题研究》，中国民主法制出版社 2006 年版，第 160 页。

公约，所以公共政策是指国际公共政策。但一些谈不上是倾向支持裁决书执行的国家，尽管他们也是《纽约公约》的签约国，虽然没有明言，但在做法上却是根据本土公共政策，即法院通常会执行本国的公共政策。①

对于许多发展中国家，也不是今天的国际仲裁的得利者。他们由于参加国际外贸的人士水平有限，通常对国际上的合约法一无所知，所以无法把最重要的一步做好。支持国际公共政策的国家或者地区都被称为对仲裁友好的国家或者地区，他们通常也是国际仲裁中心的热门地点，如英国、美国、加拿大、法国、瑞士、新加坡以及中国香港地区等。

对于公共政策问题，举证说明实践中碰到的问题：

实证一：我国法院认为裁决是否违背公共利益不是法院在申请撤销仲裁裁决案件中应当审查的范围，申请人据此请求撤销仲裁裁决没有法律依据，法院不予支持。2006 年，北京市第二中级人民法院受理某投资有限公司申请撤销仲裁裁决案，并不是人民法院在申请撤销仲裁裁决案件中应当审查的范围，申请人据此请求撤销仲裁裁决没有法律依据，法院不予支持。②

实证二：仲裁庭有关实体认定问题不会轻易被我国法院认定为违反公共政策。2007 年，北京贝之瑞公司申请撤销仲裁裁决案，关于仲裁裁决是否违背社会公共的利益。法院认为，仲裁庭认定嘉里公司已经履行合同义务并实现合同目的，属于仲裁庭的实体认定问题，不属于人民法院审查范围，且贝之瑞公司未提供证据证明嘉里公司对社会公共利益造成的损害，故法院不予支持。③ 2009 年，GRD Minproc 有限公司申请承认并执行瑞典斯德哥尔摩商会仲裁裁决案，上海高级人民法院认为仲裁庭有悖于公平正

---

① Jonathan Harris, Contractual Freedom in the Conflict of Laws, *Oxford Journal of Legal Studies*, June, 2000, Part 7.

② 林一飞：《最新商事仲裁与司法实务专题案例》(第六卷)，对外经济贸易大学出版社 2011 年版，第 165 页。

③ 林一飞：《最新商事仲裁与司法实务专题案例》(第七卷)，对外经济贸易大学出版社 2011 年版，第 144 页。

义的仲裁精神，并客观上造成不利于我国社会公共利益的后果，裁决不予承认该仲裁裁决。①

实证三：裁决书在认定事实或判定法律有错不被认定为违反公共政策的国际仲裁，通常仲裁庭所认定的事实或判定的法律被视为是最终的，法院不能插手。针对法律的判定，法院会比较容易地在裁决书本身所给的原因中看出是否可能有错误，甚至是明显有错误。按道理即使裁决书针对实质争议有错，也不至于提升到违反公共政策。例如，在 2007 年，奥地利最高法院受理的 No. 3 Ob 281/06d 案中，奥地利最高法院基于不存在明显的法律上的错误为由驳回原告的请求。② 可见，法院不会轻易把轻微法律上的错误认定为是对公共政策的违反。

三、正当程序与公共政策的适用问题

(一)二者的范围不同

从上文对公共政策的阐述可以看出，公共政策包含实体和程序两部分，各国也一致认为《纽约公约》中也涵盖二者。而正当程序便是公共政策程序性事项的部分，③ 那么当违反正当程序时，也可以在某种程度上界定为是对公共政策的违反。实践中，当严重违反正当程序已达到损害国家的法律原则和根本道德情况时，一国会以公共政策的理由拒绝承认与执行。

国际法协会下的国际商事仲裁委员会在 2000 年伦敦会议上提交了《关于以公共政策为由拒绝执行国际仲裁裁决的中期报告》(以下简称《中期报告》)、在 2002 年新德里会议上通过了《关于以公共政策为由拒绝执行国际

---

① 林一飞：《最新商事仲裁与司法实务专题案例》(第七卷)，对外经济贸易大学出版社 2011 年版，第 155 页。

② 林一飞：《最新商事仲裁与司法实务专题案例》(第六卷)，对外经济贸易大学出版社 2011 年版，第 160 页。

③ Emmanuel Gaillard & John Savage, *Fouchard Gaillard Goldman on International Commercial Arbitration*, CITIC Publishing House, 2004, pp. 947-950.

仲裁裁决的最终报告》(以下简称《最终报告》),① 这两个报告界定了公共政策的范围,避免了各国在执行仲裁裁决时过分按照自己的解释作出决定。即程序性的公共政策的范围界定于根本性的程序问题,各国目前对公共政策的界定也很严格,常常在万不得已时才用上这个拒绝执行的武器。②在瑞士的一案例就表明瑞士法院的态度,仲裁程序中的瑕疵不能随意归属于公共政策范畴,只有裁决严重违反正义和基本原则时,才可看作违反了公共政策。③ 美国一般要求有明确规定时才用公共政策的条款,而不能随意凭借印象判断是否触碰公共政策的底线。对公共政策使用严格的程度使真正运用公共政策重叠于正当程序否定裁决的机会很少。

《纽约公约》把二者放在不同的条款中(一个是第 1 款 b 项,一个是第 2款 b 项),二者最大的不同就是,适用正当程序抗辩时,前提条件得有当事人提出,并且举证责任在于当事人。而在适用公共政策时,不用当事人提出的条件,执行地国家管辖当局可依职权直接适用并决定拒绝执行裁决。二者在适用上的难题是在于各国对公共政策界定的不同和差异性,各国应采取开放的态度,从鼓励和接纳仲裁的角度对待这一问题。对正当程序和公共政策适用范围的研究有利于《纽约公约》的实施,促进各国在执行上真正达到统一,研究各国的判例将对以后的道路提供指南。④

对于公共政策被损害的问题可能已经或者还没有在仲裁程序中被讨论,在仲裁程序中,何时公共政策应该被考虑和重视还不清晰。对于是否

---

① Committee on International Commercial Arbitration, Interim Report on Public Policy and Enforcement of Arbitral Awards, presented at the London Conference, 2000; Final Report, available at http://www.ila-hq.org/en/committees/index.cfm/cid/19 (last visited: June 15, 2009).

② Gary Born, *International Commercial Arbitration: Commentary and Materials* (2nd ed.), Transnational Publishers & Kluwer Law International, 2001, p816.

③ Elliott Geisinger, Implementing the New York Convention in Switzerland, *J. Int. Arb.* Vol. 25, No. 6, 2008, p391, p702; Affoltern am Albis Court of First Instance, May 26, 1994, *Y. B. Com. Arb.* Vol. 23, 1998, p754.

④ [英]艾伦·雷德芬、马丁·亨特:《国际商事仲裁法律与实践》(第四版),林一飞、宋连斌译,北京大学出版社 2005 年版,第 479 页。

和什么时候介入职权依据是不确定的，如果介入职权，如何在仲裁程序中引起当事人的注意，似乎都不明确。然而，在任何情况下，正当程序的界限较明显，应该避免在裁决中成为受疑问的元素，国家的经济状况和法律诉讼的比例常常会支持依据职权来解决公共政策方面的问题。最起码在强制执行程序的过程中，人们可能提出这方面的问题，或者当公共政策方面的问题似乎非常重要的时候，法律的重要性不仅仅会体现在司法权中可能出现的执行行为，而且也体现在其他的司法权本身，并以此类推。如果即将出现的会是一个公共政策方面的问题，这个问题以同样的方式出现在司法权行使中，此问题可能被视为能够反映国际公共政策和国际礼让行为，或者随后应循程序可能需要仲裁委员会自发地提出问题。在采取决定之前，如果各方当事人并没有自发地提出问题，应该给予当事人机会，让其陈述他们的观点。纽约公约没有对公共政策的构成要素给出定义，公共秩序这个概念可能非常狭义，有时也可能有一点宽泛，特别是从公共政策的角度区分强制性实体法有时可能障碍重重，有时可能比较困难，这个定义带来了一些非常有趣的元素，它保护着由国家认定的国际公共政策，它不是由相同或十分相似的程序原则和规则推导得出，而是由一个国家认可得出的，不管如何界定，我们将要应对的真正的国际公共政策必须符合正当的程序。

（二）实证分析

案例一：实践中，直接将正当程序中的有效通知等同于公共政策。在2006年，巴西高等法院受理的 Union Europeenne de Gymnastique-UEG v. Multipole Distribuidora de Filmes Ltda. 案中，被申请人声称通知不是通过调查函的方式下达的，因此认为仲裁庭构成对其抗辩权、得到聆讯权以及对巴西公共政策的侵犯。巴西高等法院根据《巴西仲裁法》第39条，以及仲裁协定或仲裁地法判定送达的通知是有效的，并有足够证据证明 Multipole 知悉整个程序，缺席是其自己愿意，因此，巴西高等法院认为该裁决不构成对公共政策的侵犯，承认了该仲裁裁决。①

案例二：1992 年，在法国 Societes BKMI & Siemens v. Societe Dutco 案中，当事人对选任仲裁员提出了异议，巴黎上诉法院先是认为仲裁庭没有侵犯当事人的权利。但是法国最高法院认为，当事人选任仲裁员是属于国际公共政策的范围，法国最高法院以此为由撤销了仲裁裁决。②

可见，在实践中，经常将正当程序归于公共政策适用，但是正当程序的范围比公共政策小，所以常常出现若裁决违反正当程序时，可先考虑适用正当程序有清晰规定的条款，当这些条款无法解决时，公共政策的适用是不可避免的。

---

① 林一飞：《最新商事仲裁与司法实务专题案例》(第六卷)，对外经济贸易大学出版社 2011 年版，第 169 页。

② Decision of 7 January 1992 of the French Cour de Cassation, *Revue de l' Arbitrage*, 1992, pp. 470-482.

第二章 当事人与国际商事仲裁的正当程序

第一节 正当程序的基础——仲裁协议

一、仲裁协议的法律性质

仲裁理论的建构和仲裁制度的设计规划离不开对仲裁协议法律性质的研究，基于仲裁协议的特殊性质，其应受当事人意思自治和协议契约性质两条相互交叉原则的支配。① 仲裁协议的性质在宏观上会影响仲裁法律体系的构建，在微观上则关系到对具体仲裁制度的设计。② 台湾学者蓝瀛芳曾谈道："仲裁协议体现当事人的自主，仲裁员依法解决争议，仲裁协议的法律性质是无法确定并待随时澄清的问题。"③一个国家仲裁立法和政策倾向也要以明确仲裁协议法律性质为基础，同时，仲裁协议法律性质的界定也会直接关系到对仲裁协议的法律适用和违约救济等方面的问题。

实体法契约与程序法契约的共同点在于都体现了当事人的合意，允许当事人协议处置程序是程序法契约的本质，因此对仲裁协议性质的探讨应诉诸争议的解决程序。在仲裁协议与仲裁程序的双向互动中探究仲裁协议

---

① 刘晓红：《国际商事仲裁协议的法理与实证》，商务印书馆 2005 年，第 30 页。

② 谭兵《中国仲裁制度研究》，法律出版社 1995 年版，第 176~179 页。

③ 蓝瀛芳：《仲裁协议的效力与自主》，载《最高法学研究会丛书》（第 2 版），第 145 页。

的法律性质和法律特征，若离开了仲裁程序，仲裁协议将失去一切意义。①
单独从某一个角度去看待仲裁协议的性质显然是片面的，程序法契约侧重
合意产生程序上的法律关系，实体法契约侧重通过合意影响实体民事权利
义务关系的变更、设立和终止；前者通过民事程序法律进行调整和规范，
后者受民事法律的调整和规范；前者对契约的形式限定很严格，后者常常
通过当事人的约定产生，并没有太多的法律限制。此外，也有观点认为仲
裁协议具有复合性，是一种兼具程序性和实体性的契约，主张仲裁协议法
律性质的"混合说"。② 仲裁协议主要是产生程序法上的效力，赋予仲裁庭
管辖权的同时排除了法院的管辖权。刘晓红教授认为实体法契约说符合目
前国际上支持仲裁的潮流，并认为我国现阶段采用此学说有利于仲裁制度
的发展，我国不是将规范仲裁程序的法律制定在《民事诉讼法》中，而是制
定在专门的《仲裁法》中，这种立法模式体现出我国将仲裁协议的性质认定
为实体性的倾向。③

　　正当程序原则在国际商事仲裁中已被人们普遍接受，并在与仲裁有关
的国际法律文件以及国家仲裁法中被隐含或明确地承认。④ 正当程序的标
准"有能力陈述自己的案件"是与《纽约公约》第 5 条规则(1)(d)紧密相连
的。仲裁协议和仲裁地法律这两种元素，作为正当程序和资格合格的部分
内容，共同勾勒出了个别案例中的正当程序。仲裁协议可以明确提出当事
人如何被给予必要的机会去"陈述他的案件"，并且仲裁协议至少在事前，
是不能完全消除这种权利的。在某些情况下，仲裁程序或诉讼程序可能也
不会如愿以偿，因为司法机关将有可能拒绝承认和执行"裁决"。在诉讼过
程中，陈述案件的权利不能被完全放弃，或者更确切地说，根据当事人的

①　杨荣新：《仲裁法理论与适用》，中国经济出版社 1998 年版，第 71 页。
②　王怡然：《论国际商事仲裁机构程序管理权扩张的正当性》，载《北方法学》
2023 年第 2 期，第 141 页。
③　刘晓红：《国际商事仲裁协议的法理与实证》，商务印书馆 2005 年，第 22 页。
④　田雨酥：《财富最大化理论在国际商事仲裁中的适用》，载《武大国际法评论》
2021 年第 3 期，第 70 页。

个人能力是不能被完全放弃的。除了仲裁协议，仲裁地国法律也构成正当程序的一部分，仲裁协议不能完全覆盖所有处分权或"软"程序性问题，但仲裁地法或一般程序原则可能会适用。各国普遍立法规定，在当事人没有明确的法律适用、诉讼管辖的约定时，法院可基于约定的仲裁地来推定准据法。① 然而，专门制定的程序规则一般不适用于仲裁，因为选择仲裁时一般会明示或暗示消除哪些规则，并更换成其他更灵活的"量身定做"的规则。仲裁的灵魂是当事人意思自治，仲裁庭的仲裁权来源于仲裁协议的授权，因此，"无协议即无仲裁"。② 仲裁是基于当事人的约定，仲裁协议的当事人可以授权给仲裁员具体的权力去解决他们目前或未来的纠纷，通过订立仲裁协议的当事人，一般情况下排除法律和规则的适用，意味着在仲裁庭之前设计管理程序，至少是含蓄地设定适用于仲裁程序的规则和一般原则的应用。

仲裁员的委任和任命在 IBA 指南中的定义如下："仲裁员应努力、公正和有效地解决当事人的争端，并始终远离偏见。"仲裁协议是契约自由，然而，它也存在一定的局限性，如需提前具备仲裁的条件。关于合同形式要素的法律规定影响着仲裁协议的效力，如在《纽约公约》第 5 条（1）（a）中提到的"协议无效""当事人的行为能力"。仲裁协议也可能因为太过片面而不合理或显失公平，仲裁协议可以设计得很简单，也可以规划得很复杂，这两个极端取决于当事人对杠杆的把握，也取决于当事人的律师和他们所处的情形，其实，对于起草仲裁条款的问题没有固定的格式而言。对于仲裁协议的效力，根据英国、瑞士、新加坡以及中国香港地区等地的立法和实务，只要当事人表明了仲裁意愿，一般认定仲裁条款有效。③

临时的仲裁规则代表国家艺术性的解决方案，在许多情况下最终成功

---

① 陈卫佐：《国际性仲裁协议的准据法确定——以仲裁协议的有效性为中心》，载《比较法研究》2016 年第 2 期，第 160 页。

② 上海国际仲裁中心国际商事仲裁研究中心：《论仲裁协议的司法审查》，载《上海法学研究》集刊 2022 年第 2 卷，第 108 页。

③ 孔金萍：《论对外资企业约定境外机构仲裁的司法监督》，载《中国海商法研究》2023 年第 1 期，第 100 页。

的仲裁最关键的元素不一定是某些规则的适用。临时仲裁中，当事人依照协议约定临时仲裁程序或参考某一既有仲裁规则来推进仲裁程序，由当事人依协议组建仲裁庭，即便有仲裁机构介入但其并不对仲裁程序进行管理。① 但仲裁庭的技能，特别是其主席在管理和依法进行的程序时，迅速高效地与仲裁协议和正当程序保持一致和协调——追求的关键是"实质性的结果"。这项工作的目的不是深究起草仲裁条款是否符合准则，实践中，有时不只一个实体法适用于法律纠纷，双方当事人可能不会意识到这些，有时仲裁员也可能没有意识到。为了给当事人充分的机会陈述他们的案件，实体法的法律适用应在程序的初始阶段确定。当双方当事人已经呈递给仲裁庭他们的不同陈述，当事人可以基于他们的协议或合同与实体法解决纠纷，如果没有选择适用的法律，那么关于法律适用的争端将留给仲裁庭解决，这样做一般需要连接当事人明示的选择和授权，以满足于裁决可以根据公平合理的原则被考虑或评估。临时仲裁作为一种富含创新元素的探索式纠纷解决方式，提供了更具个性化、针对性的纠纷解决方案，回应了行业和产业发展中解决纠纷的需求。② 在瑞典，采用仲裁方式解决的案件中，临时仲裁与机构仲裁的比例相同；而在瑞士，临时仲裁在其国内案件的占比高达40%。③

二、仲裁协议的法律效力

(一) 商事仲裁协议的自治性理论

商事仲裁协议的自治性理论，又称仲裁协议独立性理论或仲裁条款分

---

① 何晶晶：《〈仲裁法〉修改背景下我国引入临时仲裁制度的几点思考》，载《广西社会科学》2021 年第 12 期第 114 页。

② 肖雯：《〈仲裁法〉修订视阈下临时仲裁制度构建》，载《重庆理工大学学报(社会科学)》2022 年第 8 期，第 154 页。

③ 何晶晶、石绍良：《临时仲裁制度的国际比较研究》，中国社会科学出版社 2020 年版，第 15 页。

离性理论或分割性理论。① 更有学者提出了"完全自治"的概念。② 较之私法意思自治保护个人利益不受公权力侵犯的基础价值，国际商事仲裁意思自治具有更宏大的目标，希冀通过当事人的意志自由构建一套不依赖于外界的自生秩序，与国家司法权进行竞争。③ 当事人意思自治是私法自治原则在仲裁领域的体现，其既是商事仲裁制度的基石，更是私法自治的根本。④

仲裁协议自治性包括两层含义：仲裁协议相对于主合同的自治和仲裁协议相对于各国国内法的自治。基本含义是：主合同中包含的或与主合同相关的仲裁协议与主合同是可以分离的，仲裁协议相对于主合同有其独立性，若主合同失去效力或发生争议，仲裁协议不会随之无效，仲裁协议反而会实现其作为后置性救济手段的功效，由于仲裁协议不论作为主合同的其中一个条款，还是合同订立后又补充或重新达成的仲裁协议，对合同实体而言，都是相互独立于合同实体而存在的程序性合同。⑤

仲裁协议自治原则已为各国国内法普遍接受。其具有重要的法律意义，影响到法院和仲裁庭在审查仲裁协议效力上的分工以及它们审查仲裁协议有效性的方法，并影响到法院和仲裁庭对实体问题的管辖权。我国

---

①　Pierre Mayer, The Limits of Severability of the Arbitration Clause, *ICCA Congress Series* No. 9, 1999, pp. 261-267; Andrew Rogers Q. C. and Rachel Launders, Separability: The Indestructible Arbitration Clause, *Arbitration International*, Vol. 10, No. 1, 1994, p77. 参见中国国际商会仲裁研究所编译：《国际商事仲裁文集》（中英文对照），中国对外经济贸易出版社 1998 年版，第 40 页、第 278 页。沈伟、陈治东：《商事仲裁法 国际视野和中国实践 上》，上海交通大学出版社 2020 年版，第 211 页。

②　Antonias Dimolitsa, *Separability and Kompetenz-Kompetenz, Improving the Efficiency of Arbitration Agreements and Awards*: 40 Years of Application of the New York Convention, Kluwer Law International, 1999.

③　李贤森：《国际商事仲裁意思自治的保障与限制问题——兼评〈仲裁法〉的修改》，载《法学》2022 年第 4 期，第 182 页。

④　姚宇：《仲裁协议随债权转让的价值平衡方法——对债务人保护的再审视》，载《中国政法大学学报》2022 年第 3 期，第 282 页。

⑤　孙巍：《中国商事仲裁法律与实务》，北京大学出版社 2011 年版，第 33～34 页。

《仲裁法》第 19 条第 1 款规定了仲裁协议的自治性。2021 年 7 月，我国司法部发布拟定的《中华人民共和国仲裁法（修订）（征求意见稿）》第 23 条规定：仲裁协议独立存在，合同的变更、接触、不生效、无效、被撤销或者终止，不影响仲裁协议的效力。这些都是仲裁协议自治原则的体现。

例如，在 2007 年 National Agricultural Co-op. Marketing Federation India Ltd. v. Gains Trading Ltd. 案中，被申请人提出的主合同已被撤销因而仲裁协议也被撤销的问题，印度法院认为，基于"仲裁协议的独立性"规则，该被申请人的抗辩不能成立。① 再如运裕有限公司与深圳市中苑城商业投资控股有限公司申请确认仲裁协议效力案中，申请人运裕公司主张其与中苑城公司之间因协议书并未成立，因而仲裁协议应当无效，我国法院认为，对仲裁协议效力进行司法审查，不应以协议书是否有效为前提，因而申请人主张不能成立。②

独立的仲裁协议是由当事人赋予仲裁员的权力来源，使他们在合同自由范围内解决其现在或将来的差异（"具体授权"）。具体授权通过政府基于两项授权：合同自由及授权司法当局写出可以执行的、符合正当程序的要求的决定（"抽象地授权"）。给定的具体地授权或者权威是不可撤销的，除了被所有各方同意。因此，它是可以和协议相比较的，这些协议对于拟出和当事人紧密相关的决定，如形成企业的协议，授予不可撤销的权力和权威，其中也包含对某些企业机构的不可撤销地授权，使得他们即使在没有全体一致通过的情况下，代表现在和将来的股东通过协议。仲裁协议与合同的构建在某些方面大体相同，它主要处理程序上的问题，包括对执行潜在合同的指示。法律未明确禁止或仲裁规则未明确声明不得由当事人进行调整的程序性规定均可通过当事人合意另行修正。③ 国际仲裁协议在某种

---

① 林一飞：《最新商事仲裁与司法实务专题案例》（第六卷），对外经济贸易大学出版社 2011 年版，第 84 页。

② 参见最高人民法院〔2019〕最高法民特 1 号民事裁定书。

③ 王怡然：《论国际商事仲裁机构程序管理权扩张的正当性》，载《北方法学》2023 年第 2 期，第 142 页。

程度上大体相同，它们不在国家司法管辖区内而是服务于国际交易，所以仲裁协议具有国际性质，与国家法院系统联系很少。我们关注仲裁协议的部分原因是缺乏一个上诉机制和奖励机制，这两个因素使授权资格的问题达到关注顶点，什么限制了仲裁者解决纠纷的权力？权力是由仲裁协议明确，它与实体法只有有限的兼容性，对于仲裁者，为了超越限制需要双方明确的授权，当然，双方也可以本着公正的原则随时解决他们的纠纷。

至于程序，仲裁者有很大的自由去组织仲裁庭，并且仲裁协议排除了那些运用于诉讼法律的应用。有效的仲裁协议的存在是仲裁的基础，没有人被强迫接受仲裁，至少如果没有上诉到法院，大多数条款是仲裁协议独有的，不允许普通上诉。① 通常在当事人达成仲裁的协议后，若仲裁协议中约定事项产生争议，双方均负有积极提请仲裁和不得另行起诉的义务。② 文件中，涉及仲裁条款形成仲裁协议，并使这些条款成为合同的一部分，条款引用适用于最初的协议，它随后在仲裁之前或之中被双方修改，通过明确的约定行为或弃权，合约可能是可变的以适应各种变化，仲裁协议可以提出与法律关系有关的未来纠纷或产生于双方协商的问题，作为提交给仲裁的依据，这样的通用条例涵盖了所有考虑到的未来出现的矛盾，当然，仲裁协议也可能会说明将来会提交诉讼的明确具体的争议，这样一个特定合约延伸到任何未指明的未来的纠纷。作为特定或通用条款也许可以指定特别仲裁机构仲裁，选择的利弊亦是经常讨论的话题，但有一点是确

---

①　联合国《示范法》第 7 条：规定仲裁协议的定义和形式：（1）"仲裁协议"是指当事各方同意将在他们之间确定的不论是契约性或非契约性的法律关系上已经发生或可以发生的一切或某些争议提交仲裁的协议。仲裁协议可以采取合同中的仲裁条款形式或单独的协议形式。（2）仲裁协议应是书面的。协议如载于当事各方签字的文件中，或载于往来的书信、电传、电报或提供协议记录的其他电讯手段中，或在申诉书和答辩书的交换中当事一方声称有协议而当事他方不否认即为书面协议。在合同中提出参照载有仲裁条款的一项文件即构成仲裁协议，如果该合同是书面的而且这种参照足以使该仲裁条款构成该合同的一部分的话。

②　张世超：《诉裁衔接视角下的主管竞择规制——以〈中华人民共和国仲裁法（修订）（征求意见稿）〉第 28 条为中心》，载《甘肃政法大学学报》2023 年第 2 期，第 120 页。

定的，即拥有选择的权利。有效仲裁条款的主要效用在于纠纷在之前的法律实践中从未出现过，只要纠纷违背了协议一方的意愿，必须由仲裁庭解决。① 双方可能明确或含蓄地表示放弃他们的仲裁，但是一些国内法律会强制一方行使仲裁条款。②

对仲裁协议的形式要件，国际公约与各国立法的要求存在一些区别，但大多要求当事人以"书面"方式订立仲裁协议。③ 尽管最初的协议必须是书面的，这个要求不适用于后续或进一步修改的条款，关于修改原有协议和对具体程序问题或一般规则或在仲裁程序中适用的原则的进一步的协议，可能是有效和可执行的。当双方签订之前或在仲裁庭达成额外的协议，不论是原始的协议或新的独立协议的修改，主要是解读的问题，目的是赞成修改的推定，而不是一个新的协议可能会经常被认为是适当和合理的。仲裁协议的解释起初非常狭窄，因为当时仲裁被法院排挤，仲裁协议的解释原则上适用解释的一般原则，但仲裁协议作为程序规则协议，即便协议在一定程度上是通用的，其中出现的问题不完全等同于其他商业协议解释的问题。在解释仲裁协议或条款过程中，其趋势是倾向于广义的解释，即目前倾向有利于仲裁的趋势。仲裁的保密性可以避免当事人陷入更多的纠纷，减少模仿性诉讼。④ 仲裁的保密性质排除第三者的存在，存在多方仲裁协议的一方的协议，即使没有声称已针对该方或该方的同意，第三方有权参加和出席，除非另有约定的权利。还有一种可能，即其有充分

---

① 《西班牙法案》第 9 条第 1 项规定：仲裁协议的内容可能包含仲裁者的任命和程序规则的决定。如果双方在此不能达成一致，他们可以在任何时候再仲裁协议中增加互补的协议。

② 《纽约公约》第 2 条第 3 项规定：如果缔约国的法院受理一个案件，而就这案件所涉及的事项，当事人已经达成本条意义内的协议时，除非该法院查明该项协议是无效的、失效的或不可能实行的，应该依一方当事人的请求，令当事人把案件提交仲裁。

③ 上海国际仲裁中心国际商事仲裁研究中心：《论仲裁协议的司法审查》，载《上海法学研究》集刊 2022 年第 2 卷，第 112 页。

④ 杨婷：《仲裁裁决确认事实免证规则的反思与重构》，载《政治与法律》2021 年第 12 期，第 154 页。

的理由存在，若涉及商业秘密或保密性质的其他有关事宜，如果第三方既不是申请人也不是被申请人，所提供的程序又进一步涉及其他争端方，仲裁庭可以通过程序予以限制该第三方当事人权利。

根据现行学说，仲裁协议在法律上具有分离性和独立性。[1] 仲裁协议准据法不必然与主合同准据法一致。[2] 相同收购中受益人和保证人之间的争端，包括或不包括主债务人，什么是当事人援引仲裁条款对担保人的相关协议，当事人明示或适用法律明确规定，如果担保包含自己的仲裁或司法管辖权条款，它很可能是排斥的。即使在这种情况下，担保人可通过代位权的方式，从主要债务人获得额外的权利后，保证人在保证义务下进行。因此理论上，可能在两种管辖权条款之间作出选择。毫无疑问，这是解释的问题，到什么程度有待诠释的一般规则，抑或有特殊的因素需要考虑，这些可能包括以下内容：根据个别案件的事实(a)该担保可能是一个单方面承诺(信用证)或协议，双边或多边性质可能对解释有影响。(b)若担保人已在担保项下进行，受益人(债权人)对主债务人的权利一般是由法律或协议(代位权)从主债务人分配给担保人，主债务人也可能对受益人有追索的权利，即在另一地有合同担保，这可以建立正确的担保人援引仲裁条款的相关协议。(c)部分担保有非常密切的关系或者相关协议几乎是相同的，而有些是独立的，如独立的物(由银行开具的信用证)。

仲裁协议可以是非常片面的或附条件的，有时这可能是相关协议的补充或其中一方可能需要法律保护(授权专利技术)的自然结果，证明这一点的最好例子，来自金融领域，即贷款：为借钱几乎任何合同性权利或补救措施都是必要的，并印证基本没有虐待或胁迫。但是，这里片面性或附条件的其他条款可能是不合理的负担，仲裁协议可能受一方当事人的胁迫，不合理的元素存在时，可能会导致该条款的不可执行性。当事人对仲裁程

---

[1]　陈卫佐：《国际性仲裁协议的准据法确定——以仲裁协议的有效性为中心》，载《比较法研究》2016 年第 2 期，第 157 页。

[2]　Gary B. Born, International Commercial Arbitration, *Wolters Kluwer Law & Business*, 2021, p498.

序的协议，构成国际正当程序的一部分，仲裁程序是基于仲裁协议形成的，是仲裁程序的基础和"保护伞"，在这个意义上的仲裁程序是合同行为，这似乎意味着，仲裁协议本身必须是可强制执行的。《国际统一私法协会国际商事合同通则》第3.9条规定了胁迫，第3.10条规定了重大失衡，第3.11条规定了如果欺诈、胁迫或重大失衡归咎于第三人的情形，该通则从侧面回应了可执行的仲裁协议所必需的标准，以及协议若存在受胁迫或者存在重大失衡情形，将会受到相应的制裁。

(二) 仲裁协议缺陷将导致仲裁庭形成阶段仲裁程序不当

仲裁机构对争议案件行使管辖权的重要依据是仲裁协议，仲裁庭是否能启动仲裁程序，是否可以谈论正当程序问题，首先要看仲裁庭对案件是否有管辖权。仲裁管辖权是指仲裁庭对某一商事争议从事仲裁审理活动，对该案件进行整体仲裁的法律权限。仲裁庭的自裁管辖权是仲裁庭能否合理完成任务所必不可少的。① 在仲裁条款中明确有权受理案件的仲裁机构，可在仲裁程序的起点避免纠纷的产生，为仲裁的公信力保驾护航。② 仲裁协议约定的范围限制着仲裁庭管辖权的范围，对仲裁协议的有效性提出异议便是对仲裁庭管辖权提出异议。仲裁庭形成阶段仲裁程序不当的具体情形包括：当事人之间没有仲裁协议，或者仲裁协议无效，或者仲裁协议是附条件的或者是附时效的，在仲裁协议所附条件、所附时效尚未成就时受理案件。

仲裁协议是国际商事仲裁的基石，仲裁管辖权来源于仲裁协议，③ 依

---

① Andrew Rogers Q. C. and Rachel Launders, Separability: The Indestructible Arbitration Clause, Arbitration International, *Graham and Trotman Sterling House*, Vol. 10, No. 1, 1994, p212.

② 郑重:《涉外仲裁机构约定缺失时的困境纾解:临时仲裁——兼评〈仲裁法(修订)(征求意见稿)〉第35条第4款》，载《商事仲裁与调解》2022年第5期，第45页。

③ Alan Redfern and Martin Hunter, *Law and Practice of International Commercial Arbitration*, London: Sweet & Maxwell, 2003, p135.

法存在且真实有效的仲裁协议几乎是仲裁庭管辖权的唯一来源。① 仲裁协议不存在或不是有效的存在，那么仲裁机构就没有得到授权去受理当事人间的争议，仲裁庭就无法进行下面的仲裁程序；当事人间即使有仲裁协议，若仲裁协议不符合法律规定的有效要件，那么仲裁协议便是无效的，此时仲裁庭对仲裁案件的受理是无权的，自然无法启动仲裁程序，更无法谈及程序正当。若当事人间的仲裁协议是附条件的或附时效的，除了仲裁协议满足一般的有效条件外，还需等待仲裁协议所附条件或所附时效成就时，仲裁机构方可受理案件，否则，无法启动仲裁程序。②

可见，在研究国际商事仲裁正当程序问题之前，必须要研究仲裁协议的效力。仲裁协议本身就是一个契约，仲裁协议的独立不是绝对的独立，而是相对的独立。③ 仲裁协议的效力主要表现在对当事人、仲裁机构和仲裁庭以及法院三个方面。如果选定了仲裁机构，一旦仲裁协议约定的争议发生，当事人只能依据仲裁协议选定的仲裁机构申请仲裁。仲裁能否启动的前提便是有效的、合法的仲裁协议的存在，国际上一般倾向于在国际商业合同中订立仲裁条款，方便争议及时得到解决。据学者实证统计分析，高达90%的国际商业合同中包含有仲裁条款。④

仲裁协议必须同时满足形式要件与实质要件才能具备法律效力。形式要件主要是指仲裁协议的书面要求，以及在特殊情形下满足签署交换的要求，前者是仲裁协议存在的形式要求，后者是为达到双方合意。针对仲裁协议的形式要件，各国对"书面"的界定各不相同，因而成为司法审查的难点。在仲裁协议的书面形式上，商主体的要求或期待无疑更加开放、灵活，不宜恪守民事合同的严格原则。⑤《纽约公约》将当事人签署的和在互

① Gary B. Born, International Commercial Arbitration, *Wolters Kluwer Law & Business*, 2021, p251.

② 齐湘泉：《外国仲裁裁决承认及执行论》，法律出版社 2010 年版，第 231 页。

③ 刘晓红、袁发强：《国际商事仲裁》，北京大学出版社 2010 年版，第 143 页。

④ Otto Sandrock, The Choice Between Forum Selection, Mediation and Arbitration Clauses: European Perspectives, *American Review of International Arbitration*, Vol. 20, 2010, p7.

⑤ 陈杭平：《仲裁协议主观范围理论的重构》，载《法学研究》2023 年第 2 期，第 192 页。

换函电中载明协议定义为书面形式,已经落后于时代的发展。《示范法》比《纽约公约》列举的书面形式更详细,但措辞不够灵活。德国、英国、中国香港地区法律对书面形式的界定极为宽泛,代表了仲裁协议书面要求的发展趋势。Klaus Peter Berger 认为仲裁协议的书面要求具有警示功能,使当事人意识到仲裁协议的重要性。[①]

实质要件是指使仲裁协议有效的基本构成要素,一般包括:当事人的缔约能力(如一个已经开始组建,但最终未完成组建或未被批准的有限公司[②])、请求仲裁的事项、意思表示、仲裁地点等要素。有瑕疵的仲裁条款主要体现在以下方面:仲裁机构规定上的瑕疵、仲裁地点规定上的瑕疵、仲裁规则上的瑕疵和仲裁裁决效力上的瑕疵。仲裁协议的实质性内容可大致分为两类,一类是一项有效的仲裁协议所必须具备的内容,如仲裁意思和争议事项;另一类是法定必备内容之外仲裁协议通常包括的内容,如仲裁程序规则、仲裁机构、法律适用等。《纽约公约》第 2 条规定了仲裁协议形式的有效性,但对于仲裁协议实质有效性问题并未提及,而是交给各缔约国自行决定。[③] 各国规定的必备内容不同,如中国法律规定仲裁协议必须规定有仲裁机构的内容,体现中国从法律制定上就否认了临时仲裁。对于法定必备内容,司法审查的重点是该内容是否存在与合法;对于非法定必备内容,司法审查的重点是该内容是否合法以及是否可以执行。

(三)仲裁协议与仲裁管辖权

仲裁员管辖权的基础来源于仲裁协议,[④] 仲裁管辖与仲裁协议的有效

---

① Klaus Peter Berger, *International Economic Arbitration*, Kluwer Law and Taxation Publishers, 1993, pp. 135-136.

② Mauro Rubino-Sammartano, *International Arbitration Law and Practice*, CITIC Publishing House, 2003, p197.

③ 涂广建:《论国际民商事仲裁与诉讼的平行程序》,载《南大法学》2021 年第 4 期,第 18 页。

④ Emmanuel Gail lard and John Savage, *Fouchard*, *Gaillard*, *Goldman on International Commercial Arbitration*, Kluwer Law International, 1999, pp. 393-394.

性是一个问题的两个方面。国际商会在其修订的 1995 年仲裁规则中，率先将仲裁庭有权对其管辖权作出决定的条款列入该会仲裁规则中，第一次明确仲裁庭可以决定仲裁协议是否有效，这便是自裁管辖说，这一理论来源于当事人的意思自治原则和各有关国家法律认可，主张仲裁机构可以决定仲裁协议是否有效和对自身的管辖权作出裁定。如法国秉承了完整的仲裁庭自裁管辖权原则，同时承认自裁管辖权的积极效力和消极效力。① 而法院决定论主张，法院对仲裁协议是否有效的决定的权威大于仲裁机构的决定，仲裁机构应服从法院的决定。多数国家在处理这两种理论的关系时，多数是首先主张自裁管辖理论，但当事人不服仲裁机构的决定时可向当地法院提出申诉。在同一个国家中，法院作出的和仲裁机构作出的决定相矛盾时，仲裁机构得服从法院的裁定。

从国际上的一些案例我们可以看出，仲裁庭有权裁定对自己的管辖权的异议以及仲裁庭可视案情在适当的时候作出初步裁定是一种较好的方式，不仅对当事人没有任何坏处，且对仲裁程序的顺利进行和仲裁庭的效率大有裨益，有不少国家支持管辖权异议可由仲裁机构决定。目前，大部分国家都接受了自裁管辖权理论，并在相关立法中予以体现，自裁管辖权成为当代仲裁法的一项基本原则。② 国际商事仲裁实践中，因存在仲裁协议而不再行使诉讼管辖权的权力，是归属于法院行使，有的国家还允许仲裁庭作出初步的管辖权决定后，法院可以给予审查，即当事人在仲裁裁决作出前提出管辖权异议的，仲裁庭可以决定自身的管辖权，若当事人请求法院监督，法院可以实施对仲裁庭的控制和监督。有的国家法律赋予法院在撤销或承认执行仲裁裁决时先审查仲裁协议的效力。

---

① 金鑫：《国际商事仲裁自治性强化背景下的弱势方保护——法国的经验及启示》，载《时代法学》2022 年第 1 期，第 110 页。

② 上海国际仲裁中心国际商事仲裁研究中心：《论仲裁协议的司法审查》，载《上海法学研究》集刊 2022 年第 2 卷，第 123 页。

三、仲裁协议的效力扩张

(一)法理基础

仲裁协议的基础诚然是当事人之间的合意,当事人缔结的合同也同时约束着当事人。有关仲裁协议"书面"和"签署"的两个形式要件,是大多数国家的仲裁规则和国际公约都有规定的,对这种"书面"和"签署"的形式要件若作狭义解释的话,那么就会认为只有签署了仲裁协议的当事人才会受仲裁协议的约束,在国际和国内立法都鼓励发展仲裁的背景下,针对仲裁协议的效力,其发展的显著特征体现为——仲裁协议效力范围的不断扩大和延伸。[①] 与此同时,"长臂仲裁协议"的概念被提出,有些学者预言,在不久的将来,仲裁协议效力范围的拓展将是其特色之一,突出表现在,仲裁效力可以延伸到书面协议的未签字方。这一预言在司法实践中也已经有所展现,在"南洋地产(南京)有限公司与南京杭成物业管理有限公司确认仲裁协议效力案"中,[②] 南京市中级人民法院认为,江鸿公司将其对南洋公司的债权转让给杭成公司,受让人杭成公司并未对仲裁协议明确表示反对,因此,案涉仲裁协议对杭成公司仍然有效。可见,司法实务部门有条件地承认了仲裁协议效力的扩张。

目前用于解释仲裁协议效力扩张的理论主要有:禁止反言原则、"揭开公司面纱"原则、合同相对性原则的例外、"公平合理的期待"原则。第三方因法律的规定或运行产生特定的事实,如:代理、代位求偿、合同主体变更、合同项下的权利义务转让等,这些法律事实使非仲裁协议的一方变为原来合同一方当事人权利义务的继受者,从而使仲裁协议对其产生了

---

① 赵健:《长臂的仲裁协议——论仲裁协议对未签字人的效力》,载《仲裁与法律》2000 年第 1 期;丁国民、吴光慧、张程:《担保合同仲裁管辖的制度完善》,载《财经理论与实践》2023 年第 1 期,第 157 页。

② 参见江苏省南京市中级人民法院〔2018〕苏 01 民特 304 号民事裁定书。

效力，于是，仲裁协议的长臂延伸到了未签字的第三方。仲裁协议继受的具体情形包括代理情况下的仲裁协议的继受、代位求偿下的仲裁协议的继受、合同一方当事人被合并、分立情况下仲裁协议的继受、合同转让情形下仲裁协议的继受和鉴于子、母公司之间特定关系而产生的仲裁协议的继受、提单及转让的继受、债权或股权转让的继受等。在国际商事仲裁中，一个自然人的能力出现问题可能是很少见的，但是，增加与企业家和商人的联系取决于他们的个人能力，而不是藏在公司的面纱后，也可能通过增加与法人的联系，即不同的公司类型，如果他们的董事被某种力量影响，如果董事扮演的角色超过他们的权利范围（超越权限），将会出现很多问题，这些问题应由适合的公司法律来规制，如公司的所在地、商业居住地法律等。

（二）仲裁第三人制度建立——国际商事仲裁正当程序的价值体现

仲裁第三人制度是对仲裁协议的突破，是仲裁协议效力扩张的体现。国际商事仲裁正当程序的宗旨是维护当事人的权益，那么必须要求引入仲裁第三人制度才能维护当事人完备的合法权益。此处的仲裁第三人与前文中的仲裁协议第三方其实是两个概念，并不完全一样，仲裁第三人制度中的仲裁第三人，一般指仲裁程序进行中的第三人，侧重于仲裁第三人与有关仲裁案件审理结果的关联性，而仲裁协议第三方是基于法律规定及运行的仲裁协议对特定第三方权利义务继受者产生法律效果的情况。仲裁第三人制度中的仲裁第三人与仲裁协议第三方的相同之处是有关当事人都是仲裁协议的非签字方。

仲裁和诉讼作为解决争议的方式，都要考虑到程序的正当性和合理性，目的都是为了及时解决争议。仲裁第三人制度相关联的问题是合并仲裁，二者有联系也有区别，基于同一仲裁协议或不同的仲裁协议，都会出现两个可能合并的仲裁程序。仲裁第三人制度会出现在基于不同的仲裁协议的合并仲裁情形下，仲裁第三人制度是仲裁程序外的第三人主动或被动加入仲裁程序中，不存在多个仲裁程序；而合并仲裁是两个以上、已经开始的、相关联的仲裁程序的合并，其特点是存在有两个以上的仲裁程序。[1]
仲裁第三人制度和合并仲裁二者的共同目的都是为了节约成本和避免不一
致的裁决结果，英国在起草 1996 年《仲裁法》时，曾准备明确规定合并仲
裁，后来，有顾问提出合并仲裁与当事人意思自治原则相违背，规定合并
仲裁的提议被搁置。[2] 为了保障目标的实现，合并仲裁需要适当强化仲裁
机构与法院的权力，这在一定程度上限制了当事人的意思自治。[3]

在国际商事交往过程中，有些连环合同涉及多方当事人，如果在该仲
裁程序中不引入关系密切的第三人，当事人的实体权利义务最终将无法得
到保障，若当事人另行仲裁或者是另行诉讼，又会引起不必要的法律资源
浪费，并且如果是出现另行仲裁的情形，多个仲裁裁决之间有时会相互矛
盾，那么当事人的利益将会遭受到更大损害，更谈不上实现仲裁的公正价
值和效益价值。针对这一问题，目前理论界有三种观点：一种是主张存在
第三人制度，将仲裁程序包含第三人一起解决争议；另一种主张是反对第
三人制度，除非当事人有约定，否则不允许第三人进入已开始的仲裁程序
中；还有一种主张是有条件地认可第三人制度，此处的"条件"一般是指经
过双方当事人同意或仲裁庭同意等。反对仲裁第三人制度的理由主要从意
思自治原则、合同相对性原则、仲裁制度的秘密性、仲裁的民间性质几方
面阐述自己的观点。支持仲裁第三人的观点从简化程序、避免相互矛盾的
裁决、仲裁的目的和实践中证实存在的合理性。虽然我国仲裁法和相关司
法解释未规定仲裁第三人制度，但有的仲裁规则支持案外人加入仲裁程

---

[1]　刘晓红：《国际商事仲裁协议的法理与实证》，商务印书馆 2005 年版，第 243
页；汪蓓：《仲裁第三人程序准入制度的检视与完善》，载《华东政法大学学报》2021 年
第 4 期，第 137 页。

[2]　Alan Redfern and Martin Hunter, *Law and Practice of International Commercial
Arbitration*, London：Sweet & Maxwell, 2003, p181.

[3]　李贤森：《国际商事仲裁意思自治的保障与限制问题——兼评〈仲裁法〉的修
改》，载《法学》2022 年第 4 期，第 183 页。

序。① 2014 年 4 月,《中国(上海)自由贸易试验区仲裁规则》在上海颁布,这是中国首部自贸区仲裁规则,该规则借鉴了联合国国际贸易法委员会以及国际主流仲裁机构的最新成果,在此规则中,可喜的是仲裁第三人制度已被纳入,这是很先进的立法。广州仲裁委员会在此基础上进一步细化《广州仲裁委员会仲裁规则》第 23 条、第 24 条规定,参考《民事诉讼法》区分了同一仲裁协议中的第三人和无仲裁协议的第三人,可以说是我国仲裁规则制度设计上的一大突破。②

第二节　正当程序下仲裁法的适用

各国仲裁法规定的范围不同,有的学者认为仲裁程序法包含除实体法以外的一切事项,有的学者则认为仲裁程序法只限于程序问题,并包括仲裁员的行为和对仲裁的司法监督范围。③ 国际商事仲裁的根本准则是意思自治。该原则存在于商事仲裁制度的产生和发展过程中,其作用之一在于使当事人免遭不熟悉的地方性程序规则的影响。④ 因此,当事人的选择决定着国际商事仲裁案件中有关法律适用的问题,当事人若对仲裁协议、仲裁程序法及仲裁实体法进行了自主的选择,那么仲裁地法就要让位于当事人的选择,最常见的情形之一是当事人选择适用仲裁地法,国际商事仲裁程序法适用当事人选择的仲裁地法已为国际上重要的仲裁立法所确认。⑤ 鲜少有当事人特意约定仲裁程序法且约定的仲裁程序法与仲裁地法不一

---

① 陈杭平:《仲裁协议主观范围理论的重构》,载《法学研究》2023 年第 2 期,第 205 页。

② 范卫红,郑国涛:《金融仲裁第三人制度建立刍议》,载《电子科技大学学报(社科版)》2020 年第 4 期,第 21 页。

③ Peter S. Smdresman, Conflict of Laws, in International Commercial Arbitration, *Califonia International Law Journal*, Vol. 3, 1977, p263.

④ 史强:《远程开庭对我国商事仲裁的挑战与法律应对》,载《山东社会科学》2021 年第 5 期,第 182 页。

⑤ Georgios Petrochilos, *Procedural Law in International Arbitration*, New York: Oxford University Press, 2004, p65.

致，即便当事人选择了与仲裁地法不一致的仲裁程序法支配仲裁程序，仲裁地法中的强制性规定仍然对仲裁程序发生效力。①

　　国际商事仲裁不能在真空中运行，它是在一定的法律体系中运行的，国际商事仲裁裁决的效力依赖于它从属的法律体系。② 仲裁法律规范确定了仲裁程序规则，仲裁庭作为解决当事人纠纷的主体，通过仲裁程序予以推进和保障。仲裁程序对仲裁权行使的保障的根本，在于对仲裁正当性和公正性的保障，是对仲裁当事人意思自治的保障，同时仲裁程序也是对仲裁法具体实施的保障。面对纷繁的国家法律制度，适用不同的法律会导致国际商事仲裁中的问题出现大相径庭的结果，例如，界定国际商事仲裁协议的有效性问题、国际商事仲裁中适用哪个国家的程序规则、国际商事仲裁中当事人的实体权利义务问题等，而对于研究国际商事仲裁正当程序问题而言，这些问题都是前提条件。

　　仲裁的要素之一是法律依据，此处的法律并不是指我们想象中的简单的法律。在国际商事仲裁中，我们将面对许多不同类别的法律：①国家（和跨国）冲突规则（国际私法）。②实质性的（国家）法律。③程序上的国家法律。④商法。⑤法定仲裁程序。⑥国家和国际公共秩序。⑦国际条约。这些法律被选定和应用包含不同程度约束力的层级规制，从而构成一个等级层次。在国际环境下，国家等级并不一定由涉外裁决庭认定，他们的效力等级可能是不同的，也并非只有一组规则可以适用，很可能它们其中的大多数都必须被适用，也存在它们其中的部分只能应用于特定的当事人或案件，而其他规则用于其他争端。许多国家的法律即使是对于相同的问题，也可能必须被同时适用到，这并非是混乱，而是一种挑战。

---

　　① 郑重：《涉外仲裁机构约定缺失时的困境纾解：临时仲裁——兼评《仲裁法（修订）（征求意见稿）》第35条第4款》，载《商事仲裁与调解》2022年第5期，第53页。

　　② 谢新胜：《国际商事仲裁程序法的适用》，中国检察出版社2009年版，第193页。

一、意思自治与国际商事仲裁程序法的适用

目前，各国都给予了国际商事合同较大的自由空间，许多国家正在以惊人的速度破除完全自治仲裁的法律障碍。[1] 20 世纪 70 年代初的两大案例，[2] 将仲裁程序法与仲裁实体法分割开来，打破了学界一直认为仲裁实体法和程序法不可分离的观念。在仲裁实践中，当事人可以根据案件的情况去分别选择实体法和程序法，但仲裁程序法的选择扑朔迷离，因为各个国家规定的选择程序法的条件不同，不易把握。国家立法一般会划定可仲裁的事项范围，并设置仲裁程序必须遵循的强制性规则，必须在国家制定法所划定的边界内确定当事人意思自治的适用范围。[3] 在仲裁全过程中，仲裁程序法的确定至少要受到来自五个方面的考察：起草仲裁协议的当事人、任命仲裁员并作出其他程序决定的仲裁机构、仲裁员自己、仲裁地国的法官（无论是在仲裁程序过程中还是在裁决作出后）、将要执行裁决的国家的法官。[4]

仲裁程序是由仲裁程序法所支配，当事人在选择时也要注意，不能与仲裁地的强制性规定相抵触，即不能与仲裁地的公共秩序相违背。因国际商事仲裁的正当程序正是各国公共秩序的一部分，所以当事人和仲裁庭都要注意并不能违背之。各国关于仲裁的法律规则中都有强制性规则作为自己的底线，如果当事人约定的仲裁规则与仲裁地法中某些强制性规则相矛盾，则必须依从仲裁地法的强制性规则，除非当事人依仲裁地法有权并已

---

[1]　Jay R. Sever, The Relaxation of Inarbitrability and Public policy Checks on U. S. and Foreign Arbitration: Arbitration out of Control? *Tulane Law Review*, Vol. 65, 1991, p1661.

[2]　英格兰法院审理"詹姆斯·米勒诉威瑟沃斯街房地产公司"案和法国巴黎上诉法院审理的"比利时公司诉 G·迪芬巴赫"案。

[3]　杜焕芳、李贤森：《国际商事仲裁当事人程序自治边界冲突与平衡》，载《法学评论》2020 年第 2 期，第 172 页。

[4]　寇丽：《现代国际商事仲裁法律适用问题研究》，知识产权出版社 2013 年版，第 87 页。

协议排除或改动这类强制性要求。如 Genentech 案，虽然该案事实没有违背欧盟强制性规定，但该案显示出欧盟法院对强制性规定适用必要性的要求。①

《纽约公约》第 5 条规定，在执行外国仲裁裁决时，当事人协议选择的法律优先于仲裁地法。② 但是，若当事人的协议与仲裁地国家的法律规定相左但又没有违背仲裁地的强行规则时，是适用当事人间的约定还是适用仲裁地国家法律，判断仲裁庭的组成或仲裁程序不当，目前尚无结论，实践中由被请求执行地国家法院根据本国法律决定。③

国际上最早的商事仲裁公约是 1923 年签订的《仲裁条款议定书》，该公约已经确定了当事人可以根据意思自治原则来选择仲裁程序应适用的法律，并且还规定了重叠适用仲裁地法。该公约第 2 条规定："仲裁程序，包括仲裁庭的组成在内，应当依照当事人的意志和仲裁进行地国家法律的规定。"协议管辖不仅能够避免国际商事领域中的管辖权冲突，还可以降低冲突法的不确定性和不可预见性。④

从各国立法看，在当事人没有约定可适用的仲裁程序法或规则时，确定该问题的权力将由仲裁庭来行使。当仲裁条款未就仲裁程序法有明示的选择时，仲裁程序法可按一般冲突法原则予以确定，即推定当事人未明示的默示选择。而当事人未选择时，仲裁程序法的确定有四种情形：其一是推定当事人未明示的默示选择；其二是适用仲裁地仲裁程序法；其三是适用仲裁机构的程序规则；其四是适用外国仲裁程序法。⑤

---

① Case C-567/14 Genentech v Hoechst/ Sanofi-Aventis ECLI：EU：C：2016：526

② Georgios Petrochios, *Procedure Law in International Arbitration*, Oxford University Press, 2003, p26.

③ 齐湘泉：《外国仲裁裁决承认及执行论》，法律出版社 2010 年版，第 188 页。

④ 陈婉姝：《中国国际商事法庭协议管辖制度的反思与重构》，载《新疆大学学报（哲学社会科学版）》2023 年第 1 期，第 21 页。

⑤ 韩健：《现代国际商事仲裁法的理论与实践》，法律出版社 2000 年版，第 260 页。

（一）国际商事仲裁的"非本地化理论"

仲裁本地化理论认为仲裁地程序法支配着仲裁的进行，并赋予仲裁裁决的效力，因此来自仲裁地法院的司法干预不能被取缔。马恩教授是仲裁本地化理论的代表人物，认为仲裁法就是仲裁地法。① 豪尔教授的拟制仲裁地选择理论是仲裁本地化理论的一个重要分支。② 仲裁本地化理论相对应的是"非本地化仲裁理论"，又被称为"非国内化理论"，主张国际商事仲裁自治，主张国际商事仲裁有统一的仲裁法规制，不应当受任何国内法约束，抽象的意思自治原则是仲裁裁决效力的来源，试图摆脱任何国内程序法支配国际商事仲裁，这一理论认为当事人在仲裁协议中常常根本就不规定仲裁地，说明当事人对仲裁地选择的法律意义可能根本不关心。③ 这种"非本地化"方法将当事人的自主权发挥到极致，表明当事人的协议可能优于国家立法。④ 认为就法律适用而言，要求裁决符合仲裁地的法律略显苛刻，仲裁地法与裁决并无绝对的实质性联系，仲裁地通常被选择作为中立的法庭。⑤

对于该问题，既存在支持意见，又存在反对意见。其实质是为了达到不管是哪一个国家都不能依本国法去撤销国际商事仲裁裁决，这一理论强调当事人自主选择程序适用法律无可厚非，但仲裁裁决的执行若没有仲裁地法院的协助和支持，仲裁裁决将是一纸空文。"非本地化理论"允许仲裁

---

① Otto Sandrock, To Continue Nationalizing or to De-Nationalize? That is Now the Question in International Arbitration, *The American Review of International Arbitration*, Vol. 5, 2001, p77.

② Georgios Petrochios, *Procedure Law in International Arbitration*, Oxford University Press, 2003, pp. 26-30.

③ Craig, Park and Paulsson, *International Chamber of Commerce Arbitration* (2nd ed.), 1990, p271.

④ 廖鸣：《仲裁法中的强制性和任意性规则》，载《北京仲裁》2021 年第 3 期，第 75 页。

⑤ Alan Redfern and Martin Hunter, *Law and Practice of International Commercial Arbitration*, London：Sweet & Maxwell, 2003, p451.

程序适用仲裁地以外的仲裁规则，克服了各国商事仲裁程序法的不统一性、不充分性以及适用仲裁地法的不合理性等弊端，但这种做法在当今社会，可能导致商事仲裁程序中法律适用的不确定性。

(二)仲裁地与国际商事仲裁程序法的适用

虽然意思自治下的"非当地化"的某些发展已经缩小了仲裁地作为连接因素的重要性，但是在一般情况下该因素仍具有决定意义。得不到仲裁地国家法院的支持，仲裁裁决便会成为一纸空文，因此，在国际商事仲裁程序中，仲裁地法仍占有重要地位。《示范法》也规定国际商事仲裁程序由仲裁地法律管辖，大多数国家的规定与《示范法》相同。[1]

在当今时代，仲裁地法在国际商事仲裁中的地位依然重要。实践中，当事人订立仲裁协议时常会忽视约定仲裁程序适用法律，但常常会约定仲裁地。因此，仲裁地在仲裁程序的法律适用中仍占有重要地位。仲裁程序适用仲裁地法仍然是占主导地位的理论、法律和实践。[2] 如《国际商会仲裁规则》规定，当事人可在仲裁条款中或随后自由约定仲裁地，若当事人不作约定，则由仲裁院确定。[3]

仲裁地法在程序方面所具有的法律地位和重要意义并没有被动摇，其作用在一般情况下仍是决定性的和不可忽视的。在当事人没有约定仲裁程序适用法时，仲裁地法往往是仲裁庭的首选。[4] 传统的观点认为，国际商事仲裁中理所当然应当适用仲裁地法，主张对于支配仲裁程序的法律当事人不能作出选择，当事人可以通过选择仲裁地来间接地选择支配仲裁程序

---

[1]　Gabrielle Kaufmann-Kohler, Globalization of Arbitral Procedure, *Vand. J. Transnat'l L*, Vol. 36, 2003, p1315.

[2]　沈伟，陈治东：《商事仲裁法 国际视野和中国实践 上》，上海交通大学出版社 2020 年版，第 363 页。

[3]　Yves Derains and Eric A. Schwartz, *A Guide to the New ICC Rules of Arbitration*, Kluwer Law International, 1998, p200.

[4]　郭潇晗：《论国际商事仲裁协议的法律适用》，载《商事仲裁与调解》2022 年第6 期，第 76 页。

的法律。当事人在合同中所选择的适用法律，是在于解决合同争议实体问题的适用法律，而此项法律与仲裁程序适用的法律不能等量齐观，支配仲裁程序的法律只能归属仲裁地法律，这种传统观点的理论基石是国际商事仲裁的司法权理论，该理论认为管理控制辖区内所有的仲裁权力都应归属于国家。

仲裁程序被要求适用仲裁所在地法律，这意味着两个"硬"的元素往往界定了仲裁程序的法律框架：由仲裁地的法院或管辖当局和特定的程序措施。例如，强制调取文件、临时措施、取证、裁决等程序规则。仲裁地法主要是一个"祈福"的程序并最终建立必要的控制，向仲裁员和当事人给出具体的"命令"，使仲裁地法不被滥用。

由于正当程序要求，如果裁决不是基于当事人的协议或选择适用的法律，仲裁庭可能是超过其权力和当事人的授权，即违反正当程序。如英属盖曼群岛商智龙二基金公司(IP Cathay II, L. P.)与周继庭等人申请认可和执行香港特别行政区仲裁裁决案因裁决载有关于交付仲裁范围以外事项的决定而被法院裁定不予认可和执行。① 仲裁地有时是虚拟的和人为的，在管辖权和仲裁法的保护和控制下，仲裁地与国家的管辖权和仲裁程序的基础之间建立了紧密的必要的连接。仲裁地的仲裁法将提供程序框架，并不能被当事人完全取代和排斥，适用于仲裁程序的程序规则可以发现有许多来源，最初来自当事人的仲裁协议的，并且也可能涉及仲裁地的仲裁法。仲裁协议可能包含的规定或规定覆盖的程序是多方面的，涉及制度规则或其他程序规则，例如，IBM 证据规则。

除了原有的仲裁协议，当事人可在程序过程中，达成附加协议覆盖各种具体的程序性事项或一般原则，这些可以被应用在整个仲裁程序中。进一步而言，仲裁员基于其权力和当事人的授权可以取代以上程序，这些都是来自法律规则的适用或来自仲裁员固有的职责和他操控程序的权力，诚然，程序被法律程序原则取代，是要受制于正当程序的标准。程序框架是

---

① 参见北京第四中级人民法院〔2016〕京 04 认港 2 号民事裁定书。

基于两个主要因素：首先主要是当事人之间的协议；其次，没有这种协议时，依据仲裁地国的当事人的协议可能包含不同的元素，在后一种情况下，条款和制度一般参考仲裁协议中提到的特定机构的仲裁规则。一个简单的临时仲裁条款通常明示或暗示地将一个国家的仲裁协议、仲裁法、特设规则独立于国家的法律。① 当事人所提及的仲裁法并不一定与仲裁"所在地"是一个地方，也可能是在另一个国家。

当事人没有仲裁协议时，仲裁地国家的仲裁法由于其强制性也是适用的，超出原仲裁协议的，当事人可以协议补充或修改仲裁协议，在可能的程序过程中涉及的具体问题或泛型程序原则是可适用的。当事人就程序事项达成协议的自由，在程序中可以通过仲裁庭的权力来有效控制，仲裁程序可以通过在层次结构中被任何明确规则或可能不明确的规则予以部分覆盖。在仲裁程序中，所有涉及应该用何种法律建立事实的问题都需要求助于"理解力"（如何裁定争议），即仲裁员的学问、经验和智慧，在理想的世界中，在法定仲裁程序后与裁决中都必须得体现公正客观，不过在到达这一最终价值目标之前，还要经历诸多障碍。

1. 程序法

用不同方式划分会出现不同的分类，建立该程序的制度包括以下元素：

（1）由当事人约定的仲裁协议和程序规则。

（2）在仲裁协议和程序框架中，是否引用"一个国家的法律条例"或"私人机构或组织并入仲裁协定"。

（3）适用于仲裁的法律或程序原则。

（4）国际仲裁实践中的仲裁惯例。

（5）由仲裁庭根据他们自己的判断力或者当事人协议制定的程序规则。

（6）正当程序可以渗透和取代上述几项，仲裁的正当程序必须被应用，

---

① 例如，UNCITRAL 仲裁规则。

去取代任何协议。正当程序是确保公正裁决的硬性要求。① 如果正当法律程序没有被应用，在当事人的行动（申请撤销）约束下，这可能会导致事实上或法律上不能强制执行（无效）或不可执行，这个过程使得最核心的原则不受当事人的协议、规章和制度的约束。在程序期间提出的当事人协议中的内容可能会格外受到仲裁员的认可，但一般协议的效力优于其他规则，除了正当程序。

2. 冲突规则和法律条款的选择

要识别或在适用程序法上一般来说并不是十分复杂，然而，对已确定适用的实体法的必要分析可能较为复杂。对于仲裁实体法的选择，各国大多在国际私法的冲突法规则下予以规定，或在当事人未作明确约定时直接许可仲裁员有权决定仲裁实体法的适用。② 如果双方约定实体法适用，这将至少在表面上解决了问题。选择可能有以下情形：包括其冲突规则的国家的法律；一国的实体法不包括其冲突规则；两个或几个国家实体法的组合或混合物；商法或一组不同于国家法律的规则（或这些规则与国家法律相结合）；不再适用国家法律；通过负面条款排除任何实质性规则的应用或通过一整套协议条款排除任何法律的执行；排除与公正善良原则组合的国家的实体法的执行。③ 不管法律和仲裁作出如何明确的选择，以适用实体法的领域可能会通过以下渗透：交易有其作用的国家公共政策的法律（公共秩序）；国际公共秩序，无论程序或实体；一个国家的强制性法律，

---

① 张春良、毛杰：《论违背"一裁终局"原则的仲裁裁决之撤销》，载《西南政法大学学报》2020 年第 6 期，第 65 页。

② 王一栋：《国际商事仲裁实体法适用的理论误区与归正》，载《海峡法学》2022 年第 2 期，第 109 页。

③ 让我们假定四个工业国已达成一致协议同意巴拿马实体法的执行。但是，它们都缺乏与巴拿马达成任何协议。其中之一是法国，另一个日本和其他两个合作伙伴是中国和瑞士。该协议涉及的产业主要合作延伸到欧洲、亚洲和北美洲。这些国家依据合资协议启动仲裁来解决他们在瑞士和卢加诺的分歧。合营协议的某些部分表面看来违反美国和欧洲的反托拉斯法，据此，订约各方在协议的基础上，通过恢复违约金及损害赔偿的方式试图在这些国家之间执行。不管选择巴拿马法律或永远都不选，反垄断法是否允许应该被执行不置可否。

这些法律将在缺乏法律选择的情况下被执行；一个国家的强制性法律。在缺乏当事人明示选择时，应该如何确定国际商事仲裁协议的准据法，国际社会尚未达成一致意见。① 总之，重心在于当事人企图避免恶意的法律，在缺乏法律的选择，无论是暗示或明示，或选择无法律，仲裁庭必须确定适用的法律，将运用冲突规则解决问题，即法院地国家的冲突规则。如果缺乏足够的证据表明外国法律的实质存在，法院将在许多国家都执行它自己的实体法，传统冲突规范的做法得益于完善的规则符合预参考性的传统标准。然而，如果有问题的协议是真正的国际性质，整个过程可能会令人沮丧和毫无意义，一个真正的国际协议不能被提交给国家管辖或不被视为联系密切。

3. 实体法适用法律的争议和仲裁协议

从学说上来讲，除了那些涉及侵权或即其他非合同责任，在任何给定的仲裁案件至少有两项协议：一是相关协议本身；二是根据主流学说（虽然不一定根据所有国家）的仲裁法。仲裁协议是与主协议相独立的协议，其独立性也涉及法律选择和适用的实体法，如当仲裁协议需要实施或解释时，法律分析的选择可能是必要的。在国际商事仲裁实践中，当事人为仲裁协议专门作出法律选择的情况并不多见。② 由于仲裁是基于协议，适用于独立仲裁协议的实体法在原则上举足轻重，因此符合协议的原则，而且，合同法是由"国际"的共识引导下逐步认可为区域法或一致性证明商法的成功而减少国家法律的作用，从而作为一个国际仲裁不可或缺的工具。除了仲裁协议可以区分后续仲裁协议或仲裁协议结束前诉讼或协议的补充，修改原协议可能是独立的，即独立于原来的协议。潜在的协议也可能包含大量的单独协议，其中一些可能是毫无疑问地服从主协议和其他或许多少相关的协议。所有这些网络式的协议很可能在一个单独仲裁协议"保

---

① Gary B. Born, *International Commercial Arbitration* (3nd ed.), Netherlands：Kluwer Law International, 2021, p508.

② 聂羽欣：《国际商事仲裁协议准据法的确定——英国法和中国法比较考察》，载《商事仲裁与调解》2022 年第 3 期，第 60 页。

护伞"下，这个仲裁协议系引用主协议或框架协议的一个仲裁条款。虽然由一个仲裁条款所包含，但是为法律选择的目的，一些协议的相关证明，甚至需要一个单独的实体法分析，即在缺乏当事人表达选择的情况下如此适用。正如上面所讨论的，虽然法律分析的选择可能会导致一个国家法律的适用，然而有可能通过公共政策的力量或国际礼让，也许适用一个或几个国家的其他法律和规则，这些国家同时也用了"适当的"法律，解决争议的一些问题或部分。各国公共政策本身是动态发展的，各国对于何为公共政策以及公共政策的具体标准并无统一的意见。① 国家公共政策是公共或多样化力量和重要性政策的体现，其似乎有规则的特点即强制性，其重要性足以导致依据职权予以应用，一方面，根据保守的方法，仲裁庭不应该不用由当事人援引的任何规则，因为这将违反有关各方给予仲裁庭的授权；另一方面，根据基本原则，仲裁员或律师可能或应该被迫有助于实施非法行为从而违反强制性法律或公共政策，或成为在极端情况下辅助以犯罪活动。

二、仲裁机构程序规则的适用

(一)仲裁法与仲裁规则

仲裁法，又称仲裁程序法，与仲裁程序规则不同。仲裁法通常是由国家权力机关直接颁布的，或由相关司法机关作出的司法解释。仲裁规则是如何进行仲裁程序的规则，它所调整的是仲裁机构、仲裁庭和与仲裁有关的当事人之间的关系。仲裁法是立法范畴，仲裁规则是自主性较强的行为规范，体现了当事人意思自治的契约精神。② 前者包含后者，后者仅仅是规则仲裁程序的内部准则，而前者除此之外还包含调整仲裁庭与外部关系

---

① 胡程航：《论反垄断纠纷的可仲裁性判断及实施机制》，载《国际经济法学刊》2023 年第 1 期，第 131 页。

② 邓燕才：《商事仲裁基础实务与案例选》，华南理工大学出版社 2018 年版，第 9 页。

的准则，包括法院对仲裁的监督关系，特别是在仲裁裁决作出后，一般仲裁规则不再管辖，如法院因仲裁庭违反正当程序撤销仲裁裁决等，二者既有相同之处也有不同之处。相同之处在于两者通常都包括通过仲裁解决具体争议应当遵循的程序规则等。不同之处在于二者制定的机构不同、法律性质不同、实施机构不同、所覆盖的范围不同。

有的国家的民事诉讼法包含仲裁法，有时判例法和司法解释也可能是仲裁法的一部分，而仲裁程序规则仅指仲裁进行中应遵守的程序规则，常常是依据前者或国际法制定。当事人若约定选择仲裁地外的规则进行仲裁，仲裁所依据的程序规则便不会局限于仲裁地法。可见，仲裁程序并不是简单地在仲裁地国的法律制度下实施，这种仲裁程序法从属的法律体系可以独立于实体法所属的法律体系，出现了"非内国化"和"非本地化"的趋向。其主要是指当事人或仲裁庭可以选择将仲裁地国之外的国家法律作为仲裁程序的准据法，甚至包括一般法律原则、惯例等。①

一个国家的仲裁法可以包含的元素有：其一特殊的仲裁法典和法令；其二成文或非成文的仲裁程序原则，例如仲裁员公正性；其三仲裁实践和案例。各层次结构中的规则，形成程序框架或仲裁庭形成之前的"特别法"，在层次结构中，规则可能会有不同的效力。许多可以通过协议或行为放弃(作为或不作为)。第5条(1)(C)公约的规定，属"弱"规定，指出当事人提出的证据证明的情形，从而导致裁决不承认或不执行。规定可分为两个部分：一是裁决涉及仲裁协议所没有提到的；二是裁决内含有对仲裁协议范围以外事项的决定。显而易见，两部分有一个非常类似的覆盖范围，并且有一个可能在措辞上认为他们彼此重叠，提交仲裁的事项不一定是固定在初始阶段或保持在固定的仲裁，仲裁可能是一个非常动态的过程，亦可改变覆盖范围，提交的事项可由当事人或索赔和抗辩阐述可能导致退出的问题，或替代索赔或者新提交的索赔。

---

① 徐途：《国际商事仲裁中排除撤销程序协议的效力问题》，载《北京仲裁》2021年第4期，第27页。

(二) 仲裁规则的适用

一般在机构仲裁中常常适用该机构的仲裁规则，但是当事人另有约定的除外。如北京首信股份有限公司与微软移动(中国)投资有限公司申请撤销仲裁裁决案，① 法院依据意思自治原则，裁定当事人根据国际商会的调解仲裁规则在北京进行仲裁的约定不属于司法干预范围。由于仲裁规则的契约性质，世界知识产权组织仲裁与调解中心规定，当事人可以通过书面协议的方式，对选择适用的仲裁规则加以修订，即便是联合国贸法会的仲裁规则被当事人选择适用后仍可协议修订。因为仲裁员和调解员可依据常识作出决定是符合国际知识产权争议处理的需求。② 在临时仲裁的情况下，仲裁程序的进行和仲裁规则的适用更是取决于当事人的约定。除了约定选择现有各仲裁委员会制定的规则外，当事人还可以自行拟定案件适用的仲裁程序或仲裁规则。③ 在实践中，往往由仲裁庭和当事人商定后决定仲裁应当适用的规则。仲裁规则具有"网络效应"，像电信网络一样，共同或兼容的标准有利于吸引更多的用户加入，同时降低成本。④

因此，仲裁规则的适用有三大特点：一是受当事人的选择，当事人选择某一规则后，该规则便会开始制约着当事人；二是当事人所选择的仲裁规则不得与应当适用的仲裁法的规定相抵触；三是仲裁程序应当适用的仲裁规则不得违背某些强制性的法律规则。

获得仲裁协议的效力一般除受到合同法的约束外，本身还要受到仲裁法、仲裁条款适用法和仲裁规则等约束。例如，仲裁条款需满足的形式和

---

① 参见北京市第二中级人民法院〔2015〕二中民特字第 13516 号民事裁定书。

② Kevin M. Lemley, I'll Make Him an Offer He Can't Refuse: A Proposed Model for Alternative Dispute Resolution in Intellectual Property Disputes, *Akron L. Rev.*, Vol. 37, 2004, p315.

③ 毋爱斌：《〈仲裁法〉引入临时仲裁制度体系论》，载《社会科学家》2022 年第 4 期，第 107 页。

④ Tom Ginsburg, The Culture of Arbitration, *Vand. J. Transnational Law*, Vol. 36, 2003, pp. 1339-1344 .

实质的各项要求，否则在合同有效的前提下，仲裁条款也可能被单独确定为无效条款。①

三、正当程序与国际法的适用

《示范法》对国际商事仲裁的商事一词作广义的定义，根据这一定义，在国际商事仲裁中一方或双方当事人可能是国家或国际组织。② 在国际法上，作为当事人一方的国家与仲裁地国是平等关系的主体，国际法原则规定——平等者间没有管辖权，对于国家或国际组织的主体便享有豁免权。这时的国际商事仲裁将摆脱仲裁地法的适用，而适用国际法。例如，"阿拉伯美国石油公司诉沙特阿拉伯王国案"中，仲裁庭认为该案中当事人一方为主权国家，应适用国际法而不适用任何国家的仲裁程序法。但是目前在理论界，对此种情形是否完全摆脱国内法的适用还存在争议。③ 有很多学者认为管辖豁免原本针对诉讼而言，一般认为仲裁中不存在国际法主体拥有豁免权的情况。④ 此外，由于国家豁免的目的旨在维护国家主权，但国家的行为和财产并非全部具有主权属性，因此存在绝对豁免和限制豁免两种理念。⑤

当事人是国家的国际商事仲裁也以仲裁协议为仲裁程序的基础和前提，国际法赋予仲裁协议或仲裁条款以效力，即不像普通国际商事仲裁一样，是由国际法赋予仲裁庭管辖权，之间的仲裁程序要符合国际强行法或国际公共秩序外，不受任何国家强制性规则的制约，最终的仲裁裁决不像

---

① 许进胜、陈曦：《中国涉外商事仲裁实务指引》，法律出版社 2014 年版，第 61 页。

② Toope, Stephen John, *Mixed International Arbitration: Studies in Arbitration between States and Private Persons*, Cambridge: Grotius Pub, Ltd., 1990, p149.

③ 谢新胜：《国际商事仲裁程序法的适用》，中国检察出版社 2009 年版，第 194 页。

④ Marc Blessing, State Arbitration: Predicably Unpredicable Solution? *Journal of International Abitration*, Vol. 6, 2005, p446.

⑤ 孙南申、李思敏：《国际投资仲裁裁决执行中的国家豁免适用问题》，载《上海对外经贸大学学报》2021 年第 6 期，第 101 页。

普通仲裁那样由国内法院强制执行，当事人不执行会引起相应的国际责任。

解决国际投资争议国际中心（ICSID）已完全实现国际商事仲裁程序法适用上不受任何国内法的控制，即《华盛顿公约》（《解决国家与他国国民之间投资争议公约》）本身构成一个关于仲裁的"自恰的体制"，即是个自治程序法体系。《华盛顿公约》本身便是仲裁规则，仲裁程序法由国际条约支配，国际主权原则是 ICSID 仲裁程序启动的基础，不同于普通仲裁的意思自治原则，当裁决出现错误时，要依据公约自身规定的补救措施——撤销裁决，予以解决，而任何国内法不能干涉之。

在排除仲裁地法作为仲裁程序法后，仲裁庭可自由灵活地设定仲裁程序规则，但不能违反当事人约定与作为国际公共秩序的正当程序原则。① 从各国司法实践中看，各国都认为正当程序原则可以作为"公共政策"的一种适用情形。② 与普通国际商事仲裁不同的是，若违反正当程序，之后的仲裁裁决不会被当事人因违反正当程序的事由申请某国内法院撤销裁决，违反国际公共秩序的正当程序原则，裁决由专门审查裁决效力的特别委员会予以撤销。《华盛顿公约》52 条规定了当事人可以向秘书长申请撤销裁决的几种理由，其中便是正当程序原则的基本要求。

国际法主体与私人主体间当没有国际条约为基础时，国内法也有所涉及。发展中国家认为仅以国际法为基础，有时会拟制主权，主张创立一个可适用的并存法律体系。国际法主体与私人主体若有仲裁协议意味着在一定程度上放弃了豁免权，但当事人可以约定不放弃。目前，对放弃国家豁免是否包括放弃执行豁免以及放弃的范围和方式仍存在争议，影响相关法律责任的认定。③ 国际法主体对哪种法律体系支配仲裁的选择决定着仲裁程序法的归属，若其放弃豁免，则由国内仲裁程序法支配仲裁，若其主张

---

① Avanessian, Aida B, *Iran-United States Claims Tribunal in Action*, Graham & Trotman；Boston：M. Nijhoff, 1993, p95.

② 昝晨东：《〈新加坡调解公约〉中"公共政策"条款的理解与适用》，载《商事仲裁与调解》2021 年第 6 期，第 149 页。

③ 杜焕芳、段鑫睿：《论国际仲裁中国家放弃豁免条款的效力》，载《国际法研究》2022 年第 2 期，第 54 页。

豁免，则仲裁由国际法支配。近年来，国际法主体与私人主体之间的争议常常选择适用联合国贸易发展委员会仲裁规则。① 可见，仲裁协议就仲裁程序的约定显得尤为重要，但这亦受约于仲裁庭如何运用自由裁量权予以解释。总之，当一方当事人为国际法主体时，仲裁程序法的适用是模糊和混乱的，邓正来先生将此比喻成"雾中牛"。

四、正当程序与强行规则的适用

现代的观点主张仲裁程序适用的法律可以由当事人进行选择，但是仲裁地所在国的强制性法律规则仍然应当予以适用。② 这些强制性法律包含以下内容：仲裁协议形式上的规定；仲裁程序合并的规定（有些国家，如荷兰《民事诉讼法典》规定法院有权下令将与同一案件有关的数个仲裁程序合并为一个仲裁程序，这样就将与该案有关的其他数个当事人纳入一个单一的仲裁程序）；仲裁程序使用的语言规定以及仲裁裁决登记制度。除此之外，国际上也有国际商事仲裁程序应当遵守的强行规则——国际公共政策、国际人权法规则。帕尔默海运公司、中牧实业股份有限公司申请承认和执行外国仲裁裁决裁定案充分表明了公共政策的不可违抗性。③ 具有普遍意义的国际人权法规则作为国际强行法或国际公共秩序的法律功能在国际法学界已没有异议。④

当一方当事人为国际法主体时，国际商事仲裁的程序法不管多么难以界定，但其中的主旨始终不变，那便是不能背离国际商事仲裁的正当程序原则，这也是国际公共政策的要求。国际商事仲裁公共政策包含程序性和实体性两种，程序上的国际公共政策便是指自然公正，即正当程序，其含

---

① Georgios Petrochios, *Procedure Law in International Arbitration*, Oxford University Press, 2003, p271.

② Demeter D R, Smith K M. The Implications of International Commercial Courts on Arbitration, *Journal of International Arbitration*, Vol. 33, No. 5, 2016, pp. 441-469.

③ 参见天津海事法院〔2017〕津72协外认1号民事裁定书。

④ Neil Mcdonald, More Harm than Good？Human Rights Considerations in International Commercial Arbitration, *Journal of International Arbitration*, Vol. 3, 2003, p78.

义包括当事人有权被平等对待、有权获得适当通知、有权要求仲裁员公正独立，这也是国际强行法的要求。

1950 年《欧洲人权公约》和 1966 年《联合国公民与政治权利公约》要求司法程序应符合正当程序的要求，必须满足独立和公正。国际公权力通过立法和司法监督来指挥仲裁程序，使其不违背国际人权法的原则，否则可能会不可避免地引起国际责任。其中仲裁的司法监督模式是典型的事后被动监督模式，维护仲裁公正性是法院审查的重点问题，有利于降低仲裁中重大错误出现的可能性，保持仲裁活力。① 为国际商事仲裁程序提供实体法则和救济措施是各国的责任，为贯彻国际人权法要求的公平审理，若各国发现违背国际人权法和人权公约的要求时，有义务不承认和执行相关仲裁裁决。国际人权法规则对仲裁协议有效性的最基本要求是正义要求，即不得受胁迫订立仲裁协议。欧洲人权法院判例显示，若仲裁协议是因违背国际人权法规则而订立的，将不能产生排除司法管辖权的效力。

人权法允许有效的仲裁协议可以排除司法管辖权，但对仲裁裁决的异议，当事人根据正当程序和人权法规则可以申请司法审查，法院发现仲裁程序有不当行为的可以撤销仲裁裁决，这也是国际人权规则的具体体现。国际商事仲裁程序中，仲裁庭为了实现仲裁裁决的效力和执行，达到争议得以解决的效果，遵守国际人权规则是必须选择的路径，为实现国际人权规则所要达到的公平、公正审理的目标，很多国家的仲裁立法都吸纳了最低正当程序标准。② 如一方当事人请求仲裁庭查阅另一方当事人文件资料时，仲裁庭需要考虑有关"公平"的要求以决定仲裁程序中文件披露事宜。1996 年的《英国仲裁法》第 33 条与第 34 条有明确规定，有关仲裁程序中文件披露要满足公平的要求，但多数国家如《瑞士联邦国际私法》便没有关于文件披露的规定，那么仲裁庭在考虑是禁止还是规定发出文件披露的命

---

① 李红建：《裁司法审查的困境及其应对》，载《法律适用》2021 年第 8 期，第 59页。

② 高薇：《论〈欧洲人权公约〉的仲裁适用》，载《中外法学》2020 年第 6 期，第1657 页。

令，便要依据国际人权规则中有关"公平听审"的规定来决定仲裁庭自己的行动。

在 Xv. FD Germany 案中，欧洲人权法院认为，国际商事仲裁应适用和诉讼同样的正当程序标准，表明欧洲法院也倾向于仲裁应遵守正当程序的要求。如在国际商事仲裁立法文件中，规定有"独立公正的法庭"，这和国际人权规则的主旨是相贴合的。《联合国国际贸易法委员会仲裁规则》第 6 条第 4 款、1998 年《伦敦国际仲裁院》第 5 条第 2 款、1998 年《国际商会仲裁规则》第 7 条第 1 款、《ICSID 仲裁规则》第 3 条都强调了独立性和公正性对仲裁庭的要求。这就要求，仲裁庭的仲裁员不能偏袒当事人任何一方。1977 年美国起草的《商事争议中的仲裁员道德规则》中规定："非中立仲裁员对任命他们的当事人可能有倾向性，但在所有其他方面则有义务做到善意、诚实和公平。"在国际商事仲裁中，仲裁员的国籍是衡量仲裁员是否独立的重要因素之一，如 1998 年《伦敦国际仲裁院仲裁规则》第 6 条第 1 款规定："在当事人具有不同国籍时，除非当事人另有书面约定，则不应任命与当事人具有同样国籍的人为独任仲裁员或首席仲裁员。"

国际人权法规则和正当程序的另一个要求便是仲裁程序应平等对待当事人，即公平的听审程序。《联合国国际贸易法委员会国际商事仲裁示范法》第 18 条规定："应对当事人各方平等对待，应给予当事各方充分的机会陈述其案情。"国际商事正当程序要求平等对待当事人是覆盖仲裁程序的全过程的，针对仲裁程序的所有事项、当事人的抗辩理由和其他观点，仲裁庭都必须给予当事人充分的陈述机会，在国际商事仲裁程序中，任何一方当事人不得获取优于他方当事人的权利和地位。在现实中，需要注意的是，虽然国际公约提出了公平和公正的要求，但不同国家的国内法会给其赋予不同的含义和理解，如对"友好仲裁"的理解在各国会有不同，当事人授权仲裁员跨越实体法律规则按照"公平善断"与"最佳法则"裁量而无须实体法依据。[1] 国际公共政策由不同的国家给予自己的理解和解释，阻碍了

---

[1] 张力：《民法典与商法通则对完善市场法制的分工：中心化与去中心化》，载《当代法学》2020 年第 4 期，第 11 页。

国际公共政策适用的统一性。

第三节　正当程序下当事人的权利

一、当事人的申辩权

正当程序有两个基本要求，一是给予当事人以适当的通知，二是给予当事人陈述案件的机会，即给予当事人申辩的权利。就二者关系而言，有学者认为正当程序条款的真正落脚点在于被申请人"未能陈述申辩"而不是"未能得到适当通知"，其在于充分保护被申请人的陈述申辩权。[1] 仲裁中的申辩根据不同的时间区间可分为：答辩期间、开庭期间、裁决作出前三种期间的申辩；根据申辩的形式可分为口头申辩和书面申辩。当事人只能就与仲裁案件有关的事实进行申辩，确切地说，当事人只能在仲裁请求事项、反仲裁请求事项范围内进行申辩，超出仲裁范围的申辩仲裁庭不予考虑，即申请人的申辩和被申请人的申辩都有申辩范围要求，超出仲裁范围的申辩仲裁庭不予考虑。[2]

为了让当事人陈述案情，许多要求必须得到满足，许多基本的程序要素必须到位，一些要素是客观的，一些可能是主观的。《纽约公约》中第5(1)(a)条所用的词"无行为能力"并不是指的主观标准的能力，如阅读能力、表达愿望和想法的能力，主要是指客观上陈述案件的机会。一方当事人或他的律师陈述其案情的主观能力，如专业技能、论证的简洁和强度，并未包含在公约提到的"能力"里。但是，如果一方被剥夺了选择法律顾问的权利，则可能构成公约"无能"。

该公约本款列举的拒绝执行裁决的三个中的前两个具体原因：仲裁员

---

[1] Gary B. Born, *International Commercial Arbitration*(3nd ed.), New York：Kluwer Law International, 2021, p3822.

[2] 齐湘泉：《外国仲裁裁决承认及执行论》，法律出版社 2010 年版，第 153~154 页。

任命的适当通知或者仲裁程序启动的通知。条款中用"或"表明给予当事人适当通知相当重要，当事人必须被通知仲裁程序的启动，以便有机会组织他的辩护和其他行为包括反诉、收集和整理证据、采取保护措施等。如在黎曰九与北海新中利贸易有限公司申请承认和执行外国仲裁裁决案中，由于仲裁庭在送达开庭通知、仲裁庭组成通知、提交仲裁材料通知上未尽谨慎义务并实际造成剥夺当事人申辩权的结果，涉案仲裁裁决被不予承认和执行。① 什么时候通知是"适当"的，必须依据仲裁协议及其适用的程序规则，包括在仲裁地法律的基础上进行评估。

如果依据仲裁协议适用的规则，适当通知并没有被清楚地定义，那么关于程序适用法的选择很关键。适当通知是为了让当事人陈述案情，是构成正当程序和执行裁决的先决条件，在缺乏具体规则的前提下，适当的通知至少是包括即将到来的仲裁程序，涉及管辖权的基础和当事人的身份。我国法院在审查通知是否适当时，不要求被申请人事实上收到了仲裁通知材料，只要申请人或仲裁庭合理地试图通知被申请人，即使被申请人事实上没有收到通知材料，也仍然认为符合通知"适当"。②

陈述案件的能力似乎是最根本的正当程序规则，是法律程序的基础，常常被表达为格言"听取双方之词"。其目的或理想是让双方在从他们的主观角度进行介绍的情况下，在公正的仲裁员因为必要情况下采取干预措施之前，允许或鼓励当事人提交所有的相关证据来支持他们立场，当有多于双方的当事人时，比照着运用此规则。这种通用的表述易于接受：让两个非常主观的因素从各个角度揭示阐明问题，并客观地重建过去的事件，然后仲裁者在冲突中客观公正地达成"正义"的结果或适当的平衡。在实践中，情况有时较为复杂：有时双方未能带来必要的事实，错误表述事实或把事实隐藏起来，或由于缺乏沟通或其他原因根本不记得或不知道充分的

① 《中国国际商事仲裁年度报告（2018—2019）》课题组：《中国国际商事仲裁司法审查》，载《仲裁与法律》2020 年第 3 期，第 117 页。

② 张新新：《我国内地法院适用〈纽约公约〉正当程序条款的实证研究》，载《商事仲裁与调解》2022 年第 4 期，第 56 页。

事实，事实不断涌现，新的证据在毫无计划或预期地不断且不按顺序出现，当事人的诉求以及他们诉求的理论基础可能会改变或不完整，当事人不可能知道什么时候有足够的证据说服陪审团和既定事实是否支持所提出的要求或应提出附加要求。寻求的补救措施在法律或事实面前可能无法使用，但是如果当事人请求的话，其他的补救措施是可以的。仲裁庭必须迅速和低成本地管理程序和依据仲裁员的指示(自由裁量权)以指导当事人通过程序命令和指令程序建立相关的事实。

仲裁申请书(Application for Arbitration)的提交代表着仲裁程序的启动，提交的份数根据仲裁员、被申请人的人数多少决定。在仲裁申请书中申请人可提出多项仲裁请求，在仲裁机构受理案件后可能全部或部分撤回请求。① 通常，申请人应向仲裁机构提交 5 份仲裁申请书：仲裁机构 1 份、3 名仲裁员各 1 份，被申请人 1 份。仲裁申请书的主要内容有：申请人、被申请人的名称、地址；申请仲裁所依据的仲裁协议；案情和争议的要点；仲裁请求和请求依据的事实；相应证据。

被申请人收到立案通知后，应在仲裁机构规定的答辩期限内向仲裁机构提交答辩书，正当程序要求答辩需对应申请人的仲裁请求，答辩应说明事实和理由，并附证明材料，若有反请求，应在仲裁规则规定的期限内书面提出。反请求以本请求中的申请人为被申请人，发生在已开始的仲裁程序中，旨在抵消、吞并本请求或使本请求失去作用。② 反请求书要说明反请求的事实和理由，并附反请求所依据的证明文件，反请求向仲裁机构提交的反请求份数与仲裁申请书的份数相同。

申辩是法律对仲裁机构的制约和对当事人权利的维护，仲裁庭对于当事人申辩权的保护具有决定性作用。当事人的申辩权应在以下几个方面受到保护：第一，当事人应被给予仲裁程序事项的适当通知，使当事人知晓

---

① 黄忠顺：《仲裁实施权配置论视阈下的撤回仲裁请求制度研究》，载《政治与法律》2022 年第 1 期，第 64 页。

② 杨嫈、刘英俊：《仲裁法理论与实务教程》，厦门大学出版社 2019 年版，第 68 页。

行使申辩权的期限和时间。第二，当事人应被给予公平、平等的对待，使当事人有平等的陈述机会。第三，当事人应被平等地给予对证据和某些结论性意见听审的机会。第四，既要坚持程序公正，又要做到实体公正。第五，仲裁庭应将一方当事人的主张和呈出的证据及时通知给另一方当事人，使另一方当事人有申辩的机会。对于此种情形，法院是否必然以仲裁庭违反正当程序为由，拒绝承认执行仲裁裁决，在实践中还不一定。若此种不当对裁决结果并无实质性的影响，则法院可能不会拒绝执行。第六，当事人应被给予合理的申请期，这里合理的认定是有关事实的认定问题，不同的案件情形有不同的判断。第七，为维护当事人的权益，保密原则必须得到遵守。

给予当事人陈述案件和申辩的权利确立了平等听证和公平审理的基本原则。另一方面，当事人经过适当通知，明确表示拒绝参与仲裁程序或对有关庭审通知采取不作为的态度的，那该方当事人便被视为放弃了有关参与仲裁或进行庭审的机会。如利奇食品株式会社申请承认与执行外国仲裁裁决案，由于在独任仲裁庭组成后，被申请人向仲裁庭提交了相关意见及证据材料，并在仲裁审理程序中充分发表了自己的意见，其间从未对仲裁庭的人数提出异议，因此法院认为独任仲裁员不侵犯被申请人的正当程序权利。① 申辩是法律赋予当事人的一项权利，也是法律对仲裁庭、仲裁员的强制性约束，国际商事仲裁正当程序要求仲裁庭和仲裁员应从几个方面保障当事人的申辩权，当事人也要依法行使权利，不得滥用权利，法律在保障当事人充分表达个人意愿的同时也会对当事人进行一定程度的制约，即权利与义务并存。

第一，在法律或仲裁规则规定的及仲裁庭确定的期限内行使权利。无论是确定仲裁程序准据法与规则，还是组成仲裁庭、开示证据、确定审理方式，都需要双方当事人积极行动来及时发表意见。② 如申请人向仲裁机

---

① 参见天津第一中级人民法院〔2018〕津01协外认1号民事裁定书。

② 张建：《国际商事仲裁中弃权规则适用情形的类型化分析——兼评〈仲裁法（修订）（征求意见稿）〉第33条》，载《北京仲裁》2021年第3期，第112页。

构提起仲裁后，被申请人应在规定的期限内提出仲裁管辖权异议，若对仲裁管辖权无异议，应在仲裁规则规定的期限内进行答辩或提出反仲裁请求；当事人不能故意拖延仲裁程序。仲裁庭可以通过费用分配来惩罚恶意拖延或阻碍仲裁程序的一方。① 在实践中，若当事人在国际商事仲裁程序中拖延，法院一般不倾向于判定当事人放弃了仲裁权利，当事人双方有义务推进仲裁，若被申请人不配合，申请人也应依据仲裁法或仲裁规则，通过向法院寻求救济或向仲裁庭要求的方式推进，当事人不能在没有努力推进仲裁程序的情况下就转而向法院起诉，试图摆脱仲裁协议的约束。《香港仲裁条款》规定，若当事人无正当理由迟迟不提出他们的索赔要求，法院又确信这种拖延将在实质上使案件得到不公平的审理，就会授权法院命令终止仲裁、禁止继续审理的权力。② 美国法院也很关注未及时行使仲裁权利的一方当事人是否给其他当事人造成了损害以及损害的程度，即一方当事人若故意采取拖延的方式对另一方当事人造成了损害，美国法院一般视当事人放弃了仲裁权利，但美国没有统一的判定标准，由法院在个案中自由裁量。③ 第二，双方当事人应在仲裁庭确定的开庭时间、指定的仲裁地点参与仲裁活动。第三，当事人应在仲裁庭规定的期限内提交证据。第四，当事人应在仲裁庭规定的期限内对专家报告、鉴定报告发表意见。第五，当事人应按照仲裁庭规定的方式进行申辩，如质证是庭审的一项内容，应在当事人之间当面以口头的方式进行。庭审结束后当事人再行提交证据，仲裁庭可以决定通过书面方式进行质证，这时当事人应尊重仲裁庭采用书面方式质证的决定。

当事人放弃申辩权不影响仲裁程序的继续，仲裁庭可以继续案件的审理，直至作出仲裁裁决。当事人放弃申辩权的情形有：其一，案件事实清楚，违约方或过错方即使参与仲裁也难以改变裁决结果，参与仲裁反而增

---

① 汤霞：《第三方资助国际投资仲裁的仲裁费用分配》，载《法治社会》2021年第5期，第64页。

② 钟澄：《国际商事仲裁中的弃权规则研究》，法律出版社2012年版，第57页。

③ 钟澄：《国际商事仲裁中的弃权规则研究》，法律出版社2012年版，第97页。

加费用。其二，有的企业财大气粗，缺乏法律知识，无视仲裁机构。其三，有的企业对仲裁不了解而误签了在外国仲裁机构仲裁的协议；有的企业资金有限，无力承担在外国仲裁的费用。其四，有的当事人与外商签订了格式合同，对合同中的仲裁条款不知，从而放弃了申辩权利。其五，有的把放弃申辩当作一个谋略。当事人放弃申辩权中有的情形说明有些企业不遵守诚信原则，而国家商事正当程序要求当事人诚实守信，所以需要一定的制度制约当事人，如下文中谈到的弃权规则制度。

二、当事人对仲裁员的异议权

作为国际仲裁中人的因素，仲裁员的公正性可能会直接影响国际仲裁及其裁决的公正性和有效性。[1] 对仲裁员的异议可以导致仲裁员回避，被选定或被当事人指定仲裁员若与案件有利益关系，或者不符合当事人在仲裁协议中约定的选定仲裁员的标准，任何一方当事人均可以对该仲裁员提出回避请求，即若当事人对仲裁员的独立和公正有正当理由质疑时，便可对仲裁员提出相关异议。当事人可以提出异议的机构：一是当事人直接向仲裁庭或仲裁机构提出关于异议的申诉，最后决定权由仲裁机构或仲裁庭把握；二是仲裁机构或仲裁庭否决了当事人提出的异议时，当事人可以向法院起诉。当事人对仲裁员提出异议，作出决定的机关有：临时仲裁时，可以由仲裁庭或仲裁地国法院作出仲裁员是否回避的决定；在机构仲裁的情况下，作出此决定的权力由该特定仲裁机构行使。

如果仲裁员认为自己存在着可以让人怀疑其公正性和独立性的任何情况，则有义务向当事人告知这些情况。当仲裁员的利益与当事人利益有利害关系时，仲裁员一般都会回避或者辞职。第三方资助由于一般具有高度的隐秘性，其更可能会引起仲裁员的利益冲突，导致仲裁员的公正性和独立性受到影响。[2] 现代国际商事仲裁实践中有关仲裁员辞职或者回避的情

---

[1] 丁小巍、王吉文：《国际仲裁员的公正性问题探析》，载《政法学刊》2020年第4期，第97页。

[2] 陈雅峥、冯硕：《国际商事仲裁中第三方资助行为的规制——以受资方信息披露义务为视角》，载《商事仲裁与调解》2022年第5期，第60页。

况大体可分为两种：一种情况是在指定仲裁员之前，如果可能被指定为仲裁员的人有理由相信当事人将认为他不是独立的，或者不能公正地解决争议时，他可以不接受关于仲裁员的指定。第二种情况是在指定仲裁员后，由当事人提出申请，要求仲裁员回避或者辞职，经有关程序认可该申请后，仲裁员应回避或辞职。

在特殊情况下，可能会出现替换仲裁员的现象，如仲裁员辞职的情况出现，或者仲裁员的指定方式与当事人之间订立的仲裁协议或者仲裁应当适用的法律不符。商事仲裁员被决定替换，并不必然产生委任新任仲裁员的问题，只有在不按照缺员仲裁庭方式继续进行仲裁程序时，才能正式启动替换仲裁员的程序。① 当取消仲裁员审理特定案件的资格后，一般均按原来适用的指定该仲裁员的方法替换仲裁员。当事人可依据以下几条基本准则查找适用于更替仲裁员的仲裁规则：第一，若仲裁在按某一仲裁机构的规则进行，应查明并依据其规则是否就仲裁员补缺作出了充分的规定；第二，若是根据仲裁协议书中的条文进行临时仲裁，则应在仲裁协议书中就仲裁员补缺作出详尽规定；第三，若仲裁采用临时仲裁方式，又没有订立正规的仲裁协议书，则应选择适用一个适当的国家仲裁法进行仲裁。

当事人对仲裁员提出异议后，还将产生另一个问题，即在这种情况下，仲裁庭是否还可以继续仲裁，直至作出裁决。在大陆法系国家，一般都认为，如果对仲裁员提出异议，仲裁庭应延期处理案件，直至仲裁庭、仲裁机构或法院就异议问题作出决定。在英美法系国家或另一些国家，当事人对仲裁提出异议后，仲裁程序并不必然终止。仲裁机构接到当事人提出的异议时，由仲裁机构对异议行使最终决定权的，在作出决定以前，仲裁庭必须终止其程序。仲裁机构一旦否认当事人对仲裁员提出的异议理由，仲裁庭便可进行仲裁程序。

任何权利都会受到限制，目前对当事人异议权的限制有两种情况：一

---

① 马占军、徐徽：《商事仲裁员替换制度的修改与完善》，载《河北法学》2016年第5期，第119页。

是对当事人提出异议的时间限制：一些国家的仲裁法规定，对仲裁员提出异议，要求其回避，必须在仲裁开始时提出，或者当事人在知悉回避原因后立即提出，或者在规定的较短时间内提出。① 逾期行使权利则被视为当事方放弃提出异议的权利，以避免当事方企图实施拖延仲裁的策略。② 二是对当事人自己指定的仲裁员提出异议的限制：当事人对自己指定的仲裁员提出异议，其所提异议的依据和原因必须是指定该仲裁员后才发现和意识到的。

对于仲裁员更换后，之前的程序是否重新进行和审理，我国 2015 年新版贸仲规则赋予仲裁庭对此项的决定权，为体现仲裁追求效率的价值，我国仲裁法和仲裁规则应该对程序重新开始的条件严格限制，以防止当事人利用回避程序恶意拖延程序的行为，而允许缺员仲裁的制度正是在一定程度上防止这种恶意出现的。通常缺员仲裁法律效力的一般认定路径为判断缺员仲裁是否符合当事人仲裁协议、是否符合仲裁规则、是否符合仲裁地法律。③ 我国仲裁法和仲裁规则对缺员仲裁没有明确的规定，造成在实践中不易把握，因此我国应完善适用的情形和条件的规定，以指导实践。④

三、弃权规则的建立

国际商事仲裁正当程序追求的价值之一是效率，"感觉情况不妙"的当事人恶意拖延或扰乱仲裁程序时常发生。⑤ 为避免当事人利用自己在仲裁程序中的权利恶意利用和拖延程序，有必要在仲裁法中构建弃权规则。在

---

　　① 徐三桥：《仲裁员的披露与回避问题探讨》，载《商事仲裁与调解》2020 年第 3 期，第 24 页。

　　② 黄琦琦：《论〈华盛顿公约〉框架下仲裁员的披露义务》，载《仲裁与法律》2022 年第 1 期，第 117 页。

　　③ 郑春媛、王思敏、贺万忠：《2020 年商事仲裁中文文献综述》，载《北京仲裁》2021 年第 3 期，第 19 页。

　　④ 王静：《仲裁庭组成在 CIETAC 仲裁规则下的适用研究——以 KLRCA 仲裁规则与 CIETAC 仲裁规则的对比为视角》，载《理论前沿》2014 年第 11 期，第 170 页。

　　⑤ William W. Park, Arbitration's Protean Nature：The Value of Rules and the Risks of Discretion, *Arb. Int'l.*, Vol. 19, 2003, p290.

国际商事仲裁中，弃权规则分为三种类型：其一，是当事人放弃仲裁权利的规则；其二，是当事人放弃对仲裁程序异议权的规则；其三，是当事人放弃对仲裁裁决挑战权的规则。

（一）当事人放弃仲裁权利对仲裁程序的影响

在国际商事仲裁中，当事人通过签署仲裁协议，便享有了将争议提交给仲裁的权利。另外，当事人也有放弃仲裁的权利，当事人放弃仲裁的权利分为两种：一是明示放弃，二是漠视放弃，即通过自己的具体行为来表达自己放弃了仲裁的权利。[①] 若超过行使权利的时效、或当事人曾经反对申请仲裁，或在适当的期限内没有委任仲裁员，或在适当的期限内没有给予仲裁员应给的报酬，或当事人以自己在法院的行为暗示了对仲裁权利的放弃。[②]

国际商事仲裁正当程序要求仲裁庭应当给予当事人进行仲裁程序的适当通知，若当事人在接到仲裁通知后不是立即表示接受仲裁庭管辖权或直接进行答辩，就可能会被视为放弃了仲裁权利。在 Stericorp Ltd. V. Stericycle Inc. 案中，被申请人对附条件的仲裁申请提出异议，认为该申请不构成正式的仲裁申请，法院认为被申请人并未因此对仲裁申请提出反对意见，并据此认定被申请人没有丧失援引仲裁协议的权利，即本案中当事人没有放弃自己的仲裁权利。有的案例表明当事人拒绝仲裁只是为了要求法院审查合同的有效性，也不构成对仲裁权利的放弃，如 The Canada Life Assurance Company v. The Guardian Life Insurance Company of America 案。这些案例的实践表明，法院一般的态度是支持仲裁的，不会轻易判定当事人放弃了仲裁权利，只有出现仲裁中的当事人已经明确表达不认可仲裁协议的存在时，或者迫使另一方当事人寻求诉讼，那就应该被视为对仲裁权利的放弃。当然，放弃的一方以后不能再重新援引仲裁协议。

---

① 张建：《国际商事仲裁中弃权规则适用情形的类型化分析——兼评〈仲裁法（修订）（征求意见稿）〉第 33 条》，载《北京仲裁》2021 年第 3 期，第 122 页。

② 钟澄：《国际商事仲裁中的弃权规则研究》，法律出版社 2012 年版，第 25 页。

若当事人已接受了仲裁庭的管辖权，但在仲裁程序中不配合仲裁程序的进行，则不被认为是放弃了仲裁权利，不配合的一方自行承担可能由此带来的不利后果。如在 Elektrim SA V. Vivendi Universal SA and others 案中，一方当事人故意隐藏一份重要的文件，不等于否认仲裁协议，英国高等法院认为不出示重要文件的一方不能被认为是放弃了仲裁权利。《瑞士仲裁法》第 5 条规定："如不遵从提交文件指令、拒绝回答仲裁庭提问及不出席庭审等，并不导致当事人丧失援引仲裁协议的权利。"

放弃提出异议权可以构成一份强制性的修正仲裁协议和一份对实体合同的修正。《联合国国际贸易法委员会示范法》第 4 条如下定义："当事一方如知道本法中当事各方可以背离的任何规定或仲裁协议规定的任何要求未得到遵守，但仍继续进行仲裁而没有不过分迟延地或在为此定有时限的情况下，没有在此时限内对此种不遵守事情提出异议，则应视为已放弃其提出异议权利。"放弃提出异议权以及其陈述由两个不同的要素组成：行为接受和不作为接受，这两个要素是相互关联的。让我们来假设在仲裁过程中，一个超出原有的仲裁协议范围的事实被提出，虽然当事人并没有参与撰写，但在其他方面毫无疑问，在之后的环节阻止其辩护，但如果有新的事件处于不明确的地带，在某种意义上，它可能会或可能不会在主张范围之外，无效的异议可能被视作表明当事人对仲裁合同的理解和解释，仲裁合同的理解和解释说明新的问题是在管辖范围内的，行为的无效将成为无法挽回的事实，当事人将被视作弃权（或接受）这个解释。在仲裁裁决过程中以及具有管辖权的仲裁裁决作出地法院行使其管辖权的过程中放弃提出异议的权利，体现了申请人对裁决结果的默示同意。①

在合同中，放弃提出异议原则已深深扎根于国际仲裁机构和其他法律体系的规则中，当然在一些国家被承认的程度较低，在这些国家的实务当中，他们不会直接接受这一概念，有时需要通过引导去操作该原则的运

---

① 陈锦淞：《仲裁裁决在香港承认与执行中的公共政策问题》，载《商事仲裁与调解》2022 年第 1 期，第 68 页。

作。在仲裁放弃提出异议原则领域放弃提出异议原则，似乎很好地服务了当事人和行政机构的司法公正，放弃的时间可以提前，放弃某些通用的权利或特定的权利，一个预先给定的放弃提出异议的例子包含在国际商会规则第 28 条(6)：在这些规则下提交仲裁的争端，当事人将被视作已经放弃了任何形式的追索的权利，放弃追索是合法有效的。预先约定的放弃提出异议很可能是不确定的，就像在案例中"放弃追索是合法有效的"表明的那样。其实，这种一般的放弃提出异议的联系就像上述第 28 条(6)那样，他们也有权利不放弃，通常采取措施前，例如，公共政策和权利也可以在事后放弃，而不一定是在事前，例如仲裁员的公正。①

(二)正当程序因当事人放弃异议权而得到修补

《示范法》第 4 条规定："当事一方如知道本法中当事各方可以背离的任何规定或仲裁协议规定的任何要求未得到遵守，但仍继续进行仲裁而没有不过分迟延地或在为此订有时限的情况下没有在此时限以内对此种不遵守情事提出异议，则应视为已放弃其提出异议权利。" 2010 年版《UNCITRAL 仲裁规则》第 32 条规定："任何一方当事人未能迅速对不遵守本《规则》或仲裁协议任何要求的任何情形提出异议，应视为该当事人放弃提出此种异议的权利，除非该当事人能够证明，其在当时情况下未提出异议有正当理由。"

当事人这种对仲裁程序异议权的放弃包含对仲裁管辖权异议的放弃，也包括当事人对仲裁庭组成的异议，更包括在审理程序中，仲裁庭违背正当程序原则时，当事人对异议权的放弃。如仲裁庭逾期接受当事人的证据、未给当事人评论对方陈述或证据的机会、没有给予当事人开庭审理的机会等，当事人在这些情况下都有权提出异议。但这些异议受到"放弃异议权条款"的限制，即如果当事人不在发现这些不符合仲裁规则的情形后

---

①　这与瑞士规则是完全一致的，其第 30 条规定："当事人知道这些规则的要求和条款在仲裁过程中未被遵守，但没有及时陈述声明对不符合规定的反对，这将被视作他们放弃提出反对的权利。"

及时提出，就被视为当事人放弃了对已经进行的仲裁程序的异议权。① 但对于"异议权放弃"规则的适用应作严格解释，不仅因疏忽而不知法定或约定程序未被遵守，不得引致"异议权放弃"规则的适用，而且须在当事人明确知晓"弃权"的后果，仍然参加仲裁且未提出异议，才能在法律上推定其放弃提出异议的权利。② 当事人的这种放弃补足了仲裁程序的正当性，使得原来不正当的仲裁程序在法律上成为一种正当程序。国际商事仲裁中的弃权规则是指国际商事仲裁中出于对仲裁效率和当事人利益的维护，赋予仲裁庭或法院在一定条件下判定当事人默示放弃其仲裁权、对仲裁程序的异议权和对仲裁裁决挑战权的规则。

1. 当事人在仲裁程序中的权利

当争议发生后若当事人未放弃仲裁权而是顺利进入仲裁程序，那么当事人自仲裁程序开始之日到仲裁程序结束之时，都享有各种程序性的权利。首先任何一方仲裁协议当事人有权提起仲裁，而被申请人也有权对仲裁机构的管辖权提出异议，而对管辖权问题的争议由仲裁庭决定。因此，当事人可以按照仲裁协议约定及仲裁规则和仲裁法规定进行组庭，若仲裁员的资质或仲裁庭组庭不符合当事人的约定或仲裁规则和仲裁法的规定，则当事人有提出异议的权利。

在仲裁庭组成完成后，开始组织庭审审理案件，在庭审中采用什么样的证据规则，是否开庭审理案件，都应由仲裁庭和当事人商议进行。基于正当程序的原则是公平公正，每一方当事人都应有权充分表达自己的观点，提供证据材料，也有权对对方当事人的观点和材料进行阅读和评价，若需要专家对有争议的事项作出鉴定，则双方均有权选择专家或鉴定机构，并对鉴定机构作出评价。若当事人的这些权利的行使没有得到保障，当事人有权提出异议。但异议权的行使受到异议权行使期限限制条款和放

① 朱科：《异议权默示放弃制度之完善》，载《人民司法（应用）》2018 年第 7 期，第 90 页。

② 刘少阳、戴宇鑫：《"先予仲裁"引发的仲裁问题与执行监督规制——最高人民法院〈关于仲裁机构"先予仲裁"裁决或者调解书立案、执行等法律适用问题的批复〉释评》，载《法律适用》2020 年第 1 期，第 48 页。

弃异议权条款的限制。如果当事人没有在规定时限内及时对仲裁协议或仲裁程序的瑕疵在先前程序中提出异议，此种异议权放弃的后果将及于仲裁裁决作出后的法院程序。①

2. 判断放弃仲裁程序异议权的机构和法律适用

目前仲裁机构和法院主要是根据仲裁规则和仲裁法中的相关规则判断当事人是否放弃仲裁程序异议权。就仲裁庭来说，其有权根据仲裁规则中的放弃异议权规则，并结合自身的自由裁量权来判定当事人是否放弃异议权。就法院来说，其通常是在申请撤销或执行仲裁裁决的案件中面临关于当事人是否放弃异议权的问题。此种情形下，若仲裁地和执行仲裁裁决地是同一国家，法院在作出判决时应先考虑仲裁规则中放弃异议权规则的适用，再考虑这一规则的适用与当地仲裁法是否相抵触。若仲裁地和执行仲裁裁决地不是同一国家，则受理执行的法院只需根据本国法律对放弃异议权的规定来作出判决。

3. 放弃异议权规则的适用标准

"异议权放弃"规则的适用效果，虽然可自仲裁效率与诚信原则处获得正当性，但鉴于仲裁程序和当事人权益因此受到的巨大影响，应当受到严格的限制。② 通过对各种仲裁规则和仲裁法中放弃异议条款的分析，放弃异议权规则的适用有三项必要要件。

（1）仲裁程序中出现了不当情形。只有不违反法律的强制性规定且具有可实施性，当事人合意选择的仲裁程序才能拘束当事人双方和仲裁庭。③不当情形一般指仲裁程序应当遵守的规则未被遵守，没有被遵守的规则是当事人可以背离的，即非强制性的规则，因为只有非强制性的规则中的权利才能被放弃。在实践中，与当事人约定的程序事项不符时都可认定为不

① 张建：《国际商事仲裁中弃权规则适用情形的类型化分析——兼评〈仲裁法（修订）（征求意见稿）〉第33条》，载《北京仲裁》2021年第3期，第130页。

② 刘少阳、戴宇鑫：《"先予仲裁"引发的仲裁问题与执行监督规制——最高人民法院〈关于仲裁机构"先予仲裁"裁决或者调解书立案、执行等法律适用问题的批复〉释评》，载《法律适用》2020年第1期，第48页。

③ 刘贵祥、孟祥、何东宁、林莹：《关于人民法院办理仲裁裁决执行案件若干问题的规定》的理解与适用》，载《人民司法（应用）》2018年第13期。

当行为,如:向哪家仲裁机构提交争议、书面通信方式、仲裁员的资格、仲裁庭组庭方式、申请仲裁员回避的程序、进行仲裁时应当遵循的程序、仲裁地点、仲裁语言、是否开庭审理、专家的作用和作证方式、仲裁裁决的作出方式等。针对仲裁语言,在 2007 年 No.3 Ob 141/07t 案中,乌克兰当事人针对奥地利当事人在奥地利提起了执行程序,提出使用俄语作为仲裁程序的语言损害其抗辩权。奥地利最高法院依据纽约公约,认为奥地利方当事人没有理由期望仲裁程序的语言为德语或其他任何西欧语言,因此驳回异议。①

在仲裁程序中常见的不当情形包括:

第一,仲裁庭无管辖权。其争论的方面主要有仲裁协议无效、仲裁组庭不当、仲裁庭超越管辖权进行审裁。

第二,仲裁庭出现违反公平公正的不当行为。主要当事人未得到开庭审理机会和当事人未得到质证机会两种情况。仲裁中的证据的来源主要有当事人提供、仲裁庭收集和第三人(专家)提供。无论是哪种形式的证据,都应该让所有当事人知道该证据的存在,并有机会对对方提供或仲裁庭自行取得的证据进行质证。未经质证的证据不得作为断案的依据,这是证据制度的基本原则。实践中,仲裁庭会将双方提交的证据相互传递,要求对方进行质证,但对于专家意见和自行收集的证据有时会疏于给当事人评论的机会,这种不当情形发生时,当事人可以提出异议。

(2)当事人知道或应当知道不当情形的存在。包括知道仲裁庭不当行使管辖权、仲裁庭组成不当、仲裁庭行为不当以及仲裁庭超裁。在这一点上如果当事人参与了仲裁程序,一般就会被认定为自己已知道,除非仲裁庭或对方当事人刻意隐瞒以至于其经过适当查询仍然无法知道。

(3)当事人没有在规定或合理期限内提出异议。由于仲裁庭不公正不公平行为的情况比较复杂,因此对仲裁庭不当行为的异议权的行使期限要

① 林一飞:《最新商事仲裁与司法实务专题案例》(第六卷),对外经济贸易大学出版社 2011 年版,第 83 页。

结合仲裁规则和仲裁法及当事人的约定来判断，合理期限最迟不能晚于仲裁裁决作出。从实践看，当事人是否继续参加仲裁程序不是放弃异议权规则适用的必要条件。只要当事人在知道仲裁情况后不在规定或合理的时间内提出异议就被视为放弃了异议权，反之，如果提出了异议便是没有放弃，无论其是否继续参加仲裁程序。例如，2008 年，中国云南某茶叶进出口公司申请撤销仲裁裁决案，法院依据《中华人民共和国仲裁法》第 20 条第 2 款的规定，当事人对仲裁协议的效力有异议的，要在法定期限，即仲裁庭首次开庭前提出，申请人由于超过了规定的期限，仲裁庭没有对仲裁协议的效力作出决定并不违反正当程序的规定，故申请人申请撤销裁决的理由不能成立。① 再如 DUFERCOS. A（德高钢铁公司）申请承认与执行 ICC第 14006/MS/JB/JEM 号仲裁裁决〔2018〕甬仲监字第 4 号一案中，法院认为，宁波市工艺品进出口有限公司未在有效期限内对仲裁协议的效力提出异议，且国际商会仲裁院已在仲裁裁决中作出仲裁条款有效的认定，故宁波市工艺品进出口有限公司关于仲裁协议无效的主张不能成立。②

4. 适用放弃异议权规则的后果

根据仲裁规则和仲裁法中的放弃异议条款的表述，该条款适用的直接后果是当事人被视为放弃了对不当仲裁程序的异议权。具体来说，若仲裁庭以此条款作出决定，那么当事人就不能要求仲裁庭不行使管辖权或者重新进行之前有瑕疵的程序，并且仲裁庭可以继续进行仲裁并作出裁决；若法院以此条款作出决定，则当事人不能再以仲裁程序违背其应当遵循的规则为由对仲裁裁决进行挑战。此外，当事人放弃异议权补足了仲裁程序的正当性，使得原来不正当的仲裁程序在法律上成为一种正当程序。如山西某电机有限公司申请撤销仲裁裁决案中，申请人山西某电机有限公司对保罗变更仲裁请求的事实是明知的，其在仲裁程序中完全有机会对其进行抗

① 林一飞：《最新商事仲裁与司法实务专题案例》（第六卷），对外经济贸易大学出版社 2011 年版，第 96 页。

② 王继福、刘丹：《仲裁原理与案例研习》，燕山大学出版社 2020 年版，第 139页。

辩和陈述意见，但其却未进行抗辩，故该撤销理由依法不予成立。[1]

(三) 当事人放弃对仲裁裁决挑战的权利

当事人对仲裁裁决不满，一般可以申请撤销仲裁裁决或申请不予执行仲裁裁决。《纽约公约》和《示范法》对于当事人申请撤销或不予执行的理由主要有：仲裁协议无效、仲裁庭组成不合法、仲裁程序不合法、仲裁庭越权、不可仲裁性、公共政策。前三项理由《纽约公约》要求当事人要主动提出，当事人有条件提出而未提出便被视为当事人对权利的放弃，后两种理由依公约规定，被请求承认和执行仲裁裁决的国家的管辖当局可以主动查明，不需要当事人提出。即被请求承认和执行裁决的国家的管辖当局若查明有这两种情形的，便可拒绝承认和执行仲裁裁决。

另外，《纽约公约》中并没有规定当事人对仲裁裁决执行的抗辩理由必须在撤销程序中提出，不提就被视为放弃以这些理由拒绝执行仲裁裁决的权利。但在德国的法院实践中有相反的做法，在德国申请执行仲裁裁决的当事人应当注意。

(四) 当事人在国际商事仲裁程序中应当诚信合作

《CIETAC》仲裁规则第 7 条规定了"诚信合作"，根据上面的分析得知正当程序要求当事人在国际商事仲裁程序中应当诚实守信、诚信合作。真实义务规则是仲裁法诚信原则的核心，是仲裁程序有序高效运转的保障，当事人就主张或抗辩的基础事实关系所知的事实，应当作出完全或完整的陈述。[2] 在仲裁程序中，若当事人发现了程序中的不当行为，不在仲裁规则规定或合理的时间内尽快提出，反而等到仲裁程序行将结束，发现仲裁程序可能对其不利时才提出异议，甚至将这种异议权留待仲裁裁决作出之

---

① 林一飞：《最新商事仲裁与司法实务专题案例》(第六卷)，对外经济贸易大学出版社 2011 年版，第 98 页。

② 张润：《仲裁法诚实信用原则的规则化研究》，载《商事仲裁与调解》2022 年第 1 期，第 86 页。

后来"伏击"对方当事人，这是滥用程序的策略，因此在法律规定上，有必要对当事人行使异议权作出限制。如在 2001 年巴黎上诉法院作出的一份判决中，法官认为当事人提出的瑕疵本来可以在仲裁程序过程中提出，但是当事人提出存在瑕疵却在撤销裁决的程序中，法官认为当事人的这种行为表现是对善意原则的违反。在 Hunt v. Mobile Corporation 案中，美国法院也指责当事人不能藏在伏击点处，当事人可以在程序的过程中提出异议，而不是要等到浪费许多人多年的努力后才提出，对此种行为应给予法律上的制止。

第四节　网上仲裁中的正当程序问题

一、网上仲裁的兴起

20 世纪 90 年代以来，互联网得到迅猛发展，解决网络争议必须考虑效率、成本、方便等因素，传统离线争议解决机制在互联网空间面前力不从心，在线争议解决机制随之产生。在线争议解决有多种方式：在线仲裁、在线调解、电子和解谈判、在线诉讼等。在线仲裁作为"网上"的仲裁，与离线仲裁和其他在线 ADR 都有所区别，同时也面临来自法律和技术上的诸多问题。仲裁之外的 ADR 无法产生对当事人具有法律约束力的裁决，这是仲裁与它们的明显区别。[1] 目前还有很多人对在线争议解决机制的实用性不了解。[2] 仲裁智能化水平提升，将使得仲裁在涉及互联网纠纷中具有优势，在智能合约等领域在线仲裁将更加契合。[3]

网络空间提供在线仲裁服务的机构越来越多，虚拟治安法官项目是最

[1]　Russell, *Russell on Arbitration*, Twenty-First Edition, Sweet & Maxwell, 1997, p39.

[2]　Youseph Farah, Critlcal Analysis of Online Dispute Resolutions：The Optimist, the Realist and the Bewildered, *C. T. L. R.*, Vol. 11, 2005, pp. 123-128.

[3]　魏沁怡：《互联网背景下在线仲裁的适用机制研究》，载《河南社会科学》2020 年第 7 期，第 79 页。

早的在线项目之一，也是早期最著名的在线仲裁服务提供者，但由于缺乏案源，实际运行成果并不理想。世界知识产权组织（WIPO）是最主要的域名争议解决机构，其规则主要包括请求和答辩、指定仲裁员、仲裁地点、信息处理和交流的手段、听审、法律适用、结案期限和裁决，其服务成果相当有成效，是历史最悠久、最有经验和影响的域名争议解决机构。①

仲裁和调解都对解决域名争议发挥着作用，当事人可选择采用这两种制度。统一域名争议处理程序具有适用的有限性、统一性和强制性的特点，其是以域名注册合同为基础的，仅适用于因恶意注册域名侵害他人商标权而引发的域名争议。它需要满足两个条件是：一是正当的程序，公平公正地对待当事人，赋予当事人平等的陈述权；二是具有国际性，能够为各方所理解和接受，容易被所有的争议处理服务提供者统一遵照执行。

互联网是一个发展迅速的领域，域名系统也不例外。从全球范围来看，域名系统的发展主要表现在通用顶级域名的增加、非英文域名的试注册和国家顶级域名之下开放二级域名的注册，其发展完善主要表现在适用范围的扩大、处理域名争议使用语言。域名系统已经在预防和解决域名争议方面作出了种种努力，这些与法律体系的发展演变相呼应，必将不断促进域名系统和法律体系的协调配合，推动双方共同发展。在国际上，域名争议在线仲裁是现有最成功的在线仲裁实践。②

程序本身就是一种复杂的信息交换、信息管理和信息处理的过程，仲裁以当事人的意思自治作为坚实的基础，③ 网上仲裁程序与常规仲裁程序之间的本质区别就在于程序进行的场所和信息传输及交换的载体或介质不

---

① 齐湘泉：《外国仲裁裁决承认及执行论》，法律出版社 2010 年版，第 162 页。

② 石春雷：《ODR：解决"互联网+"时代版权纠纷新模式》，载《中国出版》2019 年第 20 期，第 68 页。

③ Edward Brunet, Richard E. Speidel, Jean R. Sternlight, Stephen J. Ware, *Arbitration Law In America：A Critical Assessment*, New York：Cambridge University Press, 2006, p3.

同。有两个方面需要注意，一是网上仲裁必须满足正当程序的基本要求。[1]程序应当在何种程度上符合正当程序的标准，在一定程度上也取决于电子商务争议类型以及争议价值的大小和案件的复杂程度，正当程序要求应当与争议的价值和复杂性相适应；二是不同视角的关注点不同。宏观上看网上仲裁程序，即公正和效率的价值是否可以通过虚拟的网络程序实现；从微观上看，网上仲裁程序中在线通知可否构成适当的通知、当事人陈述案件的权利是否受阻、网上仲裁庭仲裁员的公正和独立是否能保障、仲裁的保密性特质是否受到保护。

二、电子商务与网上仲裁

目前，电子商务极其繁荣，B2C（企业对消费者）电子商务与传统零售业相比，在很多情况下存在跨国因素；与 B2B（企业对企业）电子商务相比，传统零售业则具有交易金额相对较小、更多体现为一种个性化的服务、消费者往往处于弱势地位、是一种社会性很强的交易形式等特点。[2]电子商务的发展经历了较长的酝酿过程，目前在欧盟，关于 B2C 电子商务的争议解决机制已基本形成，该机制为法院外争议解决机制，与诉讼机制为并列为两大支柱。就 B2C 电子商务的争议解决而言，根据其最终裁决的约束力，法院外争议解决机制可划归为仲裁、调解/和解和消费者投诉机制/监察专员机制。欧盟委员会对成员国国内的各类法院外争议解决程序提出了最低程序要求：独立原则；透明原则；对抗原则；效率原则；合法原则；自由原则和代表原则。B2C 电子商务的发展，使得跨国消费者争议大量产生，建立欧洲司法外争议解决机制网络（EEJ-NET）就是为了向消费者提供一个简单、快捷和成本低廉的渠道。根据欧盟委员会的规定，欧洲司法外争议解决机制网络由符合上述最低程序要求的法院外争议解决机构

---

① 王钢、吴梦恬：《在线仲裁的正当程序考量》，载《民主与法制时报》2021 年 2 月 3 日，第 002 版。

② 黄进：《国际商事争议解决机制研究》，武汉大学出版社 2010 年版，第 558 页。

组成，在每一个成员国将设立一个联络中心，其功能就纵向而言，包括国内层面和欧洲层面；横向而言，则包括作为信息中心的功能，作为协调器的功能和为政策制定者提供支持的功能，欧盟的相关实践应得到各国的高度重视，欧盟有关消费合同的管辖权规则主要体现在《布鲁塞尔公约》和《布鲁塞尔条例》中。

欧盟 B2C 电子商务争议解决机制有以下特点：形成了以法院外争议解决机制和诉讼机制为两大支柱的模式；比较鼓励当事人采用法院外争议解决方式解决争议；就 B2C 电子商务合同的管辖权和法律适用规则而言，尽管传统地域性连结点仍将继续保留，但其他地域性连结点在网络环境中难以继续使用，对其做出变革势在必行。随着"一带一路"倡议的进一步深化，在线电子商务纠纷日益增多，现有的仲裁形式已经不能满足跨国商事主体对仲裁的需求。① 欧盟 B2C 电子商务争议解决机制对我国有重要借鉴意义：一是可以借鉴欧盟建设司法外争议解决机制网络的经验，在法院外争议解决方式的区际合作方面有所作为；二是我国目前还未就消费合同管辖权作出专门规定，欧盟就 B2C 电子商务合同的管辖权规则的相关规定值得借鉴；三是目前我国关于消费合同的法律适用问题付诸阙如，欧盟的相关经验也可以借鉴。

三、虚拟程序与程序公正

进行网上仲裁的网络空间是虚拟的，而不是说网上仲裁程序本身是虚拟的。程序的进行是否主要依赖于网络技术是网上仲裁区别于常规仲裁的一个主要标志，国际商事仲裁正当程序这把尺子依然要衡量网上的仲裁程序，这种审视和衡量应从当事人的程序权利是否受到损害着手。目前为止，我国立法对于在线仲裁制度并无直接法律规定，各地仲裁院尝试制定的在线仲裁规则受制于理解不同而缺乏广泛的适用力和执行力。② 必须首

---

① 赵健雅、张德森：《"一带一路"倡议下中印商事法律纠纷解决机制比较与制度重构》，载《青海社会科学》2020 年第 4 期，第 144 页。

② 陈卫洲：《我国在线仲裁的发展困境及对策研究》，载《互联网天地》2023 年第 2 期，第 24 页。

先在法律上认可或接纳网上仲裁，赋予网上仲裁以法律地位，这样网上仲裁程序的法律尊严才会得到加强。

（一）网上仲裁公平与效率的平衡问题

（1）网上仲裁程序的快捷高效并不必然导致仲裁程序失去公正性。仲裁的价值目标要求现代化通信方式在仲裁程序中广泛采用，以及简易或快速仲裁程序的出现与普遍认同。信息技术的使用不仅能实现即时通信和翻译，完整传递仲裁参与人的意见，还能借助 ppt、图表等视听技术吸引仲裁庭的注意，使其更愿意听取律师或当事人的意见并按其希望的方式处理案件。[①]

（2）在高效和公正之间，仲裁程序应找好支点，即对仲裁效率价值的追求必须限定在不违反正当程序的范围内。

（3）只要在设计网上仲裁程序时予以适当注意，就可以保证将因网络技术的应用所带来的负面影响控制在符合正当程序要求的范围内，在应用网上仲裁程序中应谨慎合理。

（二）电子通信方式与在线通知

（1）在网上仲裁程序中，电子通信方式的采用使仲裁通知的发送和信息的提供与交换在数秒内就可以完成，只要当事人拥有电子通信方式，那么收发文讯和陈述案件就可以完成，可见，现代通信方式的迅速发展使得《纽约公约》对书面的定义已过时。[②]

（2）选定仲裁员的通知和仲裁程序的通知都可以通过在线实现，而且还能快捷实现当事人电子证据和主张的提交和相互交换，仲裁文件的送达与签收可以通过第三方认证机制和电子签名技术予以实现。

---

① 许凯婷：《新冠肺炎疫情下国际商事仲裁中仲裁庭对远程庭审的自由裁量权研究》，载《北京仲裁》2021 年第 4 期，第 48 页。

② Alan Redfern and Martin Hunter, *Law and Practice of International Commercial Arbitration*, London: Sweet & Maxwell, 2003, p5.

（3）联合国贸法会1996年《电子商务示范法》赋予数据电文相应的法律效力和作为证据的可接受性和证据力，《电子签名示范法》确认电子签名的法律效力。电子商务法和电子签名法在许多国家内都已出现，为电子证据、电子签名以及其他数据形态信息的法律效力作铺垫。

（4）仲裁庭通常有决定进行程序的方式和所采用的文讯传输方式两方面。仲裁庭可决定提交申请书、答辩书及证据材料和相关程序通知的方式。仲裁机构通常除了当事人要求纸质裁决文书外，基本的往来文书多经过网络仲裁平台以电子送达的方式送达，此种送达方式基本贯穿了整个仲裁程序。①

（三）在线听证和公平审理

公平审理不一定要求案件程序进行的过程中必须要开庭审理，网上仲裁可以实现普通常规仲裁中的书面审理形式。尽管远程开庭与现场开庭存在差异，但远程开庭仍可满足进行口头和同步的观点和证据交换的开庭程序的实质要求。② 网上的在线听审可以通过屏对屏进行，一是现在的网络技术完全可以实现避免声音失真，保证图像清晰，法院和公正机构可进一步确保在线证人的身份；二是网上仲裁碰到大型案件也会利用当面听审的形式予以弥补。

网上的书面审理程序是通过网络接收当事人提交的书面证据和材料，仲裁机构收到当事人提交的材料后将其转交给仲裁员。书面审理模式不需要体现仲裁开庭审理中的直接言词原则以及集中审理原则。③ 在网上仲裁程序中，当仲裁员需要当事人补充材料时，当事人可随时通过网络提交给

---

① 汪超、陈雪儿：《网络仲裁程序的司法审查检视——以接近"数字正义"为视角》，载《中国应用法学》2022年第1期，第157页。

② Maxi Scherer, "Chapter 4: The Legal Framework of Remote Hearings", in Maxi Scherer, Niuscha Bassiri, et al. (eds), *International Arbitration and the COVID-19 Revolution*, Kluwer Law International, 2020, p79.

③ 汪超、陈雪儿：《网络仲裁程序的司法审查检视——以接近"数字正义"为视角》，载《中国应用法学》2022年第1期，第157页。

仲裁员。若仲裁庭认为材料已经充足，可以结束审理，通过网络聊天室、网络会议等进行合议和裁决，这需要较好的音像设施来装备计算机，当合议与裁决需要秘密进行时，还需要运用加密技术或数字上的数据密码。①网上商事仲裁的口头审理方式有：交谈屋审理、电子会议审理等。审理时也需注意以下问题，如程序安全问题、文书制作问题、网上仲裁地的确定等。

（四）行业标准与独立公正

欧盟委员会《关于法院外消费者争议解决机构推荐适用规则》规定独立公正是网上仲裁正当程序的基本要求，这就要求网上仲裁机构的运作资金来源应当是中立的，即独立应对网上仲裁运作资金，不能依赖于商界的支持，让当事人完全信赖其公正的形象。目前，我国应完善仲裁协会或监管部门对网上仲裁程序的监管，对于仲裁员而言，要达到仲裁正当程序的要求，在网络环境下，仲裁员要具备以下技能：①仲裁员必须能够在当事人之间建立并维持信任感，应及时将各项通知发送给各方当事人。②仲裁员要习惯于非口头交流。③仲裁员要善于控制情绪，积极倾听和主动发问。可通过连续试探性发问或递进式发问的方式进行。④仲裁员应具备适应网上仲裁实际需要的信息加工处理能力和读写能力，以及逻辑地概括提炼当事人双方的观点是仲裁员适格性的基本要求。⑤主动履行披露义务。

不同的网上仲裁机构导致其使用的程序和标准各不相同，从而对当事人的选择造成实际的困难。对此问题，理想的解决方式是建立国际性的标准和守则。

（五）公开透明与程序保密

1. 保密要求与商事仲裁

仲裁保密性原则在仲裁发生前、程序进行中或裁决作出后均有体现，

---

① 谢石松：《商事仲裁法学》，高等教育出版社 2003 年版，第 226 页。

仲裁员必须在法律有关仲裁保密的规定、贸易习惯和当事人实际做法之间进行权衡，必须处理当事人意思自治和信息按规定披露之间的重叠与冲突问题；仲裁员也必须面对当事人约定与社会公共利益之间的冲突与协调问题。在处理保密性问题时，仲裁员则需要衡量保密要求的性质和范围、当事人各自的主张、应予适用的法律规定以及贸易习惯和特定做法。保密原则存在于当事人之间、专家及非专家证人、仲裁机构的工作人员以及仲裁员自身，他们均负有保密义务。①

2. 网上仲裁与程序保密

目前，网上的技术完全可以确保仲裁文件的保密性，并且仲裁机构可通过制定有关保密程序的相关规定实现网上仲裁保密的需要。部分仲裁机构在其网络仲裁规则上强调"案件数据的在线传输提供安全保障，并采取为案件数据信息加密的形式为案件信息保密"。② 仲裁机构应事先与当事人商议清楚在网上仲裁中材料和信息的使用方式，实践中，一般通过当事人在线填报相关表格给予明示，确认知晓和自愿遵守仲裁机构的仲裁程序。

(六) 非当地化理论在网上国际商事仲裁中的运用

传统意义上的国界被网上国际商事仲裁突破，通过互联网平台为主的信息技术进行仲裁办案的网上仲裁已经成为仲裁制度的新兴发展方向。非当地化理论的核心是，国际商事仲裁可以独立于任何国家的国内法，不受任何国家的法院监督。③ 主要包含四方面的内容：一是仲裁程序非当地化，仲裁可以摆脱仲裁地法的控制与适用；二是当事人意思自治优先，在当事人没有约定时，仲裁庭可以选择适用国际法和一般原则等裁决案件；三是仲裁裁决没有国籍，仲裁地法并非裁决的效力渊源；四是不执行仲裁裁决

---

① 齐湘泉：《外国仲裁裁决承认及执行论》，法律出版社 2010 年版，第 173 页。

② 汪超、陈雪儿：《网络仲裁程序的司法审查检视——以接近"数字正义"为视角》，载《中国应用法学》2022 年第 1 期，第 160 页。

③ 周艳波、曹培忠：《论"互联网+"时代在线仲裁机制构建——以"非国内化"仲裁理论为中心》，载《企业经济》2019 年第 4 期，第 151 页。

是对仲裁的唯一司法监督，任何国家的法院无法撤销国际仲裁裁决，对此裁决的唯一补救措施是拒绝承认和执行该裁决。申请执行地国家的法院可以依据公约或当地国家法律的规定，作出执行与否的决定。①

在线仲裁条件下，缺少传统的具有特定场所意义的仲裁地点，其以互联网为依托，仲裁的整个程序都在网上发生，因此可以说网上仲裁地是一种地理真空状态，只是作为仲裁活动与法律的连接点。但鉴于存在需要法院支持和协助才能顺利进行的情况，也只有确立了仲裁地，才能确定在线裁决的"国籍"，因此仲裁地的确定仍具有重要意义，同时也有其特殊性。在实践中，仲裁地的确定一般遵循以下原则：依照一定的事实根据进行选择；侧重于从法律角度考虑仲裁地的选择；尽量选择《纽约公约》的缔约国为仲裁地国。书面仲裁协议应当采用书面协议是被国际社会普遍认可的原则和要求，书面协议是仲裁的基础问题和管辖权产生的依据。因此在线仲裁协议和裁决书是否符合书面形式以及签订过程的要求，是在线仲裁的重要形式问题。在已经采用电子商务立法的国家，也将电子仲裁协议视为书面形式的文件，承认其法律效力，同样地，仲裁协议和裁决书中的签字也符合《纽约公约》的规定，具有法律效力。实际上许多国际机构和国家都通过修订国际条约和国内法的方式，在善意解释原则上扩大了书面形式的适用范围，并就电子签名在形式上等同于手签或指印达成了国际共识。

---

① 王长生：《外国仲裁裁决在中国的承认与执行》，载陈安主编《国际经济法论丛》第 2 卷，法律出版社 1999 年版，第 475 页。

第三章　仲裁庭与国际商事
仲裁的正当程序

　　争议解决机制研究全球中心（Global Center for Dispute Resolution Research）2000 年 1 月至 11 月对诉诸美国仲裁协会的当事人及其代理律师也进行过一次调查。统计结果表明，重要程度位居第一的因素仍然是审理结果的公平公正，该因素的得票率是与之最近的因素的 2 倍。① 而仲裁庭作为国际商事仲裁的主持者，对审理结果的公平公正起着至关重要的作用，仲裁庭决定着正当程序的目标是否能顺利实现。

第一节　仲裁庭组成中的正当程序问题

一、仲裁庭的组成

　　根据国际商事仲裁正当程序的要求，仲裁庭应按照当事人的约定组成，并应将组成的仲裁庭适当地通知给当事人。有实证分析指出，"仲裁庭的组成或者仲裁的程序违反法定程序"是当事人申请撤销裁决最常见的事由。② 仲裁庭作为争议的最终决断者，掌控着整个仲裁程序的进行和实质问题的判断，对当事人影响重大，仲裁庭的组庭人数不限，组庭方式可

---

　　① Richard W. Naimark & Stephanie E. Keer, International Private Commercial Arbitration：Expectations and Perceptions of Attorney and Business People, *International Business Law*, Vol. 30, 2002, p203, p209.

　　② 单素华、唐若颖：《以违反法定程序为由申请撤销仲裁裁决的审查理念》，载《人民司法（案例）》2022 年第 35 期，第 64 页。

以由当事人约定、仲裁机构负责人指定和法院指定。仲裁庭选任过程中，可能存在对当事人不公正的风险，但只要满足一定的条件，当事人能够举证证明相关事实，法律仍然赋予当事人一定的救济权利——申请仲裁员回避并重新组庭。

针对仲裁庭的组成，当事人有约定的依照当事人的约定组成仲裁庭；当事人没有约定的，依仲裁地国家仲裁法或民事诉讼法及受案仲裁机构仲裁规则组成仲裁庭，这种情况下，应当将仲裁庭的组成形式告知给当事人，当事人可以约定仲裁庭的组成形式和组成人数以及仲裁员的国籍，但对组成程序当事人不能变更。选择仲裁员时首先要遵守法律规定，还应充分考虑其道德和专业素养，并且尽量选择符合当事人利益的仲裁员。如香港法院在仲裁庭组成上的审理遵从"是否符合仲裁规则——是否符合正当程序——剩余酌处权"的顺序和思路进行。[①] 仲裁机构根据一方当事人申请仲裁予以立案后，仲裁委员会秘书局要向当事人发出组庭通知，寄送仲裁规则和仲裁员名册。仲裁庭具有临时性的特征，不是固定的组织，仲裁机构每受理一起仲裁案件，就要组织一个仲裁庭，即一案一庭，案件审结，仲裁庭自行解散。

（一）仲裁庭的组成人数

仲裁庭可由一名或多名仲裁员组成，仲裁员的人数一般可由当事人的意见而定。不过有些国家的法律有强制性的规定，要求仲裁员的人数必须是奇数，在人数为偶数时可再补任命一名仲裁员。一般在订立仲裁协议时，建议当事人为维护自身的权益，可以在仲裁协议中明确约定仲裁庭的组成方式和人数，当事人没有在仲裁协议中约定的一般适用仲裁机构的仲裁规则。[②] 具体有以下几类：

---

① 王玉丹：《香港不予承认与执行仲裁裁决案例实证研究》，载《商事仲裁与调解》2022 年第 5 期，第 101 页。

② 韩健：《现代国际商事仲裁法的理论与实践》，法律出版社 2000 年版，第 153页。李贤森：《国际投资仲裁的意思自治保障与商事发展路径》，载《国际法学刊》2022年第 4 期，第 93 页。

（1）独任仲裁员：即仲裁庭只有一位仲裁员组成的形式。一般由当事人共同指定一名仲裁员，或者当事人先共同选定一位第三者，然后由这位第三者指定一名仲裁员。在临时仲裁背景下，常常由独任仲裁员审理案件。[1]

（2）仲裁庭由两名仲裁员组成：这种情况在国际商事仲裁立法和实践中是不多见的，尽管不少国家的法律规定当事人可以约定仲裁庭的人数。通常是由争议双方各指定一名仲裁员组成仲裁庭负责案件的审理。

（3）仲裁庭由三名仲裁员组成：这是实践中常见的形式，通常是由双方当事人先各自分别指定一名仲裁员，由这两名仲裁员或依据有关规定由某一机构指定第三名仲裁员，有时由当事人共同确定第三名仲裁员，或者由双方当事人委托的第三方作出指定，这种三人仲裁庭通常被称为合议庭，由首席仲裁员主持该仲裁案件的审理。在国际商事仲裁实践中，一般争议金额较大且案情比较复杂的案件，争议双方当事人一般会选择由三位仲裁员组成的合议仲裁庭作出裁决。

（4）仲裁庭由四名或多名仲裁员：在国际商事仲裁中，由四人或四人以上的仲裁员组成的仲裁庭极为少见。

（二）仲裁员的指定

一旦仲裁员接受指定，就有基于双方当事人的责任与义务，若仲裁员破坏了仲裁协议的明示或默示条款，仲裁员的违约责任便产生了。[2] 对指定仲裁员的限制，大致有两种：常设仲裁机构仲裁员名册内外的限制以及仲裁员国籍、住所和居所的限制。在前者上，国际商事仲裁实践中有多种做法：只能在仲裁员名册中指定；有的仲裁员必须在名册中指定，有的可在名册外指定；所有仲裁员的指定不受名册限制。在后者上，国际商事仲

---

[1]　傅攀峰：《商事仲裁：一种"去剧场化"的司法方式》，载《重庆理工大学学报（社会科学）》2020 年第 10 期，第 94 页。

[2]　Murray L. Smith, Contractual Obligations Owed by and to Arbitrators：Model Terms of Appointment, *Arb. Int' l.*, Vol. 8, 1992, pp. 20-24.

裁对于仲裁员的国籍没什么限制，但是对首席仲裁员或者独任仲裁员的国际限制为他们不得具有任何一方当事人的国籍。在实践中，我国实行强制的仲裁员名册，即当事人或者仲裁委员会主任只能在仲裁员名册中指定仲裁员。[1]

指定仲裁员有多种方法，最为常见的方法是：①当事人协议指定，或者当事人先委托一位第三者，再由这位第三者指定仲裁员。②由贸易协会和专业机构指定。③由仲裁机构指定。④通过仲裁员"名册制度"指定。⑤由现有仲裁员指定。⑥由管辖法院指定。

就仲裁员的指定问题，一案例中被申请人认为，被申请人的仲裁员是由 CIETAC 指定的，而非被申请人自己指定的，因此被申请人认为正当程序遭到违反。涉及仲裁员的正当程序，《纽约公约》界定了两种情况：一是当事人未被给予指定仲裁员的通知，二是仲裁庭的组成与当事人的协议不符，或没有协议时与进行仲裁的国家的法律不符。法院认为，在本案中，被申请人提出的情形不属于这两种，并且，法院认为被申请人没有在仲裁程序过程中提出反对。最后，法院认为被申请人的理由没有根据。[2]

（三）仲裁庭组成不当

仲裁庭未按法律规定的人数组成或没有按照当事人的约定组成，仲裁裁决是在缺员情况下作出的，都是违反正当程序的情形。仲裁庭组成不当具体体现在：

（1）仲裁员的指定或委任不符合法律规定的条件或当事人约定的条件。多数法律对仲裁员的资格都作了规定，如多数法律规定破产人未复权者不能担任仲裁员，若担任则是违背正当程序；再如，当事人约定仲裁员应具有某种专长或技能，被指定或委任的仲裁员不具备当事人约定的专长或者

---

[1]　凌冰尧：《我国仲裁员任职制度的合理性分析与完善建议》，载《国际商务研究》2020 年第 6 期，第 89 页。

[2]　林一飞：《中国国际商事仲裁裁决的执行》，对外经济贸易大学出版社 2006 年版，第 68 页。

技能，也构成仲裁庭组成不当，违背了正当程序。

(2)仲裁庭组成程序不当。多数国家的法律规定仲裁员应首先由当事人选定，当事人未按规定选定或当事人双方未能就仲裁员的推举达成一致意见时，仲裁机构或法院才能进行指定或委任仲裁员。若不符合此先后顺序的就属仲裁庭组成不当，从而违背了正当程序。

首席仲裁员在仲裁庭无法形成多数意见时拥有对仲裁裁决的决定权，在案件仲裁过程中处于重要地位，影响着案件的公正裁决。① 首席仲裁员的确定至关重要，仲裁委员会主任指定首席仲裁员体现了仲裁的效率，但也会有些弊端：其一，仲裁委员会主任指定首席仲裁员是一种行政手段，增加了仲裁的行政色彩，与仲裁的民间性相悖；其二，仲裁委员会主任受客观条件、个人视野的限制，难以确定适合案件的并让当事人满意的仲裁员；其三，仲裁委员会主任对案件的实质争议并不熟悉，指定首席仲裁员完全凭借仲裁委员会主任的主观判断；其四，这种形式不易体现当事人自我意愿，在仲裁过程中容易与当事人形成对立，并容易与当事人选定的仲裁员形成对立；其五，容易产生腐败。首席仲裁员的选定应还权于当事人，而不应成为仲裁委员会主任掌控仲裁的利器。从各国立法看，为保证仲裁员的独立性和中立性，首席仲裁员大多是当事人间接选定的，由当事人各方分别委任 1 名仲裁员，当事人委任的 2 名仲裁员协商委任第 3 名仲裁员作为仲裁庭首席仲裁员。外国选定首席仲裁员的做法我国可以借鉴，但不是最佳方法。

首席仲裁员委任的权力应归于当事人，当事人应首先双方协商，协商不成的可以采用背对背的委任方式。首先由申请人和被申请人背对背提出同等数量的首席仲裁员备选人名单，从这些名单中，找到名字重合的仲裁员即为首席仲裁员，若有多名仲裁员名字重合，名字居前的便为确定的首席仲裁员，若名单中没有重合的仲裁员名字，可采用抽签或摇号方式从双

---

① 沈伟、陈治东：《商事仲裁法 国际视野和中国实践 上》，上海交通大学出版社 2020 年版，第 243 页。

方当事人提出的首席仲裁员备选人名单中产生首席仲裁员。

二、仲裁员的资格

《纽约公约》未明确规定仲裁员与仲裁庭之间的关系，未明确说明仲裁员存在问题是否属于仲裁庭的组成不当，但仲裁庭组成不当应包含此层含义。仲裁员制度是指规定仲裁员资格条件、仲裁员道德准则、仲裁员行为操守、仲裁员法律责任等方面规范的总和。仲裁员制度是整个仲裁制度的灵魂所在，其合理性直接影响到仲裁的公信力和仲裁制度作为国际商贸纠纷解决机制的运行和发展。① 不同法律对仲裁员制度作了不同的规定，这决定了仲裁员资格、遴选和聘任等事宜不可避免存在差异。概括各国的做法，有以下几种：①仲裁员资格由当事人约定。②对仲裁员资格不作具体规定，仅规定仲裁员必须具有民事行为能力。③采用规定仲裁员消极资格的方式规定仲裁员的条件。④规定了仲裁员的积极资格，只有具备仲裁员积极资格的自然人才能担任仲裁员。⑤双重规定，既规定仲裁员的积极资格，又规定仲裁员的消极资格。

总体来看，对仲裁员资格的要求越发宽松是当前的发展趋势。国际仲裁员和代理律师的职业行为需要符合一个"双重标准"，即一个是他们所来自地点的标准，一个是仲裁地点的标准。

选择仲裁员的一般规则是选定自然人为仲裁员，但该人必须具有完全民事法定能力。对于仲裁员的资格，各国法律允许当事人在他们实践的仲裁协议中对其作出约定，许多国家的法律对此并没有严格的限制，凡是具有完全民事行为能力的本国人或者外国人都可以被指定为仲裁员，有的国家法律还规定国家法官在任职期间不得接受仲裁员的指定。如韩国《媒体仲裁法》中规定，原则上现任法官不能担任仲裁员。② 作为国际商事仲裁的

---

① 郁恒娟、张圣翠：《"一带一路"倡议下我国仲裁员制度的创新研究》，载《国际商务研究》2019 年第 3 期，第 79 页。

② 朴文玲、金镕灿：《韩国媒体仲裁制度的发展历程、特点及启示》，载《东疆学刊》2023 年第 1 期，第 77 页。

一般原则，仲裁员不得与他们所审理的案件有直接的利害关系，否则会影响他们作出公正和独立的裁决。选择的仲裁员出现以下三种情况时，实践中略有争议：其一，外国人。外国人能否被任命为仲裁员是一个很重要的问题。在 20 世纪 70 年代前，还有不少国家的法律不允许任命外国人为仲裁员。在有些国家，虽然允许任命外国人为仲裁员，但有所限制。其二，法人。法人不能充当仲裁员进行仲裁，特殊情况除外。其三，法官或某些履行公共职能的人员。不少国家禁止或实际上不允许法官或某些履行公共职能的人员作为仲裁员审理争议。但有些国家认为法官所受的教育、经验和心理最适合解决争议，所以允许法官作为仲裁员，特别是在国际仲裁中应该给予允许。

提交国际仲裁的商事争议各式各样，其多样性的特点使得仲裁庭难以就当事人应该或不应该选择何种类型的人为仲裁员归纳出一般规则。不过，实践中惯常的做法是，若仲裁庭只有一位仲裁员组成时，当事人常选择一名法学家或律师担任独任仲裁员。在三人仲裁庭中，当事人也常会选择一位律师或对法学擅长的人担任其中一名仲裁员，另外两名的身份视情况而定。不过由于律师职业群体与当事人通常有较强的商业联系，由律师担任仲裁员，极易引发利益冲突方面的风险，需要更加谨慎。[1]

三、仲裁员的独立性和公正性

国际商事仲裁的裁判是仲裁员，国际商事仲裁正当程序对仲裁员的根本要求便是独立和公正，仲裁员的职业素质就要求公平公正，仲裁员的独立性要求当事人与仲裁员之间不能有经济或利益关系，仲裁员的公正性要求仲裁员不能对任何一方当事人有所偏袒。仲裁员的独立性和公正性是商事仲裁制度的灵魂和关键所在，要求仲裁员既不能积极干预，也不得消极懈怠。[2] 对于仲裁员而言，公正比独立更难于把握和衡量，因

---

① 侯丽莉：《关于律师执业利益冲突的几点思考》，载《中国司法》2020 年第 12 期，第 83 页。

② 马占军、吴阳艺：《实证视域下商事仲裁释明制度问题研究》，载《私法》2022 年第 3 期，第 128 页。

为公正关系到仲裁员的内心状况。

为保证仲裁的公正性，防止仲裁员违背职业道德的事情发生，各国法律及仲裁机构多数都规定了仲裁员披露制度和回避制度。[1] 仲裁员披露制度在仲裁员职业操守和道德规范体系中向来占据一席之地。[2] 披露制度要求仲裁员被当事人选定、仲裁机构指定或法院委任后，仲裁员按要求签署相关的声明书，任何影响公正和独立的事实都应在声明书中写明。若披露情形是在仲裁进行过程当中才出现的，仲裁员从披露情形出现之时应及时向仲裁机构披露。

仲裁员作出披露之后，仲裁机构将此信息转交给仲裁中的各方当事人，由当事人决定是否申请仲裁员回避。但是，当事人收到仲裁机构转交的仲裁员的声明或书面披露后，没有在仲裁机构规定的期限内申请仲裁员回避的，事后当事人不得再以同样的事由申请该仲裁员回避。

当仲裁员有无法参加案件审理的情形时，仲裁员应当根据一方当事人的异议回避或主动回避，不再参与本案的审理，即仲裁员回避可分为仲裁员自行回避和当事人提请回避。仲裁员回避的理由一般与民事诉讼法中法官回避的理由相同，如审理案件前曾经接触过一方当事人、行为能力或主体资格不符合法律的规定、仲裁员没有尽到勤勉谨慎的责任等。

仲裁员有管理程序的权力，管理程序的力量可能在其唯一的权力和共同的权力方面被划分如下：

（1）与当事人的授权保持一致，即如果当事人对某事项已授权，仲裁员应当进行和协议一致的程序。这一权力和权威属于仲裁庭，即在达到程序或实质性问题程度的实体或程序问题方面的所有决策来源于当事人的协议。[3] 仲裁员的权力限于协议规定的范围，其解释法律的行为创造的任何

---

[1]　马占军：《商事仲裁员独立性问题研究》，法律出版社 2020 年版，第 4 页。

[2]　张建、李希文：《律师仲裁员利益冲突的司法审查：现状、问题、对策》，载《商事仲裁与调解》2021 年第 5 期，第 76 页。

[3]　《国际商会仲裁规则》（ICC）第 15 条（1）规定：仲裁庭审理案件的程序适用本规则。本规则没有规定的，适用当事人约定的，或当事人未约定时仲裁庭确定的规则，无论仲裁庭是否援用仲裁适用的国内法的程序规则。

规则只能适用于该协议所涉具体争端。①

（2）临时和程序指令的决定：在程序管理的过程中，仲裁庭可能发布不同的程序性和实体性的指令。其中的一些可能被定义为裁决或临时或部分的裁决，如当事人可能寻求和获得由仲裁庭和州法院赋予的临时或保护措施。② 对于这些指令、决定或裁决应该被叫作什么，缺乏明确的规则，并缺乏真正引起的重大关注，因为该决定的实质内容表明其处于实用目的的特征，一个程序性的命令或裁决可能包含各种程序和实体性的元素。

（3）自由裁量权、审议和结论。专家组的自由裁量权和审议权属于仲裁员的专属权力，而且在此过程中缺乏外部介入或干预，这与当事人的协商可能是有必要或有益的，区别实体和证据问题和描述或分类属于这项工作。③ 自由裁量权学说允许仲裁员在决策程序中，就某些模糊或无共识问题"创造性"地提出某些解决方案，如确定管辖权、适用程序性软法。④ 然而，自由裁量权不清楚到什么程度，如果有的话，作出的各种决策或判决

---

① 刘笋：《论国际投资仲裁中的先例援引造法》，载《政法论坛》2020 年第 5 期，第 66 页。

② 《联合国国际贸易法委员会国际商事仲裁示范法》第 9 条规定：仲裁协议和法院的临时措施，在仲裁程序进行前或进行期间内，当事一方请求法院采取临时保护措施和法院准予采取这种措施，均与仲裁协议不相抵触。第 17 条规定：仲裁庭命令采取临时措施的权力，除非当事各方另有协议，仲裁庭经当事一方请求，可以命令当事任何一方就争议的标的采取仲裁庭可能认为有必要的任何临时性保全措施。仲裁庭可以要求当事任何一方提供有关此种措施的适当的担保。

③ 《意大利诉讼法》第 276 条规定：判决书应该相机抉择。只有那些目睹了讨论的法官才能参加审议。在主审法官的指导下，仲裁庭应当逐步解决由当事人或法院自身行为提出的初步问题，因此决定事项的优劣。第一人应是会议席发言，那么是其他法官，最后是审判长。然后，它是一个以上的解决方案的问题，多数未在第一次达到，审判长应当把两个解决方案说明，以消除一个，然后付诸表决哪个是不能消除的解决方案和可能的解决方案，其余依此类推，直到付诸表决，最后表决一旦表面投票很不错，审判长应写出签名的决定。该决定的理由，然后应确定合议席报告员，除非主审法官认为它适合写这样的原因，本人可以委托一些其他法官。

④ 朱明新：《国际投资仲裁中的股东间接申诉：表现、成因、影响及规制》，载《清华法学》2022 年第 4 期，第 194 页。

需要动机。根据国际商会仲裁规则(ICC)，这样的一种义务是作为判决存在的，① 动机可以减少试图将裁决搁置的风险，但一些人认为，风险是随着动机的长度和复杂性而增加的，动机当然可以提高结果的接受性和理解性。有时，根本不需要动机是事先约定的，自由裁量权涉及建立真相而采取的程序性措施(举证责任)，它同样涉及一些识别适用规则的措施，并且它和针对适用的实体规则有足够的了解有关(教育责任)，一旦这些都完成后，取决于仲裁员和他们的工作方法的个性和教育的最终裁决将从审议中出现，这可能会或多或少受到纪律处分。审议可能涉及解释的灰色地带的许多问题，这些解释都是针对证据的权重，以及从运用实体规则时当事人的地位这一证据得出结论。

(4)裁决②。在复杂的仲裁过程中可能有无数的规则、命令、决定和裁决序列，而不是一个只需要单一最终裁决的程序。临时裁决是指针对先决问题而不是既有的申诉或救济请求作出的裁决；部分裁决，是指仲裁庭依据当事人的非全部救济请求而作出的裁判。③ 通过临时或部分裁决，可能会获得时间和节约成本，但同时，鉴于在裁决后出现的事实，专家组可能会依赖一些他们希望修正的部分。然而，前期的裁决可能构成既判力和阻碍补救措施，如果有必要的话，传统的临时裁决也许是最适合用于确定

---

① 正如国际商会仲裁规则(ICC)第 25 条规定：仲裁裁决应说明其所依据的理由。

② 《联合国国际贸易法委员会示范法》第 31 条规定：(1)裁决应以书面形式作出，并应由一名或数名仲裁员签字，在有一名以上仲裁员程序中，仲裁庭全体成员的多数签字即可，但须对任何省去的签字说明原因。(2)裁决应说明其所依据的理由，除非当事人各方协议不要说明理由或该裁决是根据第 30 条的规定按和解条件作出的裁决。(3)裁决应写其日期和按照第 20 条第(1)款的规定所确定的仲裁地点，该裁决应视为是在该地点作出的。(4)裁决作出后，经各仲裁员按照本条第(1)款的规定签字的裁决书应送给当事各方各一份。西班牙法案第 32 条规定：①裁决必须以书面形式呈现。它应包括的仲裁员和当事人的个人身份，裁决的争议，提交给仲裁的争议，已提供的证据的摘要，当事人的诉状和仲裁裁决。②在法律上的仲裁，仲裁员应说明裁决所依据的理由。

③ 熊瑛子：《国际体育仲裁司法审查之法理剖析》，载《苏州大学学报(法学版)》2019 年第 3 期，第 6 页。

事实或违规存在的案件，使得损害赔偿金额的决定产生在第二阶段。在仲裁的各个阶段和在最终裁决时，给予仲裁员救济的权力往往是广泛的，或者至少比在法院诉讼中有更多的灵活性。临时或部分裁决有着不可替代的独立地位，即使在这样的情况下，有可能会从各种渠道出现新的事实，这些事实显示，虽然鉴于当时了解到的事实，临时或部分裁决也许是完全正确的，但是根据新的事实，临时或部分裁决是可疑的、错误的甚至严重不公正的。因此，临时或部分裁决是一种工具，这种工具需要丰富的经验和谨慎性，以免造成更多的问题，重点应该是在详尽和迅速的裁决中，始终给人一种最后的"单一的"判决，如果不清晰或模糊而无法补救，该裁决就不能被执行，并且在最坏的情况下，自愿执行也是有问题的，甚至是不可能的。如果当事人不能根据模糊的裁决解决差异性，该裁决可能被搁置，在这种情况下，原有的部分或全部差异仍有待解决，一个模糊的裁决对于新行动不能构成既判力。

（5）费用及成本。仲裁的费用及成本是经常碰到的问题。以其仲裁费用中"仲裁员报酬"计收方式不同为标准（即是采用单价收费还是总价收费），可以分为小时费率计酬收费案件与总价计酬收费案件。[①]　一方面，费用太高将使仲裁缺乏吸引力，仲裁一般会比法院诉讼耗时更少；另一方面，即使是在一些最复杂的情况下，裁决可以在半年或一年内给出，而诉讼可能需要数年时间才能完成。基于世界主要仲裁机构的仲裁规则和各国的实践，仲裁的保密性得到广泛的认可，并认为是仲裁与诉讼的重要区别之一，仲裁员的费用往往是依据所用的时间、个别仲裁员的专业知识和利害攸关的金钱或其他利益，如当学者教授作为仲裁者时，费用可能会高，对于执业律师，仲裁员的费用除以所需的工作时间，可能是相当缺乏吸引力的，因为低于他或她的正常的每小时收费，除了所用的时间和所需的专业知识，一般特别紧凑的时间等特殊情况是设置收费时要考虑的因素，在

---

　　①　黄瑞：《仲裁案件采用小时费率计收仲裁员报酬的实务问题分析——兼评〈北京仲裁委员会/北京国际仲裁中心关于采用小时费率计收仲裁员报酬的操作指引〉》，载《北京仲裁》2021年第2期，第63页。

机构仲裁中，经常是设置一个灵活的金额，双方当事人的费用和成本，以及各自缴费的程度都由仲裁庭决定。①

（6）责任。仲裁员或仲裁小组的使命是独一无二的，并有许多维度，该小组是在抽象地和具体地授权任务范围内有相同的行动。抽象地授权是在小组中由政府赋予的权力，在这方面，功能类似于一名法官，这种权力和权威的范围及其滥用的后果是正当程序的关键问题。② 具体地授权就像是一种权利，但是这种权利在小组中是由当事人本身赋予的，这一授权的范围由当事人在合同自由和在没有适用的法律和其他规定所明示协议的情况下定义的。在机构仲裁中，当它被作为指定机构时，权力在小组内是由该机构赋予的，在具体的授权类似于在一定程度上保留一个专家或教授，提名对仲裁员不会有任何或至少是很少的控制权，除非双方达成了一致意见。例如，具体授权的权力同样可能被滥用或侵犯，这可能导致裁决或其他法律后果的不可执行性。仲裁员的任务或使命类似于一个公司中的一名董事，双方的董事和仲裁员需要遵守一定的程序和道德规则，如果不这样做可能要承担一定的责任。如果在决策过程中应用的程序和道德标准已经无可挑剔，那么在这两种情况下，都不应该将责任扩展到判断或酌情决定

---

① 《瑞士规则》第 38 条规定：仲裁庭应确定仲裁裁决的成本。术语"成本"仅包括：（a）为每个仲裁员单独规定的仲裁庭的费用，以及由仲裁庭本身按照第 39 条确定的仲裁庭的费用。（b）仲裁员产生的差旅费和其他费用。（c）由仲裁庭获得的专家咨询和其他援助的费用。（d）证人的旅游费及其他开支，该费用由仲裁庭批准。（e）胜诉一方的法律代表和援助的费用，如果在仲裁中已经声称该等费用，并只限于仲裁庭认定该费用的数额是合理的费用。（f）就按照仲裁费用说明表应付仲裁的行政成本。《瑞士规则》第 40 条（1）—（3）条规定：（1）除第 2 款规定，仲裁费用原则上应由败诉方承担。但是，仲裁庭考虑到案件的情况，可以在当事人之间分配这种成本，如果它确定分配是合理的。（2）关于第 38 条（e）段提到的法律代表和援助的成本，仲裁庭考虑到案件的情况，应自由决定哪些人应当承担这种费用，或可以在当事人之间分摊该等费用，如果确定分摊是合理的。（3）当仲裁庭发出对于仲裁诉讼的终止命令，或按商定的条件写出裁决时，在该命令或裁决的文本中，应当确定第 38 条和第 39 条第 1 款提到的仲裁成本。

② 蔡伟：《新加坡调解公约的困境和应对》，载《清华法学》2022 年第 2 期，第 200 页。

的事项上。仲裁员的责任可能出现在违反正当程序中，这些可能包括违反基本程序规则，如听取双方陈述的规则，未能披露利益或疏忽、严重疏忽、甚至刻意误导的冲突，在这些领域，共同标准正处于从大量的各种民族传统性慢慢向专业性和机构的利益性转化。仲裁员的责任一直是一个争论的问题，一直有呼声呼吁仲裁员应该享有法律责任豁免权。这种极端的立场很难捍卫，而且这种思维的趋势考虑到其本身的特殊功能，似乎正在向作为一个专业的仲裁员来发展。对于一些从业者，仲裁已成为唯一的专业和业务。① 在仲裁员责任豁免论与责任论都难以服众的情况下，仲裁员有限责任豁免论成为有力观点。② 仲裁员不能否认他们承担重大过失或故意违反仲裁协议或相关法律的责任，而责任在大多数情况下也许应该被局限于此，如果没有这样的明确限制，专业或商业责任的标准也可适用。

《意大利法》第813条规定：仲裁员的接受应以书面形式，并且可能来源于对仲裁的签名。仲裁员应当在由当事人或由法律设定的期限之内写出裁决；如果他们不这样做，该裁决将基于这个理由被搁置在一边，仲裁员应该为此承担责任，如果在接受委任后，他们没有正当理由地放弃仲裁员的身份，同样应当承担赔偿责任，除非当事人另有约定。否则，忽视或延迟履行义务的仲裁员，由当事人双方或者在仲裁合意或仲裁条款中被授权的第三方同意，可能被取代，如果做不到这一点，当事人每一方都应该有权请求法院院长（tribunale）替换仲裁员，法院院长在听取各方意见后，应当对其中不得有追索权发出命令，并且在他确定遗漏或延误的地方，应宣布解除仲裁员并替换他。墨西哥仲裁员的责任风险规定在墨西哥法律第10

---

① 《西班牙法》第16条规定：（1）接受任命的仲裁员应忠实地履行自己的职责。如果他们不这样做，他们将为自己欺诈行为或过失（隐瞒或错）造成的损失承担责任。在委托给一个公司或协会的仲裁中，受害方可以直接向独立于任何行动的组织要求索赔，这项索赔可能是由组织针对仲裁员的索赔。（2）除非当事各方另有规定，否则，仲裁员以及本公司或协会，可以要求形成当事人的资金存款，这项存款被认为对于支付仲裁员的费用和在仲裁管理中形成的开支来说是必需的。

② 张润：《仲裁法诚实信用原则的规则化研究》，载《商事仲裁与调解》2022年第1期，第94页。

条：商法关于仲裁员对当事人的法律责任是沉默的。然而，法院应该强迫仲裁员遵守他们的义务，当仲裁员没有及时写出裁决时，他们将无权收取其费用。虽然这个假设在实践上似乎从来就没有出现过，但是，它是假定仲裁员对由于他们没有履行仲裁职能导致的成本和损失承担赔偿责任，而且，当仲裁员非法行动造成当事人损害时，会造成民事责任。印度仲裁员的责任风险是在印度法律第 12 条：甚至在 1940 年颁布的仲裁法实施前，印度法院假设，如果仲裁员做了要求他做的事情，并且写出了裁决，那么没有行动反对他，但仲裁员不是法官，也不能分享后者的无懈可击的豁免权，如果他被指控和证明曾有舞弊或欺诈行为，仲裁员将被追究个人责任，尽管印度没有这样的情况出现。另外，由于行为失当被撤职的仲裁员，在该法第 11 部分下，是无权收取任何酬金的。

第二节　仲裁权行使中的正当程序问题

仲裁权是仲裁程序的核心，是仲裁庭依据当事人授权和法律规定，在当事人授权和法律规定的范围内，裁断是非、解决争议的权力。仲裁权的行使是仲裁庭按照当事人约定行使仲裁权力，若当事人没有约定则按照法定程序行使仲裁权，以达到维护仲裁中的当事人合法权益的过程。由此，仲裁权的本质也是一种服务性权力。① 仲裁权行使的正当性要求仲裁机构在受理案件后，或组庭后应将选择仲裁程序的权利告知给当事人，当事人的这种选择权被尊重就是仲裁正当程序的体现。

仲裁程序的正当性和仲裁权行使的正当性是仲裁庭仲裁活动合法性、仲裁庭所作仲裁裁决具有执行性的保障。失去了程序的正当性，实体裁决的公正性必然受到影响，也可能不复存在，仲裁庭作出的仲裁裁决难以为当事人认可，难以为法院承认和执行。仲裁权行使的中立性也是国际商事

---

① 曾凤：《我国仲裁庭自行收集证据制度探析——以诉讼与仲裁制度的差异为视角》，载《商事仲裁与调解》2021 年第 2 期，第 133 页。

仲裁正当程序的一方面，其要求仲裁员不代表任何一方当事人，仲裁庭位置居间，立场中立，与双方当事人保持相平衡的距离。仲裁权行使的衡平性要求当事人被仲裁庭公平公正对待，对当事人的仲裁请求、仲裁反请求、答辩意见，抗辩理由平等对待，同样倾听，不偏不倚。平等对待各方商事仲裁当事人是商事仲裁的基本要求，也是仲裁程序的应有之义。① 权威性也是仲裁权行使的特点，它意味着当事人和其他仲裁参与人在仲裁程序中必须服从仲裁庭的指挥，服从仲裁庭所具有的仲裁程序进行中的权威。② 在仲裁程序运作中仲裁庭占主导作用，只要仲裁庭被授权解决当事人之间的争议，就表示当事人承认仲裁庭的权威和权力，同意在当事人和仲裁庭之间建立当事人对仲裁庭行使仲裁权作出最终裁决的服从关系，只要仲裁庭在当事人授权范围内、在法律规定范围内依法行使仲裁权，双方当事人必须服从。正当程序不仅仅是当事人被法律赋予了公平和平等，当事人这种平等权利的实现在实践中离不开仲裁庭正当仲裁权的行使，也即真正可以实现当事人程序性权利的大厦离不开仲裁庭的营造。③

　　上海政法学院范铭超教授认为，行使仲裁权和裁决权的不是仲裁庭，是仲裁员。在实践的表象中，都是在仲裁庭的形式下，当事人与仲裁员发生法律关系，实际上，裁决权是通过当事人指定仲裁员赋予的，并且仲裁间的服务合同也是仲裁员与当事人之间签订的。在这种仲裁员对当事人的服务关系中，仲裁庭只是承载这种服务的形式，提供服务的义务主体不是仲裁庭而是仲裁员，报酬也是支付给仲裁员。④ 笔者认同这种看法，但出于习惯，本书在叙述中，经常用仲裁庭代指仲裁员行使权力。

---

　　① 马占军、吴阳艺：《实证视域下商事仲裁释明制度问题研究》，载《私法》2022年第3期，第126页。

　　② 杨玲：《论仲裁的程序管理》，载《南通大学学报（社会科学版）》2012年第3期，第59页。

　　③ 乔欣：《仲裁权研究》，法律出版社2001年版，第203页。

　　④ 范铭超：《仲裁员与仲裁当事人法律关系模型的困境及其解决》，载《北方法学》2014年第6期，第127页。

一、书面审理中的正当程序

书面审理是指，仲裁庭选择不开庭，而是仅仅依据收集的证据和书面材料，理清案件的事实，作出仲裁裁决的仲裁审理方式。大多数国家允许当事人协议约定国际商事仲裁的审理方式，但英国一些少数国家不允许。只有在当事人没有就审理方式问题作出明确约定时，才授权有关的仲裁庭依法作出决定，如中国《仲裁法》第 39 条、2000 年《中国国际经济贸易仲裁委员会仲裁规则》第 32 条、2000 年《上海仲裁委员会仲裁规则》第 34 条第 1 款。其中，《上海仲裁委员会仲裁规则》没有规定有关"仲裁庭也认为不必要开庭审理"这样的条件，这是与中国国际经济贸易仲裁委员会仲裁规则的不同之处，上海仲裁委员会更注重对双方当事人意思自治的尊重。尽管英国不允许当事人约定审理的方式，但仍然允许书面审理和口头审理两种方式，在 1992 年的《伦敦海事仲裁协会仲裁规则》中，还专门规定了小额索赔程序，可以进行书面审理。

在国际商事仲裁实践中，书面审理的比率很高，如伦敦海事仲裁中有 80% 的案件都是依照文件和书面意见进行书面审理的。2019 年伦敦海事仲裁员协会会员作出的 529 个裁决中仅有 74 个裁决经过开庭审理。[①] 在仲裁庭进行书面审理时，常常首先对收到的书面材料进行审查，其间仲裁庭可以要求当事人进行答辩或解释，若对事实认定不清楚时会要求当事人再次补充证据，一般在作出仲裁裁决前，仲裁庭还会给当事人最后提交材料和陈述意见的机会。不同的仲裁机构进行书面审理的具体程序各不相同，机构仲裁的书面审理程序更是不同于临时仲裁，如 1997 年的《伦敦海事仲裁员协会条款》为伦敦海事仲裁提供了一套较为全面的书面审理程序。

书面审理符合国际商事仲裁效益的价值取向，可以在很短的周期内结案，当事人跨国的旅途时间和费用也常常可以节省。据统计，在英国、中

---

① 史强：《远程开庭对我国商事仲裁的挑战与法律应对》，载《山东社会科学》2021 年第 5 期，第 186 页。

国香港海事仲裁中，每5件仲裁案件，有4件是通过书面形式进行审理的，只有1件要开庭审理，书面审理中要注意不要遗漏了对自己有利的证据。实践中，常常多数仲裁员呼吁要进一步限制开庭审理的申请。

二、开庭审理中的正当程序

开庭审理又叫口头审理，即面对面地审理，是一种在仲裁当事人和其他需要参加仲裁的参与人都在场的情况下，理清案件的事实，作出仲裁裁决的仲裁审理方式。开庭审理的程序一般分为开庭审理前期准备阶段和调查阶段。仲裁员在庭审中，既要尊重当事人的意愿，又要在适当情况下行使自由裁量权，避免程序不当的拖延以及成本增加。[①] 仲裁庭在确定开庭审理日期时，应慎重考虑庭前文件交换是否充分以及开庭审理的条件是否具备，在通常情况下明确规定举证和证据交换应在仲裁庭就实体争议进行审理前完成。[②]

（一）开庭审理前准备阶段

开庭的原因一般有：文件证据不足，言之不详或者根本没有文件证据；有需要开庭的情形出现，如当事人不认同对方提供的材料；有重要的口头证据必须在开庭过程中澄清；专家意见报告之间有冲突或是涉及比较复杂的专业；通过开庭使仲裁更好地了解有关争议；开庭可以使双方代表律师与仲裁员有更多的交往机会。

《英国仲裁法》让仲裁员决定是否开庭，这是仲裁权行使的体现。《英国仲裁法》第34条第2款h项赋予仲裁庭最终决定是否开庭的权力，这种决定受到英国法院的支持。在英国，仲裁庭经常借鉴英国商业法院的做法，Donaldson大法官更是夸耀"英国商业法院是国际商业争议的自然诉讼

---

① Piero Bernaradini, Role of International Arbitrator, *Arbitration International*, Vol. 20, 2004, pp. 116 117.

② 李虎：《海仲委：创新驱动 开拓进取 积极参与中国国际仲裁中心建设》，载《商事仲裁与调解》2022年第1期，第14页。

地点"。英国商业法院的特色是自身拥有一套系统的自我监督机制,《英国商事法院指引》一直是商业法院程序操作的圣经,中国香港地区仲裁和伦敦仲裁都深受其影响。国际商事仲裁当然没必要完全照搬英国商业法院的做法,但不要偏离太远显然比较安全,将来作出仲裁裁决之后才不会被法院以违反正当程序和自然公正撤销或不予执行。英国商业法院的使用者委员会很有特色,这是一个给大家提出改善意见的平台,一般一年召开四次会议,大律师、大法官、"伦敦海事仲裁员协会"的代表、"特许仲裁员学会"的代表、金融方面的代表、船东互保协会的代表、政府的代表与海外的代表(来自欧洲与驻伦敦的希腊船东)都是其主要的成员,我国也可以成立一个这样的委员会,广泛接受来自各方面的意见以改进自身的做法。2005 年英国商业法院发生了两个无法审理的庞大与复杂的案件,"针对漫长聆讯的商业法院工作小组"应运而生,工作小组通过作报告的形式对这种庞大与复杂的案件审理提出了一些建议。在如今的国际商事仲裁中,这种庞大与复杂的案件也经常出现,国际商事仲裁可以参照英国商业法院的这些做法,应该会对复杂仲裁案件的处理起到良好的效果。

　　仲裁机构在决定开庭审理后,应完善以下事项:①依法将确定的开庭日期和开庭地点通知各仲裁当事人。②同时将仲裁庭组成的情况通知给当事人,并与当事人商议审理的形式和仲裁使用的语言,仲裁语言是指仲裁程序使用的语言,一般包括通信(通知)、当事人提交的文书和证明材料、证据、开庭及裁决书所使用的语言。① ③当有争议涉及技术性问题时,当事人和仲裁庭都需要专家帮助才能正确理解双方提供的技术性证据。④整理和制作开庭案卷;当一方当事人质疑某份文件的真实性时,根据正当程序的要求,要通知对方当事人做好准备在开庭时证明这份文件的真实性;如果有其他的办法可以满足该文件的真实性,仲裁员可以给予考虑。总而言之,对文件真假的争议最后还是由仲裁庭给予恰当的证据分量,其中对于电信数据而言,管制则更为严格。②

---

　　① 金春岚:《新冠肺炎疫情下国际商事仲裁翻译研究》,载《语言与法律研究》2022 年第 1 期,第 109 页。

　　② Burianski, Markus, The Clash Between E-discovery in International Arbitration and European Data Protection Laws, *International Disputes Quarterly*, Summer, 2010, p1.

（二）调查阶段

该阶段主要包括：当事人陈述；证人作证；出示物证、书证、视听资料；宣读鉴定结论及宣读勘验检查笔录。仲裁庭和当事人可协商确定证据调查方式和法庭发问规则，以聚焦案件争议，尽快解决纠纷。① 调查阶段的证据规则在国际商事仲裁中占有重要地位，若某一证据或文件虽然存在于开庭案卷中，但在开庭审理过程中却没有被提到，那么这一证据或文件便不能被作为开庭的证据，在开庭审理过程中证据一般在开庭陈词中或证人证言或盘问中被提到。双方当事人也可以同意某一些文件是开庭证据，若仲裁庭在案卷中重视一份没有在开庭中被双方提到的文件，仲裁庭决定采用时要先向双方提出，并允许双方当事人针对这份文件进一步争辩。可见，仲裁庭可以采用没在开庭审理中提到的文件，但当事人不能在结案陈词中采用没在开庭审理中提到的文件。仲裁证据不仅在微观层面影响着个案的胜负，还在宏观层面影响着整个仲裁制度的公信力。② 目前国际商事仲裁证据规则主要采用软法的形式，软法在仲裁程序中的作用日益突出，备受学者的关注。③ 对于电子文件的出示，有学者主张制订规则或指南以应对它所带来的挑战，有学者认为现有规则已包含电子文件出示的规则，制订另外的规则不必要也不适当。④ 目前，在国际仲裁实践中电子证据作为特殊书证已经得到了普遍认可。⑤ 法国等大陆法国家常常认为元数据的

---

① 李锟：《论国际体育仲裁法庭的发问规则——以"孙杨案"为中心》，载《证据科学》2023 年第 1 期，第 41 页。

② 王徽：《论我国国际商事仲裁证据制度的症结及完善——以国际商事仲裁证据"软法"为切入点》，载《上海对外经贸大学学报》2018 年第 4 期，第 48 页。

③ William W. Park, *The procedural Soft Law of International Arbitration*, *in Pervasive Problems in International Arbitration*, Loukas Mistelis and Julian D. M. Lew eds. Kluwer, 2006, pp. 141-154；李垒：《国际商事仲裁程序的软思考》，载《大连海事大学学报（社会科学版）》2021 年第 2 期，第 34~42 页。

④ Michael E. Schneider, A Civil Law Perspective, "Forget E-discovery", in *Electronic Disclosure in International Arbitration*, David J Howell ed., Juris Publishing, 2008, p30.

⑤ 崔起凡：《国际投资仲裁中的电子证据出示：挑战及其应对》，载《商事仲裁与调解》2022 年第 1 期，第 28 页。

披露让人无法接受。① 在仲裁程序的同步审理中，要求一个仲裁程序中的当事人向另外一个仲裁程序中的当事人披露有关方面证据，赋予了仲裁员极大的权力。②

格言"过去是唯一的现实"蕴含很多真理，几乎所有的法定程序的关注焦点都是过去，普遍的问题是怎样保证相关事实是建立在诉讼之上的或者是否只涉及当事人，但完全还原过去并不总是客观可能的，有时候也许是可能的，但实现它可能昂贵且消耗时间，尽管受到种种限制，正当程序的目标是否重建事实，作为目击者的责任是说出真相，重建事实是否一种稳定牢固的行为，如果是的，谁最有责任重建事实并负担由此所发生的费用，这不仅仅是"举证责任"的问题，更是我们是否希望将法律应用于过去的现实问题，如果当事人没有完成举证责任，那么谁有权决定和裁决、裁定哪些证据是可以利用的。仲裁庭或法官对此是否可以进行干预，在听取各方意见后，采取适当的程序性措施补充证据，法律能否对仲裁庭或法官施加这样的责任，类似的问题涉及仲裁庭或仲裁员的职责问题。

1. 证人

一个事实证人只能在他已经作出过文书的证人证言并及时送达给对方的前提下出庭举证。在开庭时，事实证人只需要先以确认或宣誓的形式说明有关的文书证人证言就是他的主证据，并且内容真实，此时就可以马上让该事实证人被对方代表律师盘问。双方当事人会被要求在开庭前尽早确认证人的身份与他们将会举证的范围，有时候会要求同时提供他们的详细资料与照片。在开庭过程中，尽量避免多个证人出现，以此来保证证言的可信度。

为了评估一个潜在的是非曲直，听证和采访的其他人往往是必要的，证人可能不愿作证或拒绝这样做。美国允许仲裁员可以书面传唤任何人出

---

① Cher Seat Dever, Electronic Discovery / Disclosure：From Litigation to International Arbitration, *Arbitration*, Vol. 74, 2008, p375.

② Lord Mustill, Stewart C. Boyd, *Commercial Arbitration*, 2001 Companion Volume to the Second Edition, Btterworths London, 2001, p198.

席作证，作为证人并在适当的情况下出具任何一本书、记录或文件，这些都可能被视为是在案的证据材料，对于这样的出席费用与在美国法院证人费用相同。任何人因传票传唤作证，享有拒绝的权利，仲裁员不得强制这些证人作证，当出现这样的局面时，可以鼓励当事人庭外和解，并在任何情况下，都允许当事人和仲裁庭把重点放在相关的证据程序上，然而这样会涉及法律和伦理问题。

为了更好地理解相关事实，所听取的专家意见一般是对某些技术、法律、医疗问题、生物或其他复杂学科的阐明。不同当事方的专家证人通常分别出庭作证，但是有些仲裁庭则会要求意见冲突的专家证人同时出庭。① 专家的证词一般不与过去事实的重现直接相关，但它可以用来澄清事实，或对重建事实提供帮助。在多数案件中，技术专家被要求确立一个标准或规范，有时也会被要求确立与事实不符的原因，专家常常被当事人任命，一个专家的作用常常接近一个证人的作用。在双方提供的专家意见中，仲裁庭会择其有说服力者而采信，仲裁庭由于并非首要的事实和证据的提供者，通常不会自行委任专家证人。② 专家会被要求提交一份书面报告，据 IBA 规则第 5 条(2)规定，专家报告至少包含以下内容：(a)专家的姓名和地址，当事人与专家现在和过去的关系(如果有)，并说明他或她的背景、资格、培训和经验。(b)基于事实的意见和结论。(c)他或她的意见和结论，包括对方法的描述和推出结论的证据和信息。(d)对专家报告真实性的确认。(e)时间、地点和签名。法律实践的经验证明，专家的结论、观点和数据会有所不同，专家的观点常会偏袒于各自的当事人，但与此同时，许多矛盾和不一致的陈述创建了一个平衡的时机，通过组织"面对面"的专家会议可以获得更清晰的事实。以上所涉及的正当程序的三个基本原则有：(a)仲裁庭负责仲裁程序的权宜之计。(b)仲裁庭最终负责确定相关

---

① 刘美邦、潘辉文、陈延忠：《解决投资争端国际中心仲裁被申请人实务指南》，载《国际法与比较法论丛》2021 年，第 345 页。

② 孙巍：《中国仲裁立法的二元模式探讨》，载《中国法律评论》2022 年第 3 期，第 203 页。

的事实。(c)仲裁庭可依职权指导程序的进行,仲裁庭应该咨询当事人,即使当事人没有否决权。专家需要建立与其报告相关的事实,他们唯一的任务可能仅限于事实调查,但更多的时候是对结论进行分析或报告,专家的这些权力,仲裁庭也同样具有,根据 IBA 规则第 6 条(1)的规定:仲裁庭在与双方当事人商议后,可以任命一名或多名独立专家,报告仲裁庭中的争议事项。仲裁庭将确定相关具体问题,由仲裁庭任命的专家在询问完当事人后作出报告,最终的报告文本将由仲裁庭送交给双方当事人,也可以在当事人委托的专家与仲裁庭指定的专家之间组织意见交流。IBA 规则第 6 条(5)规定:仲裁庭应将专家报告副本送交给当事人,当事人可以检查专家已检查过的文件,并可查看仲裁庭和专家之间的通信。在仲裁庭规定的时限内,任何一方当事人均应有机会对另一方提交的文件或另一方指定的专家提交的专家报告作出回应,仲裁庭应发送提交的文件或专家报告给法庭指定的专家和其他缔约方。原则上,在仲裁庭中专家应该像见证人一样亲自陈词。

　　证人证言是当事人提供给法院或仲裁庭的文书证据,可以用来支持双方在开庭审理之前的各种中间程序的申请,也可以用于开庭审理。开庭前双方当事人要交换文书证人证言,并以该份文件替代开庭时的口头询问,通常仲裁庭命令在开庭前一两个月不等的时间作出交换,并且作为主要证据,不交换证人证言的后果,就是不允许该当事人在开庭时让没有交换过证人证言的证人出庭作证,在庭审前提供自己的证据并进行反驳,从而可以维护正当程序权利。① 在我国仲裁活动中,仲裁庭对书证更为重视,对证人证言的重视程度较低,对于证人证言的客观、真实性审查也非常苛刻。②

---

　　① Raeschke-Kessler, The Production of Documents in International Arbitration: A Commentary on Article 3 of the New IBA Rules of Evidence, *Arbitration International*, Vol. 18, 2002, p412.
　　② 孙巍:《中国仲裁立法的二元模式探讨》,载《中国法律评论》2022 年第 3 期,第 196 页。

如果双方的证人证言交换后，在对方的证人证言中看到了一个事先没有针对的事实，而如果反驳的话要另一个证人作证，这就需要法院或者仲裁庭批准引入新的证人与批准迟交他的证人证言。在一些复杂或者庞大的案件中，证人证言交换后双方在看过对方的证人证言之后，对其中的一些新的说法想要做出补充或者回应，这就需要交换"补充的证人证言"，单方面交出证人证言的弊端就是证人证言在一早就提供而往往不全面，也替代不了将来开庭前要作为主证据的证人证言，会带来的弊端有：在刚开始时不知道怎样避重就轻；在将来的准备中知道如何避重就轻，但存在缺陷；证人会面对很严厉的有关这些改变原因的盘问；单方面交出证人证言经常会错漏百出。

证人证言的优点有：节省开庭时间；允许双方在开庭前知道对方会有什么证据；避免开庭的时候有"突袭"；可以更加明确证人要提供证据的方向；对律师而言可以事先进行调查等。证人证言最主要的缺点就是证人证言在律师的协助下可以有机会进行改良，而在提供口头主询问时无法改良，这导致了文书证人证言被讥笑为一份诱导性文件，可信程度受到质疑。因此律师通常不会单独提交证人证言作为证据，而会辅以相当多的佐证。① 一份文书证人证言的内容应包括证人的全名、住所、专业资格或职务、工作地点、雇主名称等。实际的内容会先说明他所要针对的事实与作用，并按照时间的前后把证人所做的、所见的、所讲的、所听的，所有有关的事实一一罗列与解释。证人证言不能过长也不能过短，证人证言过短会带来很多弊端，因此证人在准备证言时要做到尽可能全面地写进证人证言中，在一些庞大与复杂的案件中，经常会见到一份证人证言加上附件就有两三个厚厚的文件夹之多，基于此，《针对漫长聆讯的商业法院工作小组报告》建议证人证言最好不要超过25页。

2. 传召证人

在准备开庭之前，双方当事人需要考虑传召证人的可能性，这些证人

---

① 孙巍：《中国商事仲裁法律与实务》（第2版），法律出版社2020年版，第12~13页。

一般指一些不属于双方当事人的证人，可称为第三方，这种传召通常要通过法院才行。若在美国进行仲裁，美国《联邦仲裁法》的规定比较特殊，允许仲裁员/仲裁庭传召证人，根据美国的法律，如果任何人士不遵从仲裁员作出的传召证人命令，也会构成刑法下的"藐视仲裁庭"。开庭时证人举证的顺序通常是由双方当事人代表律师来商量决定的，较常见的顺序就是双方的事实证人先举证(接受对方律师的盘问)，然后是双方的专家证人，专家证人举证没有谁先谁后的问题，而是以"专家会议"的形式来举证。如果一个提交了证人证言的证人在没有合理理由的情况下不出席开庭作证，除非双方当事人同意，仲裁庭会漠视这份证人证言，除非在例外情况仲裁另有决定。当两位证人的证言有严重的冲突或对抗性时，一方当事人的证人在举证时可以提出申请要求对方的证人回避，但这只适用于事实证人，不适用于专家证人。当仲裁庭在拒绝或限制证人出庭时，仲裁庭最好说明合理的具体理由，以免将来当事人可能申请裁决的撤销或拒绝执行。① 与案件事实逻辑不相干或不合理的证据不能进入仲裁庭，保证了事实认定的准确高效。②

3. 大陆法系和普通法系对事实证人和专家证人规定的不同

大陆法传统上对于事实证人一向有不信任的态度，大陆法与普通法的一个区别就是在对待证人方面，大陆法国家的法院采用是一种"询问制"的做法，普通法比较习惯事实证人与口头证据，这些证据还要经过盘问的程序才算是取得程序的完结。《IBA 仲裁证据规则》是将大陆法与普通法的程序差异进行协调后的成果，同时也反映了大陆法国家的律师在近年来体会到了盘问的好处，就是能揭示证据中的错误与偏袒。

在大陆法系，专家被视为是担任了审判者的职责，他不是争议方的证人，而更多的是站在法院这一边，有关专家的程序是一个"小型开庭审理"，在专家程序中，当事人的律师只担任一个辅助角色，如提供信息或

---

① Derains & Schwartz, *A Guide to the ICC Rules of Arbitration*(2nd ed.), Kluwer Law International, 2005, p276.

② 李锟：《论国际体育仲裁法庭的发问规则——以"孙杨案"为中心》，载《证据科学》2023 年第 1 期，第 41 页。

文件给法院委托的专家。普通法系的做法是依赖双方当事人自己的专家证人，即使法院规定允许法院自己委任专家证人。由仲裁当事人各自委托专家证人提供咨询意见，由仲裁庭在双方的专家意见中择其有说服力者而采信之。① 在仲裁实践中，质证阶段的时间长短可能会因仲裁庭受某一种法律文化影响而有不同，仲裁庭通常对专家证据的质证时间有所限制。② 目前，国际商事仲裁实践中，专家证人程序出现了融合趋势。③

4. 法律特权问题与正当程序问题

这里讲的法律特权问题是各国对是否保护当事人与他们法定代表人之间通信往来的机密性规定不同。比较成熟的法治国家都有法律特权的理念，即保护当事人与他们法律代表之间通信往来的机密性，以便于他们之间可以进行坦率的交流。目前世界上绝大多数的司法区都承认律师与其客户之间为寻求或提供法律意见或开展诉讼为目的的保密通信构成法律特权证据，该类证据可以免予作为证据出示，并且不会因此带来不利的后果。④在不少西方国家，例如英国，把这个特权视为"公共政策"，大陆法系和普通法系对这一问题存在差异。在普通法国家，公司律师享有特权，在大陆法国家却没有，所以在不同法系国家，文件证据在律师手中与在当事人手中会受到不同的对待。如英国上诉法院在 Alfred Crompton v. Customs and Excise Commissioners（No. 2）案中确认了在履行法律顾问职责时内部律师应当享有通信的法律特权，但欧盟法院与大陆法系部分国家则认为公司内部律师不享有独立执业律师的特权。⑤ 基于此，在国家仲裁层面上会出现混

① 孙巍：《中国仲裁立法的二元模式探讨》，载《中国法律评论》2022 年第 3 期，第 203 页。

② David Brown, *Oral Evidence and Expert in Arbitration*, *in Arbitration and Oral Evidence*, ICC Publishing S. A. , 2005, p85.

③ Siegfried H. Elsing and John M. Townsend, Bridging the Common Law Civil Law Divide in Arbitration, *Arbitration International*, Vol. 18, 2002, p1.

④ 苏伟：《国际仲裁程序中律师与客户间通信证据的特权保护及我国的证据保护制度》，载《北京仲裁》2021 年第 1 期，第 131 页。

⑤ 苏伟：《国际仲裁程序中律师与客户间通信证据的特权保护及我国的证据保护制度》，载《北京仲裁》2021 年第 1 期，第 138 页。

乱，双方当事人、代表律师、仲裁庭仲裁员可能分别来自对法律特权有不同理解的国家，因此可能会有不少麻烦和不公平对待对方的指控。目前，国际仲裁在这方面没有很好的办法，只能或者将其当作一个程序问题，或者将其当作一个实质性问题，或根据国际公约内"最优惠国家"条文来断定采取哪个国家的法律处理法律特权问题。

（三）证据规则

证据作为案件审理的中心轴，对仲裁同样重要。[①] 在国际商事仲裁程序仲裁权行使过程中，一般假定事实的建立，即重现过去是基本客观的，但另一个问题是谁有责任去做这些工作，谁又能承担如果没有正确完成的风险，事实的建立赋予一个有关过去的可靠图片，当将法律应用于整个事实，正义可能将会实现，如果过去没有被充分重建，法律将被应用于那些并非反映真实的全部或过去的事，还原的事实与真相偏离越小，误导有关过去的图片越少，"错误"决定的风险就会降低。在通用术语中，"建立事实"描述的是那些很容易在理论上被理解的事物，但在现实中和一些复杂的争论中，运用常常变得复杂，哪些事实应该归属于重建的范围，抛开举证责任的问题，可能会有一个简单的经验法则：一个当事人必须自己建立被他的对手强烈否认的所谓的事实，来支持他的合法地位和他的请求。从一个客观的和更大的角度来看，证据规则包含以下方面：

（1）相关性：只有相关的事实需要建立，一般来说，这些事实都是支持当事人地位、理论和主张的事实。[②] 然而，相关性的概念可能会改变由于缺乏证据或意想不到的证据或基于当事人提出的修改索赔请求，仲裁法庭可能拒绝承认无关的证据，总体而言，相关性可能难以或者不可能判断之前已经被承认的证据（例如证人证词）。

---

① 曾凤：《我国仲裁庭自行收集证据制度探析——以诉讼与仲裁制度的差异为视角》，载《商事仲裁与调解》2021 年第 2 期，第 132 页。

② 黄骅：《我国国际商事仲裁证据的运用规则研究及其法理分析》，载《商事仲裁与调解》2021 年第 2 期，第 144 页。

（2）充分性：对于当事人和他的法律顾问，在法定程序中最困难的是去判断何时提交证据能充分证明事实，并使陪审团信服。三个人相似或相同的证言是否充分，是否仍需要找到其他目击者或能被相信的证据，在某一阶段被认定是证据充分，但在之后阶段诉讼，它也可能变得不再充分，这无法客观衡量，也没有具体的标准。因此为了建立事实彰显司法公正，陪审团应当考虑必要时，在条件允许的情况下，进行一次或多次状态评估，是否这么做，完全在于陪审团的判断。如果没有这样的评审和讨论程序，基于局部真实和错误事实导致的风险将会增加，仲裁的成本可能会受到影响，证据的充分性也可能从另外一个角度解释，重现过去事实就像将七巧板拼在一起，为了看到整个画面，你并不一定需要将所有碎片放入他们的位置(除非在一些刑事案件中)，如果是一些在关键位置的碎片，你将通过经验或逻辑，依靠想象或找到其余部分来确定。这同样适用于证据：如果你看到一个人在纽约机场，几小时后他出现在芝加哥，你知道他一定乘坐过飞机；如果你看到两个竞争对手在秘密开会，你不必要知道他们谈论了什么，但你可能怀疑他们正进行一场并购，或者在商讨限制价格打价格战；如果之后你注意到市场平行价格升高或增加，并且在证券交易所，上市股票价格也在波动，你可能认为接近事实真相，但也有可能这些理解和推理误导我们，使我们的推理逻辑出现混乱，与在芝加哥的人不同，当找到遗失的碎片并把它们放回原位以后，表现出来的事实跟你之前的推论可能大相径庭。

（3）时间：就所建立的事实可能不同于当事人最初预期和指控的不同而言，仲裁呈现出动态的变化态势，这种变化可能造成在法定程序和事实最终建立与最初的指控不同，其中一方或双方的推测和权利要求可能必须修改，也要求当事人提供新的证据。假如当事人在该阶段花费太多时间将会有怎样的法律后果需要明确，在程序的某一时间节点设置一个确切日期是无法避免的，一旦时限截止，新的证据将不被承认。如《布拉格规则》第3条规定：仲裁庭应规定提交证据的截止日期，并且除非特殊情况，在该截止日期后不再接受任何新的证据。① 在仲裁的最初阶段，协商或设置截止日期是恰当且被允许的，当事人可能会达成协议，在没有这种协议的情况下，只能接受仲裁人授权设置的截止期限，虽然也许会遭到当事人的反对，设置截止日期能让仲裁过程更迅速，减少了拖拉政策的风险，但设置截止日期的负面影响有：其一，它不应违反正当程序，阻止一方当事人陈述其案件。这些可以通过以下方式避免：（a）预先充分通知截止日期以及其重要性。（b）有正当理由的情况下，保留仲裁庭延长截止时间的权利。（c）在当事人之间对于其影响达成协议，也可能包括陪审团。② 最后期限可能阻止那些后续证据和事实的提出，如果不是在期限内提出，而是在动态的程序和基于新事实的各方立场变化中提出，可能将获得相关指控，或许可以考虑应该将停止搜集证据的最后期限和停止仲裁的最后期限分开，这个过程通常终止于仲裁裁决，特殊情形下，也可能出现没有最终判决，这可能是由于当事人的应对策略和协议，或是基于他们的否决权导致的结果。③

---

　　① 王英民、湛玲、田雨酥：《关于国际仲裁程序高效进行的规则（布拉格规则）》，载《仲裁与法律》2020 年第 1 期，第 213 页。

　　② 《瑞士仲裁程序法典》第 29 条规定：（1）仲裁庭可能询问当事人是否提供证据或是否有目击者的听闻和提交物，如果都没有，可能会宣布关闭程序。（2）仲裁法庭如果由于异常情况，在当事人申请的条件下，认为有必要的，可以在判决前随时重新开放程序。（3）仲裁庭不应以司法公正为理由，阻止建立所谓的相关事实（a）除非已经给当事人充足的机会提供证据，但他们没有提供且没有充分的理由。（b）除非当事人拒绝或拖拉提供证据，或者截止日期的设置与当事人的利益冲突，违反了仲裁合同中他们善意地呈现案件的责任。（c）除非根据请求权和救助请求，程序的关闭不构成已决案件，否则禁止当事人不承认之前提供的证据，有其他索赔或寻求其他求助请求。如果在诉讼程序中（宣布）的判决在正当程序中被作出，它们可能在同一诉讼的之后阶段影响已决案件。

　　③ 《联合国示范法》第 32 条规定：这个程序终止于最终判决或者按照仲裁法庭的顺序，本条款第 2 条一致。以下情况下，仲裁庭发布停止仲裁程序的命令。（a）申请人撤回他的请求，除非被告和仲裁庭在最终解决争端时，承认关于他这一部分的合法利益。（b）当事人同意终止诉讼。（c）优于其他原因，仲裁法庭发现后续的程序不必要或不可能。同时，仲裁庭终止正当程序的授权受到第 33 条和第 34(4) 条的约束。

（四）举证责任

一般一方当事人要求改变或寻求对自己有利的证据，就需要承担举证的责任和负担，去构建有关和必要的事实，让仲裁庭接受当事人的立场，并判决他们寻求的救助。① 这同样适用于对一方当事人有利的情况，例如去证明是抗辩或是引起仲裁庭拒绝索赔。开始看起来非常简单，但是承担举证责任的一方当事人自动停止在他的立场（对案件等）提供证据（或辩论），更容易理解他的对手或第三方当事人，举证责任可能会被转嫁到那些容易证明或证据容易获得的当事人上。举证责任的规则，与证据的生成和获取手段有关，举证责任分配的规则在国际商事仲裁中尚不明确，在大多数国家法典中，它们也没有明确的或统一的程序，虽然在原则上协调一致。如《烟台仲裁委员会仲裁规则》第 34 条规定，在法律无明文规定或依法不能确定举证责任时，仲裁庭可以根据公平原则和诚实信用原则，综合其他因素确定举证责任的承担。② 一般情况下，纠纷中的当事人在举证责任的划分上意见一致，例如交付的货物是否有缺陷或是否符合交货时间，有时为了诉讼的目的，协议约束证据的提供，或者提供的某些证据是无法反驳的，换言之，这些协议是不能被挑战的。在有无数事实的复杂案件中，事实的举证责任可能受其他事实构建的影响，哪些事实可以被承认，哪些事实不可以被承认取决于仲裁员的专有权。如果他们认为目击者的证据是可靠的，仲裁员是否可以为了加快进度，节约成本，允许或不允许当事人建立事实，建议当事人无间隔的推论，这种情况可能不会普遍存在，但绝不是不可能的。一些仲裁员的衡量和检验用一种合理的方式提高了建立相关事实的机会，帮助他们更高效地解决争议。

---

① 李娜：《仲裁程序中"隐瞒证据"的认定——兼论对我国仲裁证据披露制度构建的启示》，载《中国应用法学》2021 年第 6 期，第 208 页。

② 欧阳婧：《香港法院拒绝执行内地仲裁裁决案例研究》，载《商事仲裁与调解》2022 年第 6 期，第 19 页。

（五）仲裁庭在证据规则中的作用

1. 传统惯例与文化的冲突

对于以上提及的证据的因素：相关性、充分性、举证责任和时间，仲裁庭可以担当一个非常被动或主动的角色。当事人可以按照他们认为合适的事实，用他们认为合适的任何方式使程序设置系统化。在证据规则中，仲裁庭和当事人哪一边扮演着决定性的角色，仲裁庭和当事人与目击者，哪一个角色更有责任去建立事实，这些问题反映在国际仲裁中，存在不同的法律传统。一方面，法律传统期待仲裁员在裁决前遵循程序中合适的规则，否则会使当事人感到迷惑和震惊。另一方面，工商业界和法律传统期待仲裁员用接近商业行为和文化的方式进行仲裁，而不是有条理的传统的"旧"司法。仲裁员被期待用一种灵活的，让人喜爱的方式进行仲裁程序，至少在明确授权范围内，依照公平合理的原则宣判，或者至少承担调停者的责任。在仲裁过程中，这看起来十分灵活，这个"真空"可能是国际仲裁最有价值的特点，允许陪审团与当事人去调整措施，加入其他方式，使其更适合这个案件。当一方或双方当事人不完全专业，或对事实的相关性和充分性有自己的认识，对举证责任的划分与陪审团不同时，争议将达到顶点，虽然这显然让仲裁庭痛苦，它可能克制住不去干预或引导当事人，让他们去承担风险，包括合适顾问的选择。在国际环境中，当当事人和他的顾问文化和法律背景不同时，不公平可能并不总是被认为违反正当程序，至少有一个因素是仲裁庭和仲裁员在程序中，应尽力积极管理和维护的，即是时间，设置时间表比其他许多问题更能大大减少争议或冲突。国际商事仲裁制度自中世纪雏形时期就表现出对程序效率的特别追求。① 仲裁的目标是快速解决纠纷，这似乎是一个广泛的共识，如果过程处理不灵活，就存在不必要的耽误和休会，结果可能是数年的折磨和相关的费用和挫败

---

① 田雨酥：《财富最大化理论在国际商事仲裁中的适用》，载《武大国际法评论》2021年第3期，第66页。

的风险，即使在最好的流程管理实例程序下，也可能需要几年完成，而不是几个月。

2. 协商指导作用

如果仲裁庭的目标是迅速地管理程序，并在可能的范围内建立相关事实，当条件成熟并保证干预的前提下，需要给当事人和法律顾问一个不被约束的空间状态，审理、复审和评论仲裁庭已建立的事实和可能仍然需要"磋商"或听证的事实，需要一次或多次复审，从其他多方面收集重建过去的必要证据。这种非正式听证和其他有关听证会的引导，受到之后程序推进和条款修订的管制，包括：(a)根据请求救助和提出要求或之后更改要求，哪些是可以利用的证据范围。(b)充分性的证据的提交。(c)在胜负未卜情况下，举证责任的划分。这样的干预可能带来部分真实情报，经正确地引导，不会危及仲裁庭的公正和中立。

3. 直接干预作用

除了给当事人的指导，为了建立重要事实或为了充分理解案件，仲裁庭可能"为了自身利益"直接干预和裁决，尽可能"渲染正义"，来代替"理论审查"。在直接行动前，陪审团需要听取当事人在行动上的考虑和原因("磋商"或听证会)，如果指导下还没有产生所需的事实，可能需要直接的行动，包括以下情况：询问当事人、要求提交书面证据、命令审查目击者、由专家指定或由陪审员选择。直接干预的方式应该更加保守，而不是独立实施，这只能在当基本事实或其他明显相关的事实还未被建立的情况下，或者在特定不充分的条件下，针对那些容易理解的证据直接干预。这个程序的主要任务是确立相关的事实，即在必要的情况下基于提出的事实或要求重新作出裁决。在某种程度上，仲裁庭一般是处于"驾驶员"的位置，唯一特殊的是对所有事实达成协议的当事人，当事人主要对查明事实感兴趣，但往往只限于服务于支持他们的索赔和抗辩利益的事实，一方当事人使用证据的策略往往是若干因素的函数(几个因素共同作用结果)：(a)相关(法律分析)的主观评价。(b)证据权重，支持的事实但被对手("充足")否认的主观评价。每一方可以有不同的策略，与他的对手有较小

114

或较大程度的重叠，一旦诉讼开始和听证会已经举行，战略可能会改变，可能会出现新的问题，或已经提交了的充分证据可能要被重新考虑，当事人在有关的法律程序中会激起一场"运动"，这个运动可能会误导故意的或主观的或错误的分析。当事人一般会重视自己的行为和自己带来的证据，并会忽略在其他问题上的证据，当事人对以下问题可能有不同的理解：（a）什么是证据的相关性。（b）什么需要证明。（c）有什么证据足以确立一个有争议的事实。虽然"权力"是由当事人依法理决定的事项的相关性引起的，并通过他们的主张和否认建立的事实来决定，但当事人不知道在何种程度上给予评估，并在给定的时间内去匹配仲裁庭的分析。此外，任何一方当事人的分析，仲裁庭都可能在听证会中进行改变。为了使仲裁程序体现出成本效益，并尽快建立相关事实，委员会必须使用其自主性和程序性权力指导仲裁程序的进行。①

仲裁庭掌控着程序中的取证，并可能限制或在其自由裁量权的程序中根据当事人或文书性质的协议取证，要做到这一点可能会使裁决违反正当程序，在仲裁庭否认它的情况下，如果有合理的机会这样做，对对方权利是一个挑战，当事人可以明示或暗示忽略行使权利，证据和这种疏忽可能被视作构成一个有效的豁免，针对必要证据的辩论，证明事实真相的角色和仲裁庭的职责仍然有些不清楚。由于仲裁庭在调查取证上不具有法院的职权属性，在认定事实上也无须严格遵循诉讼证据规则，对事实真实性与周延性的认定存在先天不足。② 在另一方面，真理的成立是诉讼一个无可争议的目标，在相应的证人契约和誓词下说出真相，双方陈述真相的准确性和真实性，一方主动披露的必要的事实可能是为了不误导整体，只回答这个问题是不够的，但要积极说"全部真相"。当事人说实话的责任不是很

---

① 国际律师协会关于国际商事仲裁的取证规则序言 3 规定：鼓励仲裁庭在其认为适当时，尽早向当事人澄清可能认为与案件结果有关和意义重大的问题，包括适当时得为初步决定的问题。

② 宋连斌、陈曦：《仲裁案外人权利救济制度的反思与再造——从案外人申请不予执行仲裁裁决制度切入》，载《安徽大学学报（哲学社会科学版）》2021 年第 2 期，第 90 页。

清楚，而虚假陈述可能构成欺诈，当事人可能面临刑事处罚，但隐瞒真相不一定是明显违反适当法律程序的欺诈性的陈述。如在 BVU v. BVX [2019] SGHC 69 案中，当事人一方虽未提交其内部文件和雇员的证人证言，但法院认为其未构成以欺诈方式取得仲裁裁决并裁定不予以撤销。但是，在某些情况下隐瞒一些事可能等于欺诈的失实陈述，当事人不会主动积极地把证据或口供置于不利于他的位置，但可能是有义务这样做，以至于影响他的对手申请或者仲裁庭的裁决。仲裁庭未能遵守程序性命令可能有严重的法律后果，蓄意歪曲或隐瞒事实的表达可能构成欺诈，查明真相是法律程序毋庸置疑的关键因素，这也是正当程序的基础，这种基础上的任务关系到仲裁使命的精髓，如果真相被欺诈的方法歪曲了，例如当事人以伪证罪伪造或虚假陈述，该裁决将会被搁置或宣告无效或变得不可执行。

如果由仲裁庭建立的"真相"被认为不够精确或是虚假的，虽然这不是因为当事人的欺诈，但是由于仲裁庭的消极态度，或未能提起相关证据，那么真相将会被认为是虚假的，而且当虚假承诺被宣誓时，这种结果在道德上仿佛会显得更神圣，但在法律上获取事实"错误"也同样不利于司法公正的适当管理。尽管调查事实的小组通过主动协商指导和直接干预，但由于客观证据不足，虚构的结果也可能是一个必然的结果，如果它是全部或部分由于仲裁庭而不是归因于当事人的不作为或消极态度，那么虚假结局是否更容易接受值得思索。仲裁庭的使命是授权观念上的"任务"，即具体的要求是需要构建一种基于真正责任的事实和法律适用的事实，而不是编撰小说。

仲裁庭的职责可以分为两级，进行仲裁和磋商来界定双方的责任，建立事实是其主要的任务，仲裁员是"坐在驾驶座上的"掌握着证据的相关性和充分性的终极控制员，其责任决定着相关事实的构建，若出现构建的事实与过去不存在一致性，在这样的情况下，仲裁程序已经失败，即使最终裁定可能已接近它所能涉及的事实，利用当事人的行为或双方当事人的主动权或仲裁庭的指引权可以用来规避这些现象的发生，针对可能拥有证据的当事人和未参加仲裁程序的当事人，仲裁庭依其自由裁量权，可以要求其主动提出文档或其他可以提交的证据，仲裁庭可通过命令或进行现场检查或采取行动来保护资产或证据，这可能会涉及一方财产的所有权或第三方的财产。若仲裁庭未从一方当事人处调取证据或者要求该方当事人披露证据，该方当事人未主动提交对自己不利的证据并不违法。① 美国仲裁协会规则第33条规定：如果仲裁员认为有必要进行与仲裁有关的检查或者调查，应该建议当事人按照AAA规则进行调查，仲裁员应当设置日期和时间以及AAA指南来通知当事人，任何一方有意愿的当事人均可以出席该检查或者调查，如果检查或调查时一个或所有当事人不在场，仲裁员应当作出口头或书面报告给当事人，让他们有机会发表意见。②

三、其他非正当程序的主要表现形式

仲裁庭在仲裁程序中发挥着积极作用,③ 仲裁庭在仲裁程序中违背当事人的意志，违反法律规定，不当行使仲裁权，滥用权力，不仅构成仲裁程序不当，也直接对当事人合法权益造成损害，这是法律所禁止的。仲裁权行使阶段违反正当程序的情形主要表现为以下几点：

（一）保密性原则的漠视

仲裁程序的保密性是国际商事仲裁核心价值之一，各国仲裁法、仲裁

---

① 沈伟：《我国仲裁司法审查制度的规范分析——缘起、演进、机理和缺陷》，载《法学论坛》2019年第1期，第127页。

② 《美国仲裁协会商事仲裁规则》第33条："当仲裁员认为有必要进行与仲裁有关的检查或调查时，仲裁员应当通过美国仲裁协会告知当事人这种意图。仲裁员应当确定时间并由美国仲裁协会通知当事人。任何一方当事人可以根据其意愿，出席这种检查或调查。在一方或双方当事人没有出席检查或调查的情况下，仲裁员应当向当事人作出口头上或书面报告并给他们发表意见的机会。"

③ Cher Seat Dever, Electronic Discovery / Disclosure：From Litigation to International Arbitration, *Arbitration*, Vol. 74, 2008, p382.

规则乃至当事人之间的仲裁协议都要求仲裁庭有义务保证仲裁程序的保密性。① 仲裁的保密性主要包括三个方面，即仲裁的程序内容、仲裁过程中的证据和仲裁裁决，以上三个方面的内容只允许当事人知悉，当事人以外的人员不得了解。② 仲裁程序具有保密性的特点，其与诉讼程序相比的一大优点便是保密原则的存在，许多仲裁机构的规则和各国的法律都对保密原则加以肯定，但是当事人申请公开审理的，仲裁庭可以根据案件情况决定是否公开审理，如果当事人没有申请公开审理，仲裁庭却自行决定公开审理，这便是违反正当程序。例如，在 2008 年英国上诉法院受理的 John Forster Emmott v. Michael Wilson & Partners Ltd. 一案中，便涉及了英国仲裁法中的隐私和保密原则。法院认为，在仲裁条款中，隐私和保密原则应该是暗含在其中的，法院认为基于仲裁的性质，英国仲裁的双方当事人还存在一个默示义务，不能出于其他任何目的使用和披露在仲裁中准备的或使用的文件。③

(二)缺员仲裁

在国际商事仲裁程序中，因客观原因仲裁员无法履行仲裁员职责或不能参加仲裁活动，依照法律规定及仲裁规则规定应替换仲裁员，仲裁庭未替换仲裁员而是由剩余的仲裁员作出仲裁裁决的，也是属于仲裁庭组成不当的情形。缺员仲裁是否具有法律效力一直是学术界与实务界争论的焦点。④ 缺员仲裁是在仲裁案件的审理、合议或裁决程序中出现仲裁员缺席的情况，这在实践中很少见。2006 年厦门海事法院接到马绍尔群岛投资公

---

① Gary B. Born, *International Commercial Arbitration* (3nd ed.), Kluwer Law International, 2020, at § 13. 04[C].

② 李慧敏、唐伟然：《行政协议纠纷适用仲裁解决机制研究》，载《河北法学》2023 年第 1 期，第 62 页。

③ 林一飞：《最新商事仲裁与司法实务专题案例》(第八卷)，对外经济贸易大学出版社 2012 年版，第 101 页。

④ 郑春媛、王思敏、贺万忠：《2020 年商事仲裁中文文献综述》，载《北京仲裁》2021 年第 3 期，第 19 页。

司的申请，申请伦敦海事仲裁裁决在中国的承认与执行，我国裁定不予执行，这是我国第一次以缺员仲裁的理由拒绝执行，仲裁庭在仲裁员无法继续履行仲裁员职责时，没有告知当事人，导致仲裁庭组成缺陷，仲裁程序与仲裁地所在国法律不符。1996年《英国仲裁法》对仲裁员在仲裁过程中拒绝担任或无法继续担任仲裁员的情形有相应的规定，并规定了仲裁庭组成有缺陷时的法定措施。本案中，仲裁庭在2006年5月3日的信函中称审议已实质完成，多数意见是仲裁裁决随时可以作出来，这拒绝了当事人选择补救措施，剥夺了当事人的法定权利，也是仲裁庭最大的失误。在本案中，法院认为，仲裁程序不当致使被申请人丧失了申辩的机会和权利，仲裁庭的裁决结果是建立在未经事实调查和质证以及未就相关法律问题展开充分辩论的情况下作出的，申请人可撤回指定等武断结论的基础上，显然是剥夺了被申请人就这一问题进行阐述和申辩的机会与权利。因此该程序明显不当，构成《纽约公约》规定的情形，因此裁定不予执行。

对待缺员仲裁时，若当事人明确授权仲裁庭进行缺员审理和裁决，并且仲裁庭是及时通知当事人仲裁员缺席的情况，那么便不能撤销或不予执行。如鲁山县农村信用合作联社诉陈东斌案中，法院认为其他仲裁员当庭告知并征询了各方当事人的意见，各方当事人均未提出异议，因此未违反法定程序。[1] 缺员仲裁裁决承认及执行的实证分析：在国际商事仲裁实践中，对于缺员仲裁裁决，各国法院均不承认其效力，或者通过仲裁监督程序将其撤销，或是在外国仲裁裁决承认及执行程序中裁定不予执行。迄今为止，没有国家以法律形式承认缺员仲裁的合法性，也没有仲裁机构的仲裁规则明确规定允许缺员仲裁，作为我国最权威的仲裁机构，贸仲也是不支持缺员仲裁的。

（三）保全措施的程序不当

国际商事仲裁中，仲裁保全也被称为临时措施（arbitral interim measures）

---

[1]　河南省平顶山市中级人民法院〔2019〕豫04民特3号民事裁定书。

或临时救济（interim remedies），是指仲裁程序开始前或仲裁程序中，为保障将来作出的仲裁裁决能得到执行或维护仲裁的正当程序，仲裁庭或法院应当事人请求作出的临时性保全措施。① 当事人若申请采取保全措施或调查取证时，仲裁庭应通知当事人到场或者通知双方当事人到场，对于保全的物证、书证，不能随意变动、更换，否则构成违反正当程序。当事人合法权益的实现以及仲裁目的的实现，都离不开仲裁保全措施程序的恰当应用。2021 年我国司法部发布拟定的《中华人民共和国仲裁法（修订）（征求意见稿）》对仲裁程序中的保全措施作了比较详细的规定。2022 年 3 月 25日最高人民法院与澳门特别行政区签署了《关于内地与澳门特别行政区就仲裁程序互相协助保全的安排》（以下简称《仲裁保全安排》），这意味着，当达到一定要件的情况下，内地与中国澳门地区之间申请保全将会变得更加便利。这些举措都体现了保全措施的程序日益得到重视，《仲裁保全安排》明确了当事人向内地人民法院或者澳门法院申请保全的程序，并且澳门法院会优先处理仲裁程序中当事人的保全申请，《仲裁保全安排》还明确了仲裁程序中当事人申请保全时需要提供的两项证明资料：一是申请的当事人要提供能够证明其权利可能遭到他人造成严重且难以弥补的侵害，因此需要采取相应的保全措施；二是以准备提起或者是已经提起的某个仲裁案件作出的裁决所产生的权利为依据，以及以自己已经存在的权利为根据。②

（四）认定证据的程序不当

当证据作为仲裁裁决的依据时，证据需要经过质证，若证据未经质证便成为将来仲裁裁决的依据，便属于违反正当程序的情形。如中铁十九局集团有限公司与北京厚德正信建筑设备租赁站申请撤销仲裁裁决案，申请

---

① 侯伟：《海事司法与商事仲裁国际化——以境外仲裁保全为例》，载《人民法院报》2022 年 9 月 29 日，第 5 版。

② 李灏菀，肖皓方：《解跨境保全难题　促两地仲裁业发展》，载《珠海特区报》2022 年 3 月 30 日，第 B01 版。

人中铁十九局曾以其在仲裁过程中提交的证据，即发货单和退货单，未经庭审质证及认定而违反法定程序为由，请求撤销仲裁裁决。① 另外正当程序还要求，仲裁庭应将自行收集的证据告知给当事人，并且应当允许和听取当事人对这些证据发表意见。仲裁庭自行收集证据必然受到当事人和法律授权的双重限制，必须在授权范围内行使和取得证据才有效。② 仲裁员对证据事项的处理会受到法律文化背景的影响，仲裁庭在行使自由裁量权时，一般也会考虑不同当事人基于各自法律文化对仲裁程序的预期。③ 如果逾期证据导致程序长期拖延，仲裁庭则须面对艰难的权衡——程序拖延与当事人陈述案情的机会之间的抉择，可能取决于争议的具体情况。④ 尤其是关系到诉讼胜败的关键证据，不采信该证据将导致裁判结果显失公平。⑤ 例如，吴某申请撤销仲裁裁决案中，申请人吴某基于本案仲裁程序违反法定程序等原因申请撤销裁决。具体介绍如下，吴某提出：本案在仲裁期间，仲裁庭先后对举证、质证期限作了四次明确规定，并且明确告知逾期此案不再开庭审理，所有证据材料不再接受，但北京某房地产开发有限公司逾期向仲裁庭提交证据材料，仲裁庭两次要求我方对房地产公司提交证据进行质证，均被拒绝，结果，仲裁庭作出对我方不利的裁决，仲裁庭做法明显违反仲裁规则。此外，本案仲裁庭在审理本案期间两次延长审限，仲裁庭延期裁决超过了合理期限，其程序违法，就申请人所主张仲裁程序违反法定程序的撤销理由，法院认为：首先，《仲裁法》对当事人逾期提供证据的接受问题及仲裁庭延期裁决问题均没有明确规定。其次，《北京仲裁委员会仲裁规则》第 49 条第 2 款规定："逾期提供和当庭提供的证

---

① 参见北京市第二中级人民法院〔2018〕京 02 民特 4 号民事裁定书。

② 曾凤：《我国仲裁庭自行收集证据制度探析——以诉讼与仲裁制度的差异为视角》，载《商事仲裁与调解》2021 年第 2 期，第 133 页。

③ Richard H. Kreindler, *Benefiting from Oral Testimony of Expert Witness*, in *Arbitration and Oral Evidence*, ICC Publishing S. A., 2005, p88.

④ Peter Ashford, Documentary Discovery and International Commercial Arbitration, *Am. Rev. Int'l Arb.*, Vol. 17, 2006, p115.

⑤ 江继业：《"求真"抑或"失权"：民事诉讼逾期证据失权制度的审视与重塑——以审判周期理论为视角》，载《中山大学法律评论》2020 年第 2 期，第 43 页。

据材料，由仲裁庭决定是否接受。仲裁庭决定接受的，应当给另一方当事人合理的质证期间……"据此，仲裁庭有权决定是否接受当事人逾期提交的证据。本案仲裁庭根据案件的审理情况接受了房地产公司逾期提交的证据，并向吴某作了送达，同时要求其发表质证意见，仲裁庭的做法符合《北京仲裁委员会仲裁规则》的规定，不存在违反法定程序的问题。再次，《北京仲裁委员会仲裁规则》第61条明确规定："仲裁庭应当在仲裁庭组成后四个月（不包括鉴定期间和公告期间）内，作出仲裁裁决。有特殊情况需要延长的，由首席仲裁员提请仲裁委员会秘书长批准，可以适当延长。"本案仲裁庭两次向吴某及其代理人邮寄房地产公司逾期提交的证据，在吴某拒绝接受的情况下，对上述证据材料作了公告送达。鉴于此种特殊情况，仲裁庭履行了审批手续，两次延长审限，其做法并未违反《北京仲裁委员会仲裁规则》的有关规定。因此，吴某的该项撤销理由不成立，法院不予支持。

（五）程序违反公正原则

国际商事仲裁正当程序的基本要求是程序要公正，不公正当然是违反正当程序的情形。程序不公正体现在双方当事人没有被给予平等的地位，程序中出现偏袒一方的情形。其具体常见表现有：一是在未对案件事实进行全面了解和掌握前，就对案件本身和解决方案形成先验的倾向或结论；二是对各方当事人的请求或反驳没有予以相同的重视；三是在仲裁程序中对一方表现出歧视。公正是一种主观评价，只能通过仲裁员的表现来推断主观状态，由于其抽象性很难证明仲裁员存在实质的偏袒。[1]尽管如此，国际仲裁还是为其注入了可识别的判断标准，并将其视为不可剥夺的主导性标准。[2]一旦仲裁员被认定缺失公正性，将面临被撤换或退出仲裁庭的问

---

[1] Ronan Feebily, Neutrality, Independence and Impartiality in International Commercial Arbitration, a Fine Balance in the Quest for Arbitral Justice, *Penn St. J. L. & Int'l Aff.*, Vol. 7, No. 1, 2019, p78.

[2] 张建：《国际投资仲裁中仲裁员独立性与公正性的判定标准问题》，载《仲裁研究》2021年第2期，第106页。

题。在程序存在偏袒时作出的裁决，当事人可申请撤销。

(六) 仲裁庭越权行使仲裁权

仲裁庭超越权限也属于违反正当程序的情形。仲裁协议不但约束当事人，还约束仲裁庭，仲裁庭处理裁决了当事人仲裁协议以外的争议事项，或裁决了当事人仲裁请求以外的争议事项，便构成对仲裁权的越权。仲裁庭越权裁判，主要表现为缺乏管辖权或超越管辖权，当仲裁庭具有管辖权却不予行使时，则构成消极的越权。① 若当事人约定提交仲裁的事项有一部分没有发生，对没有发生的事项，仲裁庭一样不能行使仲裁权。

(七) 仲裁庭不作为

仲裁庭不作为亦属于违反正当程序范畴，仲裁庭应积极地行使仲裁权，不作为也不符合正当程序的要求。仲裁庭组庭后，在法律授权和当事人授权的空间内，在规定的期限内作出仲裁裁决，仲裁庭消极的不作为也属于违反正当程序，如仲裁庭不遵守期限的约定拖延仲裁程序、仲裁庭漏裁等。当事人希望仲裁庭解决的争议分程序和实体方面的争议，程序方面的争议主要有仲裁协议的有效性、仲裁庭组成合法性、仲裁庭的管辖权等；实体方面的争议主要有合同效力、合同解除、对一方当事人违约的确认、违约赔偿、仲裁费、律师代理费的承担等。若仲裁庭对提交仲裁的争议事项不裁、漏裁，无论故意还是过失，均为违反正当程序。对于"漏未裁决"，主要有重新仲裁或撤销仲裁裁决两种做法，多数国家选择重新仲裁的方式予以救济。②

(八) 对违反正当程序的救济

违反正当程序产生的法律后果是使仲裁裁决失去了公正性，仲裁庭利

---

① 徐树：《谁来监督裁判者：国际仲裁越权裁决的救济难题》，载《当代法学》2022年第1期，第150页。

② 陈磊：《论瑕疵仲裁裁决之救济——以撤销仲裁裁决之诉为中心》，载《甘肃政法学院学报》2016年第5期，第116页。

用仲裁权力为一方谋求了不当利益而使另一方当事人的利益受损，各国对仲裁程序不当，利益受到损害一方当事人都给予法律救济。法律救济的途径有：撤销仲裁裁决、拒绝承认及执行程序不当的外国仲裁裁决。对越权的仲裁裁决的法律救济是撤销或拒绝承认及执行越权部分的裁决，承认未越权部分裁决的有效性。

对仲裁庭怠权行使仲裁权的法律救济，因仲裁庭怠权行使仲裁权表现形式不同，法律救济的方法也不同。对仲裁庭组成后迟缓履行职责或拖延仲裁程序的，当事人可以请求更换仲裁员。1996 年《英国仲裁法》24 条规定："仲裁员拒绝或未能适当地操作仲裁程序，或未能尽全力合理、高效地操作仲裁程序或作出裁决是撤换仲裁员的理由之一。"

对于仲裁庭漏裁的情形，目前国际上的做法有：撤销仲裁裁决和补充仲裁裁决。如《比利时司法法典》第 1704 条规定："若仲裁庭没有就争议的一点或数点作出裁决，而遗漏各点不能与已经裁决的各点划分，则该仲裁裁决可被撤销。"其中补充仲裁裁决的做法被更多国家所采用，但具体细则规定不同，如《联合国国际贸易法委员会仲裁规则》第 36 条、《美洲国家商事仲裁委员会仲裁规则》第 36 条、第 37 条规定，如果仲裁庭认为无必要可无须举行听证或证据调查等程序，而《俄罗斯国际商事仲裁院仲裁规则》第 39 条规定，附加裁决应由仲裁庭召集当事人举行新的庭审后作出。[①] 1996 年《英国仲裁法》第 57 条规定："仲裁庭可以主动或经当事人的申请，对任何仲裁请求(包括关于利息或费用的请求)作出补充裁决。"只要该问题已向仲裁庭陈述过，但在裁决书中却没有涉及。

第三节　正当程序中的适当通知问题

一、适当通知的界定

正当程序基本要求之一是应给予当事人指定仲裁员或进行仲裁程序的

---

① 刘朗：《仲裁裁决主文不明的救济方式选择》，载《北京仲裁》2020 年第 4 期，第 111 页。

适当通知。国际商事仲裁中给予当事人适当的通知是国际商事仲裁中重要的程序环节，决定着当事人是否可以顺利实现其仲裁权利。这要求在国际商事仲裁程序中，当事人和仲裁参与人须被仲裁庭或仲裁委员会告知有关仲裁的信息，同时仲裁文书应及时送交予当事人，方便当事人及时了解仲裁程序和仲裁有关信息，以便按时出庭行使自己的申辩权。在当事人充分陈述意见、行使自己的权利时，仲裁庭才能顺利作出仲裁裁决。例如"弗利伍德漫游者有限公司诉 AFC FYLDE 有限公司"请求撤销仲裁裁决一案，因仲裁员擅自与英格兰足球总会工作人员就案件争议问题邮件沟通，且在没有将沟通内容通知双方当事人并进行讨论的情况下做出裁决而被法院发回重审。① 有的国家把赋予当事人充分陈述案情的权利看作一国的公共政策，当事人不能通过协议加以排除。②

《纽约公约》第 5 条第 1 款第 2 项是项弹性规定，为了融合各国法律规则的矛盾，使大多数国家愿意接受公约，公约中并未详细定义"适当通知"的内容和程度，但不同国家对"适当通知"存在不同的解释在实践中必然会带来不可避免的问题。《纽约公约》评注中指出，"适当通知"具体应如何理解，主要考察仲裁当事人的"事实以及行为"，而非"形式上的"审查。③ 在实践中，如何界定"适当通知"很有必要。在 1985 年联合国国际贸易法委员会《国际商事仲裁示范法》颁布后，许多国家的仲裁机构根据该示范法关于仲裁文件送达方式的条文规定了自己仲裁机构仲裁文件的通知，但各国仲裁机构对于仲裁文件通知方式的规定基本相同。

---

① 沈伟、陈治东：《商事仲裁法 国际视野和中国实践 下》，上海交通大学出版社 2020 年版，第 427 页。

② S. I. Strong, International and Joinder as of Right in International Arbitration：An in Fringement of Individual of Contract Rights or a Proper Equitable Measure, *Vanderbilt Journal of Transnational Law*, Vol. 31, 1998, p98.

③ 罗雯：《国际商事仲裁中送达行为效力的判断标准建构》，载《北京仲裁》2021 年第 4 期，第 8~9 页。

(一)通知的具体方式和程度未能明确的原因

(1)由于国际商事仲裁的契约性，当事人常常在实践中选择一个仲裁机构来解决他们之间的争议。关于仲裁文件的送达方式，仲裁机构的仲裁规则一般都有详细的规定。当事人既然选择了某一仲裁机构，也就等于认同了这一机构关于仲裁文件通知方式的规定。

(2)若当事人在选择一个仲裁机构解决他们之间的争议时，没有约定适用这一机构的仲裁规则，而是自定规则或选择了其他机构的规则。这种情形下，解决争议的仲裁机构也会尊重当事人的这种约定，同意按照当事人自订或选定的规则通知送达仲裁文件。

关于仲裁文件通知方式的法律规定，各仲裁机构对此问题规定得较为宽松，有的仲裁机构规定不追求通知方式，只追求通知结果；有的不看重结果，只看重通知形式和程序，即只要按照仲裁规则履行了仲裁文件通知义务，不论当事人是否收到通知，即便为法律上的"适当通知"。我国法院审查通知是否适当时，主要是对当事人是否知悉仲裁程序以及对当事人行为进行评估。① 各仲裁机构关于仲裁文件通知方式之所以很宽松，是因为仲裁委员会既是规则的制定者，又是执行者，难免会产生仲裁委员会制定出对自己有利的规则以及权力滥用的情况。因此，在实践中，当争议和纠纷发生时，仲裁委员会关于仲裁文件通知规定的公正性会受到质疑。

(3)关于仲裁文件的通知送达方式之所以没有在各国法律和国际条约中有清晰的强制的规定，是国际商事仲裁的自治性质的体现，也是对当事人意思自治的维护。只要符合当事人选择的仲裁规则的规定，就应当认为是有效送达，当事人据此否认仲裁裁决的，不能得到法院的支持。②

(4)虽然对于仲裁文件通知的具体送达方式没有进行强制规定，但各

---

① 参见贸易法委员会秘书处关于《承认及执行外国仲裁裁决公约》(1958，纽约)的指南，2017 年 2 月版，第 158 页。

② 孙海龙、喻志强、阳路：《重庆法院 2016 年至 2021 年商事仲裁司法审查报告》，载《人民司法》2022 年第 7 期，第 94 页。

国法律和国际条约都不约而同地要求必须适当通知仲裁文件。可见各国法律和国际条约对于通知的结果是有监督的，若在实践中违背这一要求将使仲裁裁决遭到不利的后果。

(二)国际商事仲裁中的适当通知需满足的要求

(1)必须确保实际给予当事人有关指定仲裁员或进行仲裁程序的通知。

(2)通知必须"适当"，即通知必须是"充分的"，而什么样的通知及通知在什么时候被视为是充分的，则在很大程度上是一个事实认定问题。

(3)当没有法律强制性规定时，通知无须特定的官方形式，只要通知符合当事人约定，其中包括当事人自行单独约定或通过援引成套仲裁规则约定的方式，既已满足正当程序的要求。

(4)通知的期限应合理，这里的"合理"也是个事实问题，通常，只要有关指定仲裁员的期限对于特定行业的仲裁、特定程序的仲裁及特定类型的仲裁来说已为合理，当事人便丧失了以此期限不合理对裁决予以追诉或主张不予执行的机会。

(5)应将有关仲裁庭最终组成情况及其组成人员的姓名及时通知给当事人各方。

目前，多数国家开始限制仲裁机构通知仲裁文件的权力，我国是通过对规定进行解释的方式对通知的行为进行限制。在关于黑龙江鸿昌国际货物运输代理有限公司与福建省轮船总公司、美国连捷海运有限公司申请撤销仲裁裁决一案中，在所投的通知的快递没有送达被退回后，仲裁机构在仲裁申请人没有提供出被申请人新地址的情形下，仲裁机构也没有进行"合理查询"，即向工商机关查询被申请人的地址，仲裁机构仍然向原来的地址发出通知的平信，我国法院认为仲裁委员会的通知不符合《仲裁规则》，不能视为已经通知，应认定被申请人没有得到适当的关于指定仲裁员和进行仲裁程序的通知，从而被申请人没有按期行使申辩权，法院最终撤销了仲裁裁决。

本案发生后，中国国际经济贸易仲裁委员会片面地吸取了经验教训，在 2005 年施行的仲裁规则第 68 条规定中将仲裁规则的规定巧妙地把"合理查询"的义务转嫁给了一方当事人，减轻了仲裁机构的责任，但加重了当事人的义务，这一规定与 1985 年联合国国际贸易法委员会《国际商事仲裁示范法》的主旨相左。

国际条约和各国仲裁立法很少具体规定仲裁文件的通知方式，不是不看重仲裁文件的通知，而是因为，在实践中主要是看重仲裁文件是否按照仲裁规则规定的方式行使通知，而非仅仅关注仲裁文件的通知形式。多个国际知名仲裁机构仲裁规则对于送达方式均只强调"发送记录"这一关键要素，没有特定的要求和限制，也并不一定需要民事诉讼法的认可。① 并且法律赋予法院对仲裁文件的通知进行司法监督的权力来加强通知形式的重要性，这样，既可以减少公权力对仲裁的干预，维护仲裁的自治权，又能保证当事人的权利免受侵害。司法监督可以有效避免仲裁程序只追求效率而忽视程序和结果的公正性。② 若仲裁机构不向当事人适当通知仲裁文件，当事人的权利受到侵害，法律赋予法院通过司法监督程序恢复仲裁程序的正义。可见，这一制度既维护了意思自治原则，又使仲裁机构的行为有法可据，同时又兼有法院的监督去规制和处理不适当程序导致的仲裁裁决。

例如，在 2006 年 Es-Tel Estudi S. L v. X, case no: Auto N180/2006 案中，马德里一审法院以裁决没有适当的传达给被执行的一方为由拒绝执行仲裁裁决，原告就这个判决提起了上诉。上诉法院依据《西班牙仲裁法》第 5 条并没有规定个人送达是一种强制的送达方式，其中规定了其他替代的送达方式，当收件人不在时由第三人收悉通知并有该通知收到的记录，也被视为成功送达。③

---

① 陈挚：《我国商事仲裁送达的"去诉讼化"思考》，载《仲裁研究》2020 年第 2 期，第 114 页。

② 李红建：《仲裁司法审查的困境及其应对》，载《法律适用》2021 年第 8 期，第 48 页。

③ 林一飞：《最新商事仲裁与司法实务专题案例》（第六卷），对外经济贸易大学出版社 2011 年版，第 92 页。

二、适当通知中的主体

研究国际商事仲裁正当程序中适当通知的主体和被通知的主体，是与仲裁协议的效力扩张原理以及仲裁第三人制度的研究分不开的。有的国家法律允许非仲裁协议的当事人充当仲裁案件的申请人和被申请人，即仲裁案件的申请人和被申请人不一定是仲裁协议的当事人，这样就会导致仲裁通知的主体和被通知的主体的延伸。可见，仲裁第三人制度问题对正当程序中的仲裁通知的主体和被通知主体的认定关系密切。

对于通知的主体和被通知的主体，大陆法系和英美法系的规定有所不同。英美法系国家允许申请人向被申请人发出与仲裁有关的通知，而在大陆法系国家，一般是由仲裁机构和仲裁庭作为适当的通知主体。一些美洲国家仲裁通知送达也是由申请人完成的，这更能体现国际商事仲裁自治性的特点。我国可以借鉴由申请人向被申请人发出仲裁通知这一做法，这样更能体现仲裁自治性的特征。

《纽约公约》对国际商事仲裁正当程序中适当通知的主体和被通知的主体都没有明确界定。在现实实践中，只要仲裁通知的主体符合仲裁适用规定的要求便为适当。仲裁实践中，争议仲裁通知主体的情形很少，但对被通知主体的通知争议较多，被通知主体常常以没有被适当通知来进行申辩，常常导致仲裁裁决无法被承认和执行。①

三、适当通知的内容

中国仲裁机构一般在仲裁规则的条款中分散规定了应由仲裁适当通知的内容，这些规定往往严密且翔实。美洲国家的仲裁机构和国际商会仲裁院则常常是在一到两个仲裁条款中规定仲裁通知的内容，有时过于简洁便会失之周延。可见，国际上的仲裁机构在自己的仲裁规则中都不同形式地

① 元昱文：《〈纽约公约〉项下正当程序条款在我国的适用》，载《仲裁与法律》2022 年第 2 期，第 91 页。

规定有关应当由仲裁适当通知的内容。

仲裁机构详细规定仲裁通知的内容有其重要的一面。若通知的内容有缺陷，常常会使仲裁裁决成为一纸空文，被执行人便可以将其作为挡箭牌，法院也会以仲裁机构违反正当程序，通知的内容不适当为由拒绝承认和执行外国仲裁裁决。

前联邦德国曾有一案例，因仲裁机构没有将仲裁员的名字适当通知给当事人，科隆法院便以此为由拒绝了仲裁裁决的执行。① 在此案中，该仲裁适用的仲裁规则有明确的规定，取得仲裁员的名册是当事人的权利，并且当事人可以提议删除某一仲裁员。虽然在实际中，被申请人并没有主动要求取得仲裁员的名册，但科隆法院认为，《纽约公约》规定应将仲裁员的任命通知给当事人，即使该案中被申请人未提出该要求也并不能排除仲裁程序的不当性。法院认为，公平审理的基本权利要求当事人可以对仲裁员提出异议，因此，法院最后拒绝承认及执行该仲裁裁决。JESSSMIITH & SONSCOTTON、际华三五零九纺织有限公司等申请承认和执行外国仲裁裁决案中，被申请人也曾因仲裁机构作出裁决后未向其送达仲裁裁决书而提起异议。②

国际商事仲裁案件的难易程度决定了仲裁委员会或仲裁庭对当事人及仲裁参与人的通知会有所不同。通常情况下，国际商事仲裁正当程序中应适当通知的内容包括：

第一，立案通知和准备进行仲裁的通知。申请人向仲裁委员会申请仲裁后，申请经仲裁委员会的审查，若仲裁委员会决定立案，则当事人应及时接到立案决定。同时，被申请人会收到仲裁申请书和申请人提交的证据，被申请人可在仲裁委员会规定的时限内提交答辩状或提出反请求。

第二，仲裁委员会向当事人通知可以指定仲裁员。仲裁规则和仲裁员

---

① 杨弘磊：《中国内地司法实践视角下的〈纽约公约〉问题研究》，法律出版社2006年版，第251～252页。

② 参见湖北省孝感市中级人民法院〔2014〕鄂孝感中民外初字第00001号民事裁定书。

名册一并被发送给当事人，首席仲裁员可以由当事人协商选定，或者仲裁委员会受当事人的委托去指定仲裁员。当在规定的期限内，首席仲裁员没有被当事人协商成功，并且当事人也没有委托仲裁委员会主任指定的，首席仲裁员可以由仲裁委员会主任直接指定。简易程序中，只须选定或指定一名仲裁员。《仲裁员名册》中的仲裁员是仲裁机构向当事人推荐的仲裁员，在具体的案件中哪些仲裁员被选中，还有一个重要的参考依据便是当事人之间曾经约定的仲裁员条件。仲裁员名册应只为给当事人提供参考，而不限制当事人选择仲裁员的自由，允许当事人选择仲裁员名册外的仲裁员才是提高仲裁灵活性并尊重当事人意思自治的做法。① 按照意思自治的原则，当事人可以在订立合同时或在争议发生后对解决争议的仲裁员资格或条件进行约定。日后当事人对仲裁员的选择和仲裁机构对仲裁员的指定，以及法院对仲裁员的决定，一共约束了三个主体，当事人、仲裁机构和法院都要遵照之前当事人之间的约定。事后若违反当事人选择仲裁员的约定，都将构成违反正当程序，而成为日后撤销仲裁裁决或拒绝执行仲裁裁决的理由。

第三，仲裁委员会通知给当事人仲裁庭的组建情况。仲裁庭成功组建后，仲裁庭的组成情况应当告知给当事人，同时应向当事人披露仲裁员的信息，以便贯彻回避制度。

第四，仲裁委员会或仲裁庭通知开庭时间。开庭是仲裁程序中的关键一环，作为仲裁裁决结果确定的权利义务的承受者，当事人应对开庭做充分准备。② 通知开庭时间应提前，当事人可以申请延期开庭。需要多次开庭的案件，每次开庭的日期都应由仲裁委员会或仲裁庭提前告知给当事人。

第五，仲裁委员会或仲裁庭应将提交证据的时限通知给当事人。国际

---

① 凌冰尧：《我国仲裁员任职制度的合理性分析与完善建议》，载《国际商务研究》2020年第6期，第94页。

② 王龙：《国内金融仲裁规则比较研究——兼论金融改革创新背景下金融仲裁规则的完善路径》，载《商事仲裁与调解》2021年第1期，第119页。

商事仲裁较诉讼提交证据的时限宽泛，国际商事仲裁中何时截止提交证据的时间不定，由仲裁庭根据不同的案件情况决定，而在诉讼中，当事人只能在开庭之前提交证证据。

第六，送达仲裁裁决书的通知。

四、适当通知的其他相关问题

(一)仲裁文件的通知与司法文书送达的区别

仲裁实践中，仲裁文件的通知与司法文书送达的区别虽然并不为人们所关注，但是某些仲裁机构将司法文书送达的方式直接规定到仲裁规则中显然是不科学的。司法文书的送达是法定的，国际条约及各国法律对司法文书的送达都有清晰的规定，违反法律规定送达司法文书属于无效送达，而仲裁文件的通知一般是约定的，对仲裁文件的送达方式也没有规定。虽然对于仲裁文件的送达方式没有具体的规定，但大多数法律都规定了仲裁文件必须适当送达给当事人。司法中的无效送达和仲裁中没有适当通知给当事人都属于违背正当程序的规定，都会导致司法的判决和仲裁裁决被撤销或带来难以承认与执行的后果。但是现实实践中，并不能将仲裁文件的适当通知等同于司法文书的送达要求。在关于博而通株式会社申请承认外国仲裁裁决一案的请示复函中，反映出最高人民法院区分看待的态度，认为仲裁文书在性质上不同于司法文书，仲裁程序中的送达不适用《关于向国外送达民事或商事司法文书和司法外文书公约》，而应依照仲裁规则确定送达是否适当。[①]

2021 年《中华人民共和国仲裁法(修订)(征求意见稿)》第 34 条规定：仲裁文件应当以合理、善意的方式送达当事人。当事人约定送达方式的，从其约定，当事人没有约定的，可以采用当面递交、挂号信、特快专递、

---

① 蒋慧：《RCEP 背景下中国-东盟商事仲裁承认与执行机制省察与调适革新》，载《政法论丛》2022 年第 6 期，第 102 页。

传真，或者电子邮件、即时通信工具等信息系统可记载的方式送达。仲裁文件经前款规定的方式送交当事人，或者发送至当事人的营业地、注册地、住所地、经常居住地或者通信地址，即为送达。如果经合理查询不能找到上述任一地点，仲裁文件以能够提供投递记录的其他手段投递给当事人最后一个为人所知的营业地、注册地、住所地、经常居住地或者通信地址，视为送达。2005年《中国国际经济贸易仲裁委员会仲裁规则》第68条规定："（一）有关仲裁的一切文书、通知、材料等均可派人或以挂号信或特快专递、传真、电传、电报或仲裁委员会秘书局认为适当的其他方式发送给当事人或其仲裁代理人。（二）向一方当事人或其仲裁代理人发送的任何书面通信，如经当面递交收信人或投递至收信人的营业地、注册地、惯常居住地或通信地址，或经对方当事人合理查询不能找到上述任一地点，仲裁委员会秘书局或其分会秘书处以挂号信或能提供投递记录的其他任何手段投递给收信人最后一个为人所知的营业地、注册地、住所地、惯常居住地或通信地址，即应视为已经送达。"在仲裁程序中，只要按照仲裁规则的规定进行了通知即为适当通知。如DORON SHORR申请不予执行涉外仲裁裁决案，法院认为，仲裁委秘书局按照梅放提供的通信地址向修德伦寄送相关材料虽然均被退回，但该通信地址系修德伦与梅放在《房屋租赁合同》中约定的通信地址，修德伦没有向梅放提供其他的联系地址，该地址属于最后一个为人所知的通信地址，仲裁委秘书局向此地址投送相关文件符合该委员会的仲裁规则。① 可惜，此处仲裁规则的规定巧妙地把"合理查询"的义务转嫁给了一方当事人，这样做虽然减轻了仲裁机构的责任，但是加重了当事人的义务，与1985年联合国国际贸易法委员会《国际商事仲裁示范法》的主旨相左。

在韩国TS海码路申请承认和执行外国仲裁裁决案中，在仲裁协议中当事人双方已明确约定了仲裁适用的仲裁规则，即《韩国商事仲裁院仲裁

---

① 王继福、刘丹：《仲裁原理与案例研习》，燕山大学出版社2020年版，第193~196页。

规则》，并且仲裁庭在本案中也是依照这一约定采用了邮寄的送达方式，也有证据证明大庆派派思食品有限公司收到了上述开庭通知书和仲裁裁决书。最高人民法院认为，诉讼程序中司法文书的送达须执行法律的强制性规定，仲裁程序中仲裁文书的通知须遵循当事人与仲裁机构约定的仲裁规则，不能将仲裁机构的送达等同于司法文书的送达。《中华人民共和国和大韩民国关于民事和商事司法协助的条约》中有关"司法协助的联系途径"和"文字"规定，仅适用于两国司法机关司法协助的情形，不适用于仲裁机构或仲裁庭在仲裁程序中的送达，大庆公司没有举证证明本案仲裁裁决存在《纽约公约》第5条第1款规定的情形，故最高人民法院认为本案仲裁裁决应予承认及执行。①

最高人民法院对黑龙江省高级人民法院请示的答复意义重大，在一定程度上填补了我国仲裁文件域外通知法律规定的空白，确立了仲裁文件适当通知的标准。

2021年我国司法部发布拟定的《中华人民共和国仲裁法（修订）（征求意见稿）》第34条，对仲裁文件的适当通知作出了具体的规定。也有少数国家对仲裁文件的适当通知不仅作了原则性规定，还作了具体规定。如2000年《德意志联邦共和国民事诉讼法》第1061条规定外国仲裁裁决的承认及执行适用1958年《纽约公约》规定，这是对仲裁文件适当送达作出原则性规定。第1028条第1款作了具体性规定"当事人一方有权代为接受的人所在不明时，如双方当事人未另行约定，只要将书面文件以通常附回执的挂号方式，或以其他方式，送到收件人的已知的最后通信地点或营业地点或居住地，即以其送到之日视为收到之日"。该条第2款规定："前款规定不适用法院程序的文件"，对仲裁文件的送达与诉讼文书的送达做了明确的区分，表明仲裁文件的通知与司法文书的送达是两种不同性质的送交，其采用的方式、方法是有区别的。

---

① 林一飞：《最新商事仲裁与司法实务专题案例》（第六卷），对外经济贸易大学出版社2011年版，第96页。

（二）已通知的事实发生变更

在实践中常出现当事人收到仲裁机构的适当通知后，发生情势变更或事实变化，导致仲裁庭的组成发生变化或前段已适当通知的内容发生变化，此时便面临已通知的仲裁文件的效力认定问题，是否需要发出新的通知给当事人，各国有不同的做法。在我国，对于这种情形，认定已适当通知的仲裁文件是没有效力的，需要再次重新向当事人发出适当通知。否则，仲裁程序将被界定为违反正当程序以致于违反《纽约公约》，其所作仲裁裁决不予承认及执行。

在目前的案例中表明，仲裁事实发生变更或程序发生变化，当事人应该被通知到新的变化的情况和内容。如此，当事人才能行使对仲裁员的异议权和对仲裁案件的申辩权，仲裁庭组成发生变化，仲裁实践变更，当事人应当有权利知道这些变化。当事人若因未收到新的仲裁通知没有行使仲裁权利的，就会与正当程序的原则相违背，如此将使仲裁裁决形同虚设。如在社团法人日本商事仲裁协会东京 05-03 号仲裁裁决案中，仲裁申请内容发生变更，法院认为对这一变更的通知属于仲裁程序中的重要内容，不予通知剥夺了当事人陈述申辩的机会，违反了正当程序原则，当事人的正当程序抗辩应当获得支持。①

（三）公告通知

中国多数仲裁机构会采用公告通知的方式，其他国家很少采用之。在民事诉讼中，邮寄送达方式中公告送达是最主要的，即由法院以张贴公告的方式或登报公告的方式将需要送达的文书内容告知有关当事人或其他诉讼参与人，至公告之日起一定期间届满后视为已送达。② 根据我国 2021 年

---

① 参见《最高人民法院关于裁定不予承认和执行社团法人日本商事仲裁协会东京05—03 号仲裁裁决的报告的答复》（〔2008〕民四他字第 18 号）。

② 张建：《仲裁司法审查中邮寄送达合法性的认定标准探析》，载《商事仲裁与调解》2020 年第 4 期，第 63 页。

《民事诉讼法》第 95 条的规定，可以采用公告方式送达，自公告之日起 30 日，即视为送达。根据 2021 民诉法第 95 条：受送达人下落不明，或者用本节规定的其他方式无法送达的，公告送达。自发出公告之日起，经过 30 日，即视为送达。公告送达是我国民事诉讼法的送达制度，1965 年海牙《关于向国外送达民事或商事司法文书和司法外文书公约》中并没有规定公告送达的方式。目前，国际性的仲裁机构和其他国家的涉外仲裁机构也没有采用公告这种通知方式的，如作为实践引领的国际商会国际仲裁院、新加坡国际仲裁中心、斯德哥尔摩商会仲裁等著名国际仲裁机构均未将公告送达列入其中。① 不便采用公告的送达方式的原因有以下几个方面：

(1)公告通知非国际通行的方式，不为大多数国家认可。大多数国家都不采用的方式我国独自采用，便会不易被其他国家接受和认可，不利于我国仲裁裁决在国外的承认和执行。并且法经济学棱镜观察的研究显示，公告送达在成本和收益上严重失衡，不符合仲裁对效益价值的追求。②

(2)在事实上不便认定受通知人是否接到了仲裁机构的实际通知，在形式上公告通知履行了通知义务，但通知的目的是否达到不便证实。通知的目的是为了使受通知人在如实接到通知后及时行使申辩权，公告通知作为一种拟制通知方式，无法保证当事人参加仲裁权利的当然实现。当事人在仲裁程序中缺席会使当事人的权力无法保障，这与正当程序的原则相违背，导致当事人的权利义务失去平衡。

(3)公告通知在通知技术上存在难题。在国际商事仲裁中，当事人大多数是外国的公民或法人，仲裁机构在国内发出公告，外国的当事人根本无法知晓，仲裁机构去外国发出公告根本不现实。即使事实上当事人看到了公告信息而故意缺席，通知人很难找到证据说明被通知人看到和知晓公告。

---

① 蒋慧：《RCEP 背景下中国-东盟商事仲裁承认与执行机制省察与调适革新》，载《政法论丛》2022 年第 6 期，第 101 页。

② 连天、韩磊：《法经济学视角下民事执行公告送达的规范进路》，载《贵州师范大学学报(社会科学版)》2022 年第 4 期，第 148～160 页。

（4）由于目前多数国家不采用公告通知的方式，若我国采用这种方式，很有可能仲裁裁决被定为违反正当程序而成为一纸空文。

（5）仲裁程序要求保密也使得公告通知难以生存。各国都一致认为公告通知会破坏仲裁的保密性。[①] 各国为了维护国际商事仲裁的正当程序，当查找不到受通知人，或其下落不明时，采用的做法是只要通过合理的途径，将仲裁文件送到"最后为人所知"的受通知人地址的，便可以界定为适当通知。国际上用这种做法来代替我国的公告通知方式，我国可借鉴之。

---

① 马占军：《仲裁公告送达问题初探》，载《商事仲裁》（第 1 辑），法律出版社 2006 年版，第 38 页。

第四章　法院对国际商事仲裁正当程序的监督与协助

在国际商事仲裁中，如果仲裁违反正当程序的基本要求，或者仲裁庭的组成或仲裁程序未遵守当事人约定或法律规定，绝大多数国家和地区的仲裁立法和有关国际商事仲裁的公约都规定当事人可以向内国法院申请司法救济。石现明教授考察的 60 个国家和地区中，只有印度尼西亚和瑞典两国仲裁法既没有将仲裁违反正当程序，又没有将仲裁庭的组成违反当事人约定或法律规定作为可以撤销仲裁裁决的理由。其中，阿根廷、巴西、哥斯达黎加、葡萄牙、南非、卢森堡、瑞士 7 国的仲裁法只规定了仲裁违反正当程序时可以撤销仲裁裁决，而没有规定仲裁庭的组成和仲裁程序违反当事人约定或法律规定时可以撤销仲裁裁决。利比亚、荷兰和西班牙 3 国的仲裁法只规定了仲裁庭的组成违反当事人约定或法律规定时可以撤销仲裁裁决，而没有规定仲裁违反正当程序时可以撤销仲裁裁决。以色列仲裁法只规定了当事人没有得到举证和陈述观点的适当机会和仲裁员指定不当时可以撤销仲裁裁决。意大利仲裁法则只规定了仲裁庭不尊重当事人的听审权和仲裁员指定不当时可以撤销仲裁裁决。可见，96.6% 的国家或地区的仲裁立法都在不同程度上允许撤销存在程序问题的错误仲裁裁决。[1]

---

[1] 石现明：《国际商事仲裁当事人权利救济制度研究》，人民出版社 2011 年版，第 218 页。

第一节　法院与国际商事仲裁的应然状态

一、法院与国际商事仲裁关系概述

如果离开了法院，现代仲裁制度便失去了生存的环境和自身的价值。现代仲裁制度是与法院诉讼机制相伴而生的社会冲突救济系统，研究仲裁制度必须掌握其与法院错综复杂的关系。① 国内法院对仲裁裁决的司法干预一直是很多学术论著的主题。② 法院对国际商事仲裁的监督、控制与法院对国际商事仲裁的支持和协助，是两个不同的方面，前者的目的在于保证国际商事仲裁的合法性，可能导致仲裁程序的终止或使仲裁裁决失去效力；后者的目的在于保证国际商事仲裁的顺利进行，不会否定仲裁程序和仲裁裁决的效力。国际商事仲裁的司法监督是一国法院依法对国际商事仲裁程序的监督，如仲裁协议、仲裁庭的组成、仲裁的审理和仲裁裁决的执行，其中包括对国际商事仲裁的协助与支持行为。"司法监督与协助"中的"司法"机构，指的是国内审判机关，亦即各国国内法院，各国国内法院与国际商事仲裁之间的关系也被界定为"监督"与"协助"两个方面。③

施米托夫的《仲裁裁决的终局性与司法复审》成为目前我国理论界探讨法院对仲裁进行监督这一理论问题的重要引注渊源和相关资料出处。法院对仲裁的司法复审包括相互区别的两个类型，一种涉及的问题是仲裁程序是否遵守自然正义，即正当程序，以及按照对当事人适用的法律，该仲裁协议是否有效；另一种司法复审是对仲裁裁决的是非曲直的审查。前一种司法复审所有的国家都承认，也是本章将要介绍的内容，对后一种司法复

---

① 石育斌：《国际商事仲裁研究》，华东理工大学出版社 2004 年版，第 247 页。

② Marcus S Jacobs, International Commercial Arbitration in Australia—Law and Practice, *Lawbook Co.*, Vol. 1, 2001, p2311.

③ 于喜富：《国际商事仲裁的司法监督与协助——兼论中国的立法与司法实践》，知识产权出版社 2006 年版，第 20 页。

审各国的看法不同。①

从立法和司法实践中来看，法院对国际商事仲裁的监督从严格到适度，再到协助与监督共存的局面，而在国际商事仲裁司法监督与协助权的国际分配上，仲裁地愈益具有决定意义。国内法院对国际商事仲裁监督作用有弱化趋势在于：国内法院对国际商事仲裁协议效力及仲裁庭管辖权司法监督的弱化、对仲裁程序和裁决实体内容的弱化、② 国内法院对国际商事争议可仲裁性司法审查的放松、公共政策和正当程序虽然仍是法院监督国际商事仲裁的一个法定理由，但国内法院在实践中对公共政策理由的适用日益严格。

国内法院与国际商事仲裁之间的关系包括监督、控制与支持、协助两个方面。近些年以来，随着国内法院对国际商事仲裁监督与控制作用的减弱，其支持与协助作用得到加强。在许多方面，国内法院对国际商事仲裁的监督与协助作用相互关联，概其要者在于：法院承认有效仲裁协议的可执行性并强制执行仲裁协议、协助仲裁庭的组成、协助采取临时措施、协助当事人和仲裁庭获取证据、通过驳回撤销仲裁裁决的申请对仲裁裁决的效力予以确认、法院对仲裁裁决的承认与执行。国内法院与国际商事仲裁之间的关系未来走向：从意思自治与强行法的关系审视仲裁与司法的关系、从仲裁的基本价值取向审视仲裁与司法的关系、从支持仲裁政策审视司法与仲裁之间的关系。

二、"非本地化仲裁理论"中的内国法院地位

"非本地化仲裁理论"又叫"非国内化理论"。"非本地化仲裁理论"，主要内容是仲裁地国法律不影响国际商事仲裁，仲裁地法也不赋予仲裁裁决效力。非内国仲裁理论不主张仲裁地国法院的司法监督，非内国仲裁理

---

① ［英］施米托夫：《国际贸易法文选》，中国大百科全书出版社 1993 年版，第 674~684 页。

② Poudret & Besson，*Comparative Law of International Arbitration*（2nd ed.），Sweet & Maxwell，2007，p829.

论的产生，从主观上看是对当事人意思自治原则的充分尊重，从客观上看是由真正意义上的国际商事仲裁的特点决定的。中心内容是主张当事人和仲裁庭约定的程序法适用于仲裁程序，仲裁程序不必然与仲裁地相关联，仲裁地法不一定是仲裁裁决的效力来源。非内国仲裁理论下作出的裁决属于无国籍裁决，即国际仲裁裁决与任何一个国家的法律秩序没有联系。这一理论将导致取消或限制国内法院作出具有全球性后果的撤销裁决的权力。①

有人将这种仲裁称为真正的国际商事仲裁，甚至建议创建真正的国际法院来监督仲裁，从而取代内国法院的监督职能。② 而《纽约公约》对"非本国裁决"作出了解释，非本国裁决不同于非内国裁决，前者是主动放弃监督权，后者是主张内国法对内国的仲裁裁决无监督权。尽管非内国仲裁理论强调充分尊重当事人的自治意思，但在国际商事仲裁立法与实践中，这一理论并未得到国际社会的普遍认可，没有任何一个国家在立法上主动放弃对在其境内作出的裁决行使撤销监督权。③ 英国和美国的法院对于外国仲裁裁决的执行申请，都是以本国的程序法观念对有关裁决进行审查。④

在国际商事仲裁制度的历史发展中，始终存在当事人意思自治与国家对国际商事仲裁的干预之间的矛盾。这种矛盾在"地方化"与"非地方化"的争论中得到了集中体现，传统的仲裁理论在以下几个方面支持国际商事仲裁的"地方化"：把仲裁当事人的意思自治权及仲裁庭的仲裁权视为国家司法主权的让渡，在仲裁的价值取向上关注正义胜于关注效率，强调仲裁地法律对国际商事仲裁的决定作用，主张国内法院对国际商事仲裁予以严格

---

① Okenzie Chukwumerije, *Choice of Law in International Commercial Arbitration*, 1994, p77.

② Hong-lin Yu, Total Separation of International Commercial Arbitration and National Court Regime, *Journal of International Arbitration*, Vol. 15, No. 2, 1998, p17.

③ 赵秀文：《国际商事仲裁法》，中国人民大学出版社 2012 年版，第 152 页。

④ May Lu, The New York Convention on the Recognition and Enforcement of Foreign Arbitral Awards: Analysis of the Seven Defenses to Oppose Enforcement in the United States and England, *Ariz. J. Int'l & Comp. L.*, Vol. 23, 2006, pp. 769-770.

监督；认为国际商事仲裁裁决虽不能融入国内法律秩序，却可融入执行国的法律秩序。①

　　国际商事仲裁的"非地方化"主要观点为：反对仲裁是国家司法主权的让渡，在仲裁的价值取向上更注重仲裁的速度与效益；反对把仲裁置于核心地位的立场，认为仲裁地不应具有决定意义；主张取消仲裁地法院甚至所有国内法院对国际商事仲裁的监督，即"非本地化"理论主张彻底摆脱任何国内法的控制。②

　　尽管国际商事仲裁的"非地方化"问题还存在巨大理论纷争，招致了诸多批评，但从各国立法与司法实践来看，也体现出了承认和支持国际商事仲裁"非地方化"的新动向。例如在关于国际商事仲裁裁决、仲裁实体法律适用和仲裁程序法律适用的非地方化实践。"非地方化"理论对国内法院严格监督国际商事仲裁的传统做法的批评不无道理，但极端的"非地方化"理论主张完全取消仲裁地法院甚至所在国内法院对国际商事仲裁的监督权则有矫枉过正之嫌。比利时一度废除国内法院对外国当事人之间仲裁裁决的撤销权，期望通过彻底的"非地方化"吸引国际商事仲裁，但结果事与愿违。

　　国际商事仲裁是具有国际因素或跨国因素的仲裁，"非地方化"理论否定仲裁地的监督作用，但实践表明，国际商事仲裁离不开仲裁地的司法监督和协助。虽然仲裁程序的法律适用可以由当事人选择，但当事人的这种选择权受仲裁地强制性规则的限制，那么仲裁程序的法律适用最终还是由仲裁地操纵。同时，仲裁裁决的国籍和是否适用《纽约公约》也由仲裁地决定。我国法律并未采纳仲裁地的概念，而是以仲裁机构所在地作为仲裁与特定国家法律制度的联系纽带，与国际通行实践相悖，不利于中国国际商事仲裁制度的发展，且会限制中国仲裁机构在外国仲裁和外国仲裁机构在

---

　　①　Georgios Petrochios, *Procedure Law in International Arbitration*, Oxford University Press, 2003, p315.

　　②　Kanaga Dharmananda, The Unconsious Choice-Reflection on Determining the lex Arbitri, *Journal of International Arbitration*, Vol. 2, 2002, p155.

中国仲裁。

第二节　法院对国际商事仲裁正当程序的协助

一、法院对仲裁庭适当组成的协助

在现代国际商事仲裁的立法与实践上，当事人对仲裁程序事项的意思自治获得了广泛认可，当事人可自由约定仲裁员的任免或仲裁庭的组成，以及仲裁程序的法律适用规则等，国际商事仲裁正当程序就是以当事人意思自治为基础，但是任何事物都有矛盾的对立面，当事人的意思自治也需要有法院的协助与适当监督。当事人对仲裁员的任命享有完全的自主权，在国际商事仲裁中，仲裁员的选择是当事人最重要的决定。只有当一方当事人请求法院介入时，法院才能介入仲裁员的任命。关于仲裁员的任命问题，我国法院没有被授权有协助任命仲裁员的权力，我国规定仲裁员的任命由仲裁委员会主任指定或当事人约定。

仲裁员应当具有独立性和公正性，并符合当事人约定的资格条件，否则，当事人可以对仲裁员提出异议。少数国家不允许在程序中仲裁员被当事人申请回避，这些国家只允许裁决作出后当事人可以对仲裁员提出异议。但大多数国家允许当事人在仲裁程序进行期间申请仲裁员回避，有的要求当事人应首先向仲裁庭提出申请，有的国家允许对仲裁员的异议可以首先向法院提出。国际商事仲裁正当程序在一定程度上就是反映当事人与仲裁庭、当事人与仲裁员的关系问题。在英国，如果当事人在仲裁程序中途对个别或者全体仲裁员不满意，可以提出申请赶走个别或全部的仲裁员，重新委任其他仲裁员。

当事人对仲裁员不满时可以向法院提起诉讼要求替换或赶走仲裁员，英国在这方面做得很好，下面主要介绍英国法院怎样处理当事人与仲裁员之间的关系。当事人准备对仲裁员提出异议时，原告会作出过火或夸大的指控，所以仲裁员需要及时参与，及时向法院作出解释进行反驳。在仲庭作出了中间或最后裁决书之后，败诉的一方不满意裁决结果，可向法院提出申请，要求法院救济，撤销该裁决书。在仲裁程序的中途或者是申请撤销裁决书的过程中，如果作为被告的仲裁员认同原告的说辞，不作出争辩，默认原告所陈述的一切，与原告达成协议，则受到攻击的仲裁员将会被赶走；如果被告作出辩解、与原告对抗，此时仲裁员若委任律师参加诉讼就会产生一笔不小的费用，但若不出庭，又会被法院缺席判决而产生不利的后果。当事人向法院寻求赶走仲裁员或对裁决书的救济是否通知受影响的仲裁员，在案例中，英国法官主张应当给予仲裁员正式通知，对那些没有受到攻击的其他仲裁庭的成员也应该向他们正式送达通知。

可见，要给予受到攻击的仲裁员和其他没有受到攻击的仲裁庭成员以正式的通知，这也是仲裁正当程序及自然公正的延伸要求，因为没有受到攻击的仲裁庭成员有权利知道具体情形，以决定仲裁程序是否继续进行。可见，正当程序要求通知的送达包括两种情形：仲裁庭给当事人的送达和当事人向仲裁庭仲裁员的送达。针对仲裁员或公断人的不良行为，传票送达给受影响的仲裁员后，仲裁员一般有三条道路可以选择：其一，作为当事人的一方全面与积极地参与法院的程序；其二，提供给法院一份有关事实的宣誓书；其三，不采取任何行动，可被假设为接受法院最后做出的任何判决。如果仲裁员不理会法院的诉讼，将极大可能地被视为缺席，面对申请人成功赶走他或者撤销裁决书的同时，该仲裁员将承担法院的诉讼费用。1996年《英国仲裁法》不同于之前的做法：一是规定赶走仲裁员或者撤销裁决书的申请必须通知受到攻击的仲裁员，这符合正当程序的要求；二是该立法给予仲裁员一定程度的豁免权，如在仲裁员疏忽的情况下应该享有豁免权。①

二、法院对仲裁临时措施的裁决与执行

临时措施是民事诉讼和仲裁程序中一种重要的制度，但理论和实践中

---

① 杨良宜、莫世杰、杨大明：《仲裁法——从开庭审理到裁决书的作出与执行》，法律出版社2010年版，第298页。

的表述多种多样，如临时救济、中间救济、中间保护措施、中间性或保全性措施、保全措施、裁判前救济等。设置临时救济制度的目的于，保护当事人使之免于因程序迟延而遭受严重损失。通常以为，国内法院有必要决定和执行仲裁程序中的临时救济。① 一般临时措施包括仲裁庭作出裁决前发布的任何临时性裁定，② 这些措施保护当事人的合法权利，也保证了当事人之间的平和关系。③

大多数国家都允许法院决定仲裁临时救济，包括法院辅助模式、当事人自由选择模式、法院单独决定模式。瑞士、意大利、泰国、希腊、意大利、巴西、土耳其、新加坡等国只允许法院可以采取临时措施，④ 少数国家认为这是仲裁庭固有的权力。⑤

允许当事人自由选择向仲裁庭或法院申请临时救济的模式最为流行，既尊重了当事人的意思自治，也符合效率原则。传统的理论与实践认为，仲裁庭临时救济决定的效力有赖于其自身的说服力，法院不能强制执行。但目前仲裁庭决定的临时救济的可执行性已被一些国家明文规定。但一般仲裁庭的权限来源于当事人之间的仲裁协议，因此仲裁员发布的临时措施只能约束当事人而不能约束第三人。⑥ 但一些国家的法律允许当事人要求仲裁庭或法院采取临时措施追加当事人。⑦

---

① Alan Redfern and Martin Hunter, *Law and Practice of International Commercial Arbitration*, London: Sweet & Maxwell, 2003, p345.

② Raymond J. Werbicki, Arbitral Interim Measures: Fact or Fiction?, *JAN Disp. Resol. J.*, Vol. 57, 2003, p69.

③ Stephen M. Ferguson, Interim Measures of Protection in International Commercial Arbitration: Problems, Proposed Solutions, and Anticipated Results, *Int'l Trade L. J.*, Vol. 55, 2003, p51.

④ Mauro Rubino-Sammartano, *International Arbitration Law*, Kluwer, 1991, p348.

⑤ W. Michael Reisman, W. Laurence Craig, William Park & Jan Paulsson, *International Commercial Arbitration*, The Foundation Press, Inc., 1997, p755.

⑥ Alan Redfern and Martin Hunter, *Law and Practice of International Commercial Arbitration*, London: Sweet & Maxwell, 2003, pp. 346-347.

⑦ Daniel E. Murray, A Potpourri of Recent Federal Arbitration Cases Involving Domestic and International Arbitration, *BYU Journal of Public Law*, 1999, p173.

联合国贸法会 1985 年《示范法》第 9 条规定："当事人向法院申请采取临时措施的，可以申请的时间比较灵活，即在仲裁程序开始之前或仲裁程序进行过程中，但是要求申请的临时措施必须在仲裁协议规定的争议事项内提出，即不能超过仲裁协议规定的范围。"仲裁庭有命令采取临时措施的权力，《示范法》的规定是联合国在国际商事仲裁立法方面取得的突破性进展，对各国仲裁立法、理论研究与实践都有很大影响，对外国仲裁裁决的承认与执行提供了有效的保障措施。

临时保全措施一般由三种情形：第一，与维护证据相关的措施。除非法院认可，多数国家没有给予仲裁庭或当事人自行取证的权力。第二，维持现状的临时措施。保证在争议解决前按最初约定继续履行合同。第三，预防财产转移的措施。实施对案件有关财产的冻结的举动或交由第三人保管，以免当事人转移财产。

UNCIRAL 对 1985 年《示范法》中关于临时保全性措施的修订有三个方面。一是仲裁庭作出临时性措施的条件更加严格。二是修订了仲裁庭作出临时性措施决定的形式和效力。形式上可以采用初步命令和裁决两种形式。初步命令是指在采取临时性措施之前，应当事人的请求向被请求人发布的命令，命令其不得使临时措施的目的落空；裁决的形式是赋予仲裁庭有权作出临时措施的决定，法院应当承认和执行仲裁庭的这种决定，并且当事人也应当遵守此裁决。三是《示范法》赋予临时措施的执行力，要求裁决必须被执行地法院执行。

(一)有权发布临时性保全措施的机构与法律依据

各国的国内法以及仲裁适用的仲裁规则赋予仲裁庭有权作出临时措施的决定，遵照《示范法》的国家法律都赋予仲裁庭的这种权力，包括联合国贸法会 1976 年仲裁规则在内，世界上许多仲裁机构都规定了仲裁庭的这种权力，但有些国家将法院的证据保全管辖权看成公共政策的范畴，不允许当事人协议排除，比如德国、意大利等国家。①

---

① Ali Yesilirmak, *Provisional Measures in International Commercial Arbitration*, Kluwer Law International, 2005, p102.

另外，临时措施是维护当事人权益与使仲裁庭作出的裁决实质有效的必要手段，① 仲裁庭可以依据当事人之间约定仲裁庭采取临时措施而发布这种命令。在国际商事仲裁实践中，涉及临时性保全措施的发布与实施时，需要明确几个问题。一是，就对争议实体问题的审理而言，由仲裁庭解决仲裁协议项下的争议，法院不能解决之；二是，大多数认为解决争议包含临时措施，那么究竟是由仲裁庭还是法院有权作出采取临时性保全措施的裁定现在也很难鉴定；三是就临时保全措施的执行而言，这一部分权力只能属于国家法院。

(二) 各国有关国际商事仲裁中的临时性保全措施的立法与实践

纵观各有关国家的法律，对于仲裁庭是否有权力作出临时性保全措施的裁定有两种情况。一个是除了采取联合国贸法会《示范法》规定的国家外，许多国家的法律也明确规定了仲裁庭就临时性保全措施作出裁定的权力，其中最具代表性的就是瑞士 1987 年《国际私法》第 183 条的规定。另一个是其他一些国家的法律规定仲裁庭无权发布该决定，最具代表性的是《意大利诉讼法典》。

需要指出的是：按照各国的立法与实践，尽管仲裁庭有权作出采取临时性保全措施的决定，但此项决定的执行权仍然在法院。在实践中，仲裁程序适用的法律和仲裁适用的规则决定了仲裁庭是否享有决定临时措施的权力，仲裁规则的效力多数大于仲裁程序适用的法律，执行临时措施是强制性的行为范畴，在此范畴中，不需要法律适用的选择，必须依据执行地法由执行地法院实施执行行为。我国财产保全程序方面的立法及 CIETAC 仲裁规则与瑞士等国家立法及仲裁规则存在差异，我国是法院专享临时措施的决定权和执行权，仲裁机构和仲裁庭都无权作出采取临时措施的权力，并且，在仲裁程序中，当事人提起财产保全，必须经仲裁委员会转交

---

① Julian D. M. Lew & Loukas A. Mistelis, *Comparative International Commercial Arbitration*, London：Kluwer Law International, 2003, p594.

给法院，再由法院决定。① 这是对时间和资源的浪费。在这个方面，我国《仲裁法》应和国际接轨以维护国际商事仲裁裁决的顺利进行。

值得庆幸的是，《中国(上海)自由贸易试验区仲裁规则》关于临时措施的规定已与国际同步。2021 年 7 月，司法部发出的《中华人民共和国仲裁法(修订)(征求意见稿)》专门为临时措施设了一节内容，明确赋予了仲裁庭也有采取临时措施以及紧急措施的权力，并且明确在仲裁程序中，当事人提起财产保全的，不必再经过仲裁委员会交给法院，可以直接向仲裁庭提出申请保全措施。我国原《仲裁法》有关保全措施和临时性措施的规定过于分散，而《征求意见稿》是专章专节规定了临时措施，并且明确当事人提出临时措施的时间，分别在仲裁程序进行前和仲裁程序进行期间，并清晰地规定了在不同的仲裁阶段申请临时措施的程序也分别不同，同时，《征求意见稿》更加看重效率原则，比如，《征求意见稿》第 48 条规定，仲裁庭在收到当事人申请临时保全措施的，应当综合判断采取临时性保全措施的必要性与可行性，并及时作出决定，"及时"一词体现了把当事人的利益放在第一位。这些规定都适应目前全球国际商事仲裁的竞争环境，有利于增强我国有关国际商事仲裁案件的话语权。

三、法院对仲裁庭获取证据的协助

在仲裁中，仲裁庭无权强制证人出庭作证，此时法院的协助是必需的。临时救济通常具有保全权利的功能，而获取证据虽然也包括为保全目的而获取证据，但又不限于此。从国内法看，法院对在本国进行的仲裁提供获取证据方面的协助已得到比较广泛的认可，但对外国仲裁而言情形则完全相反，各国法院通常对外国仲裁不提供取证方面的协助，反而可以赋予仲裁庭作出强制取证命令的权利，但该命令的执行仍然需要法院的协助。大多数国家不允许仲裁庭强制取证，并因此规定了法院协助取证的权利和责任。

---

① 齐湘泉：《外国仲裁裁决承认及执行论》，法律出版社 2010 年版，第 66 页。

在仲裁程序进行期间，当事人或仲裁庭可能遇到取证方面的困难，如果当事人持有有关证据而不提供，仲裁庭可以对其作不利裁决。强制取证似无必要，但若证据被第三人持有，证据获取是必要的，但仲裁庭显然不能对该第三人采取强制措施，法院的介入成为必要。对于在本国进行的仲裁，大多数国家不允许仲裁庭强制取证，仲裁庭需要强制获取证据，只能向法院提出申请，由法院予以协助。对于在外国进行的仲裁，大多数国家的立法未作规定，个别国家的实践允许国内法院对外国仲裁提供取证协助。

（一）仲裁员出庭作证问题

《香港仲裁条例》和《英国仲裁法》尽量赋予仲裁员与法官同样的豁免权。在英国法官审理案件的事实中是不存在传召仲裁员为证人的，但由于没有近期的案例，所以这一方面英国法律在立法前有关仲裁员可否像法官同样享有豁免权，大家有不同的争议且地位不明朗。英国古老的案例中，法院是可以传召仲裁员出庭作为证人的。在某些情况下，仲裁员必须出庭作证，在出庭期间必须知道什么事自己该讲的，什么事自己不需要讲或者回避的。

仲裁员被传证人时，不必提供一些与法院诉讼无关的证据。仲裁员一般不会涉及双方的和解谈判，也不会涉及"诉讼特权"（诉讼特权是当事人与律师之间的特权）。可以强制仲裁员提供证据的是有关在他面前发生的事实，如管辖权问题，或是在开庭时，双方当事人是否存在有针对某个裁决书中的某些争议。法律没有要求仲裁员必须作出文书记录，如果双方当事人对仲裁程序中某一个事实有争议时，仲裁员可以作为一个最理想的事实证人。如果有清楚的开庭记录，双方还是有争议的话，没必要再传召仲裁员让他根据记忆来对某些事实举证，而是可以在第二天的开庭上弄清楚即可。

（二）实证分析

加拿大案件主要是涉及了败诉的一方向法院申请要求撤销该裁决书，

理由之一是裁决书中对一个双方从来没有要求处理的争议作出了裁决。在该案例中，涉及的是当事人原来同意开庭处理两个争议的其中一个，并作出中间判决书，但结果在开庭后独任仲裁员把两个争议都作出了最后的裁决。该次开庭记录中没有安排开庭记录，裁决书写得也比较矛盾且不明朗。最后，律师建议让仲裁员享有特权，甚至在仲裁后任何一方不得在取得对方同意前接触仲裁员或要求仲裁员作出任何的解释。律师认为向法院提出任何救济只能是根据裁决书与开庭记录等已存在的文件证据，而不能随便加以补充，例如仲裁员事后的回忆。

美国下级法院认为即使在一方当事人反对下仍要求仲裁员出庭举证，但上诉庭否决了判决，持相反观点，认为仅看文书记录就足够了，没必要传召仲裁员。而挪威法院则要求首席仲裁员出庭举证澄清裁决书的部分实质内容。适用在中国香港地区国际仲裁的一套程序法中规定中国香港地区法院除非在有明示规定的情况下，否则是不能干预仲裁的，针对仲裁员能否就他仲裁的案件被法院传召为证人这一问题，中国香港地区法院持不明确态度。

但国际上对于仲裁员出庭作证时有两个方面有权保密：第一，关于仲裁书的内容。有关裁决书的内容仲裁员不需要举证也不能对仲裁员进行盘问，即使是裁决书错得离谱需要当事人作出救济时，也没必要进行举证，这属于法院的事情。英国不允许"外部证据"或制作文件一方的"主观想法"改变一份内容十分清楚的文件本身。另外，仲裁员对裁决书作出决定已经代表履行完其职责，仲裁员没有权力更改裁决书。第二，仲裁员成员之间的合议。国际仲裁中多数都是涉及三位成员的仲裁庭，特别是其中两位当事人委任，而当事人委任的仲裁员在现实中有可能偏向委任他的一方。他们之间通过"合议过程"而达成一个一致或者多数人的决定时，该合议的过程就成为一个需要在仲裁员之间讨论的问题。

另外，法院可以命令披露仲裁证据，如在 2004 年 Adesa Corp. v. Bob Dickenson Auction services Ltd. 案中，加拿大安大略省高级法院认为，如果关于私人仲裁中的证据和笔录的保密令可能使诉讼的一方当事人处于重大不利地位，法院可以撤销关于私人仲裁中的证据和笔录的保密令。当事人对仲裁的保密性具有合理的期望，但保密性并不必然是仲裁程序的根本所在，仲裁程序的保密性尚未达到像律师和当事人特许通信保密权此类诉讼特权的程度，因此下令披露相关部分的仲裁证据。①

四、法院对合并仲裁的协助

在民事诉讼中，法院对于关联争议经常合并审理，从而可以节约诉讼成本，提高诉讼效率。但在仲裁程序中，由于仲裁协议只能约束特定的当事人，仲裁员都是由各具体争议的当事人任命的，合并仲裁存在法律上的障碍。但是，晚近以来，基于仲裁效率等方面的考虑，出现了支持合并仲裁的主张，仲裁规则和仲裁立法也开始承认合并仲裁。美国的集团仲裁被认为是一种大型的合并仲裁，是多方当事人仲裁的一种扩展形式。②

仲裁机构合并仲裁的权力有的是被仲裁规则所赋予的，在一些国家国内法上，合并仲裁也得到了承认，但具体规定极不一致，有的规定合并仲裁只能在当事人同意的基础上由仲裁庭决定，有的规定合并仲裁应在当事人同意的基础上由法院决定，有的采取了以当事人同意为基础的仲裁庭决定与法院决定相结合的模式。应当说，在当事人同意的基础上，合并仲裁有其合理性。

例如，在 2007 年 Certain Underwriters at Lloyd's London v. Westchester Fire Insurance Company 案中，上诉法院肯定了地区法院关于应由仲裁庭决定是否合并仲裁的命令，其依据主要是最高法院 Howsam 和 Green Tree Financial Corp. 两个案件中的决定。法院认为，Lloyd's 反对合并，该程序性问题有仲裁庭解决是适当的。③ 在 2006 年 Expert Assbts Limited 和 Resistor Technology Limited 申请撤销仲裁裁决案中，北京市第二中级人民法

---

① 林一飞：《最新商事仲裁与司法实务专题案例》（第四卷），对外经济贸易大学出版社 2010 年版，第 61 页。

② Okuma Kazutake, Party Autonomy in International Commercial Arbitration: Consolidation of Multiparty and Classwide Arbitration, *Annual Survey of International & Comparative Law*, 2003, p193.

③ 林一飞：《最新商事仲裁与司法实务专题案例》（第六卷），对外经济贸易大学出版社 2011 年版，第 106 页。

院认为，根据《仲裁法》第 27 条和《中国国际经济贸易委员会仲裁规则》
(2000 年)的规定，仲裁被申请人有权提出反请求，并且，EA 公司、RT 公司的仲裁请求和江苏 HY 公司的反请求同是基于 2003 年合资合同项下股权转让的法律关系提出的，两者具有关联性，仲裁庭合并审理符合《仲裁法》和仲裁规则的规定。①

第三节　法院对国际商事仲裁正当程序的监督

一、司法审查

即便仲裁程序再完美无缺，即便仲裁程序完全符合正当程序的要求，但只要执行地国从根本上否认仲裁协议的效力，仲裁裁决又成为了一纸空文，这简直是釜底抽薪的行为。《纽约公约》将认定仲裁协议的有效性问题留给了各有关国家的法院，即仲裁裁决在一国进行执行时，执行地国可根据本国认为可以适用于仲裁协议的法律否认仲裁协议的效力，因此，裁决最后是否能被执行可能会因仲裁协议的无效而功亏一篑。②

目前国际商事仲裁实践的潮流是维护仲裁庭的管辖权和当事人的意思自治，这也已成为当代国际商事仲裁立法的普遍潮流。合同中的仲裁条款或仲裁协议与主合同是分离的，主合同的有效与无效并不必然导致仲裁条款或仲裁协议的有效或无效，法院不必适用主合同的准据法来判断仲裁协议的有效性。虽然国际上逐步限制法院对仲裁的制约，但当当事人质疑仲裁庭的管辖权时，或者，仲裁裁决的一方当事人不履行裁决义务，另一方当事人向仲裁地国以外的其他国家的法院申请承认与执行裁决，受申请法院在对仲裁裁决进行审查以决定是否承认与执行时，可以对仲裁协议的有效性进行审查。

---

① 林一飞：《最新商事仲裁与司法实务专题案例》(第六卷)，对外经济贸易大学出版社 2011 年版，第 167 页。
② 赵秀文：《国际商事仲裁法》，中国人民大学出版社 2012 年版，第 105 页。

《英国仲裁法》之 Section 67 有关向法院申请管辖权质疑的救济是会涉及重审，得出的结果有可能是与仲裁庭相反的决定。这样的立法可以满足国际仲裁要求给仲裁庭权利决定自己的管辖权的要求，同时也要满足仲裁庭是否有管辖权不能是由仲裁说了就算，而要由法院作出最后的决定。仲裁协议有效性司法审查的主要方法是冲突法方法，冲突法方法的核心内容是确定仲裁协议的准据法，当事人意思自治是所有国际与国内立法普遍承认的确定仲裁协议准据法的首要原则，在当事人没有选择仲裁协议准据法时，仲裁地法便会登场，但在裁决的执行阶段，若当事人未作选择，承认及执行地国法院一般适用其本国法，仲裁协议必须同时满足形式要件与实质要件才能具备法律效力。形式要件主要是指仲裁协议的书面要求，以及在特殊情形下满足签署交换的要求，前者是仲裁协议存在的形式要求，后者是为达到双方合意。① 可见，在法律意义上，仲裁地的重要性在于建立了仲裁与特定国家法律制度联结的纽带，在国际商事仲裁的理论与实践中，仲裁受仲裁地支配的观念已经确立。②

另外，仲裁协议约定的争议必须是可以依法通过仲裁解决的，否则将导致仲裁协议的无效。仲裁程序的正当性更无从谈起，法院可以在三个阶段审查仲裁协议的有效性——仲裁协议的强制执行阶段、司法追诉仲裁裁决阶段、承认执行仲裁裁决阶段。由于可仲裁性问题本质上属于公共政策范畴，所以法院对可仲裁性问题的审查一般都适用本国法，不可仲裁的事项一般包括知识产权争议、证券交易争议、反托拉斯争议、破产争议等。

二、撤销权的行使

(一)撤销是司法追溯的方式之一

国际商事仲裁裁决包含不同的种类，裁决的既判力和执行力一般都被

---

① 杨良宜、莫世杰、杨大明：《仲裁法——从开庭审理到裁决书的作出与执行》，法律出版社 2010 年版，第 538 页。

② Alan Redfern and Martin Hunter, *Law and Practice of International Commercial Arbitration*, Third Edition, p81.

国内法和国际条约承认，当事人就仲裁裁决向有管辖权的法院提出异议时，国内法院可以依法对本国国际商事仲裁裁决予以司法追溯。法官一般从其本国法律之下的正当程序理念中"找到灵感"，① 异议理由成立的，裁决的既判力与执行力不复存在；异议理由不成立的，裁决的既判力与执行力获得最终确认，法院应视情况予以强制执行。终局仲裁裁决的效力包括既判力和执行力，裁决的既判力指对其当事人有关争议事项最终的定案效力，排除了相同当事人之间的相同争议再次被提交仲裁或诉讼的可能；裁决的执行力指其作为当事人履行和法院强制执行根据的效力。对实体争议的终局决定毫无疑问是仲裁裁决，但关于程序事项的仲裁裁决根据各国法律规定不同，而对此是否仲裁裁决的认定不同。

国内法院对于本国的仲裁裁决包括在本国作出的国际商事仲裁裁决的司法追诉问题，目前主要是由国内法规定的。在国内法上，所有国家的仲裁法都包括有关于撤销仲裁裁决的规定，但只有部分国家将撤销作为对仲裁裁决的唯一追诉，而在其他国家除撤销之外其他的裁决追诉方式不一致。

各国关于国际商事仲裁裁决的司法追诉方式不尽相同，但撤销是其中最主要的一种。关于对仲裁裁决的撤销之诉在国际上得到普遍认可，说明仲裁都需要法院的监督，国际上在赋予当事人提起撤销之诉的权利时，也限制这种权利，具体包括限制提起撤销之诉的时间、当事人默示放弃撤销之诉的权利等。

（二）裁决撤销的管辖权

目前有观点主张取消仲裁地国对仲裁裁决的司法监督，这种观点认为执行地国家是否执行仲裁裁决并不以仲裁地是否已撤销仲裁裁决为依据，仲裁地国的撤销制度不会产生实际效果，因此主张取消仲裁地法院的监督

---

① Albert Jan van den Berg, *the New York Arbitration Convention of* 1958-*toward a Uniform Judicial Interpretation*, Kluwer Law and Taxation Publishers, 1981, p298.

和撤销制度。但是执行国的司法监督无法取代仲裁地国的司法监督，因为并不是所有的仲裁裁决都要进行到执行的步骤，只有被申请人不自动履行仲裁裁决时，才会进行执行程序，承认仲裁地国法院的监督权可以及时维护当事人的权益。

但是，对内国法院撤销国际商事仲裁裁决存在法律约束，如若撤销行为侵犯国际公共秩序时将是无效的撤销行为，另外，对于国内法院无权撤销的仲裁裁决，即使国内法院撤销之，该仲裁裁决的效力依然不会受到影响，如以国际法为依据作出的仲裁裁决，国内法院便无权干涉。[①]

《纽约公约》把裁决撤销的管辖权归于裁决作出地和裁决依据法律的国家法院，两地法院都有撤销权将导致国际冲突，晚近国际商事仲裁法基本放弃了准据法标准，而单采裁决地标准，同时又将裁决地与仲裁地统一起来，实际上是单采仲裁地标准。也就是说，只有仲裁地法院才享有撤销国际商事仲裁裁决的管辖权，可见目前国际分配决定撤销管辖权的基本标准落在了仲裁地身上。

（三）撤销之诉的提起以法定理由为前提

国际商事仲裁裁决提出撤销之诉，必须有法定的理由，仲裁裁决的撤销理由当然是由国内法规定的。《UNCITRAL 示范法》规定仲裁裁决的唯一追诉方式是撤销，并且规定的撤销理由等同于《纽约公约》拒绝执行仲裁裁决的理由，其中包括：仲裁违反正当程序、仲裁程序违反约定或违反法律、当事人无行为能力或仲裁协议无效、仲裁庭无权或越权裁决、争议事项不可仲裁、裁决违反公共政策。这些规定对许多国家产生了影响。

但一些国家的国内法上也包括了其他撤销理由，主要有裁决未附具体理由，裁决未按法定要求签署，裁决未注明仲裁地，仲裁未按约定或法定期限作出，裁决通过欺诈、贿赂或依据伪证作出，裁决存在实体错误等。

---

① 谢新胜：《国际商事仲裁程序法的适用》，中国检察出版社 2009 年版，第 64 页。

其中，欺诈、贿赂与伪证是许多国家撤销仲裁裁决的理由。裁决撤消后，有的国家规定争议仍应通过仲裁裁决，有的国家规定由法院决定是否通过仲裁裁决，也有的国家规定，除非当事人另有协议，法院将恢复对争议的管辖权。

在这些撤销理由当中，以程序不当为事由提起撤销裁决的情况最多，1996年《美国仲裁法》规定因正当程序向法院申请救济改变之处大致可以分为四个方面：其一，向法院提出申请必须是在仲裁书作出之后；其二，在措辞上更加严密；其三，技术性或者是无伤大雅的仲裁程序中的不正常再也不会给予救济；其四，严重不正常的情况有所改动。法院认为的确有违反自然公正的严重不正常，还要进一步考虑是否造成重大不公正，才根据立法有权作出对裁决书的救济，即是否造成重大不公正，会作为一项重要因素影响着是否给予救济，可以说已经有不少先例明确了不影响裁决书结果的严重不正常行为是不会给予救济的。

1996年《英国仲裁法》生效前的普通法地位与目前的大不相同，以前的看法是只要违反自然公正，没有强调"重大"，之前根据有不公正的情形就可以假设如果没有这一不公正，整个仲裁程序会有怎样不同，1996年《英国仲裁法》改变了普通法地位，再也不要求法院作出任何假设或估计，即使严重不正常的确是会影响裁决书的结果，表面看来造成了不公正，但若不公正程度较轻微即被视为是不够严重的情况。并且《英国仲裁法》要求当事人一定在开庭前或裁决书作出之前努力收集所有有利的证据并向仲裁庭提供，只有这样，才有机会申请法院救济。法院针对救济的申请控制得比较严格，不轻易作出救济，除非是严重地违反自然公正，针对救济问题主要存在的现象是当事人与其代表律师经常在败诉后还希望像以前一样动辄就要去法院申请救济。

（四）实证分析仲裁程序严重不当被撤销的情形

（1）当事人失去陈述案件机会。2008年，在杨某某申请撤销仲裁裁决案中，中国最高人民法院认为，本案是属于申请撤销内地仲裁机构作出的涉港仲裁裁决案件，应参照《中华人民共和国仲裁法》第 70 条和《中华人民共和国民事诉讼法》第 258 条的规定进行审查，仲裁庭在向被申请人送达通知时没有载明申请人的一项请求，并且仲裁庭在开庭笔录中也没有明确上述仲裁请求的记载。即仲裁庭在没有将该项仲裁请求告知被申请人的情况下，裁决支持该仲裁请求，导致被申请人未能就该请求陈述意见，属于程序不当，所以应予撤销该仲裁裁决。在 2010 年新加坡高等法院受理的 Front Row Investment Holdings（Singapore）Pte Ltd v. Daimler South East Asia Pte Ltd 一案中，法院认为，以自然公正为由要求撤销裁决，应当证明违反了何种自然公正的规则。法院也认为，仲裁员未全部考虑当事人的意见，未赋予当事人自然公正，违反了自然公正规则，已经造成事实上的损害。①

（2）当事人申请开庭的，仲裁庭应当开庭审理。在 2010 年西班牙马德里上诉法院受理的 Dona Antonia and Don Roman v. Don Carlos Maria AS 一案中，马德里上诉法院认为，在一方当事人申请开庭的情形下，仲裁庭不能自由裁量是否进行庭审，本案中申请人已申请开庭听取证据，但并未开庭，法院认为申请人无法陈述其意见，裁决应予撤销。② 在 2010 年奥地利最高法院审理的 Austrian Limited Liability Company v. Austrian Incorporated Association 案中，双方因付款问题发生的争议进行仲裁，裁决支持了被告的主张，原告对裁决不满，遂提出异议。奥地利最高法院认定，新的奥地利仲裁法宗旨在于保障和扩展仲裁程序当事人的程序权利，仲裁庭未能开庭，违反了原告发表意见的权利，裁决应予撤销。③

（3）因当事人没尽勤勉义务而使通知被视为已送达，申请撤销的理由不成立。在西班牙法院受理 Societe Transport Berrada v. Hamburger Versicherungs A. G. 的一案中，法院认为若当事人未能采取必要的措施表明其地址的更

① 林一飞：《最新商事仲裁与司法实务专题案例》（第十卷），对外经济贸易大学出版社 2013 年版，第 154 页。

② 林一飞：《最新商事仲裁与司法实务专题案例》（第十卷），对外经济贸易大学出版社 2013 年版，第 117 页。

③ 林一飞：《最新商事仲裁与司法实务专题案例》（第十一卷），对外经济贸易大学出版社 2013 年版，第 78 页。

改，或者未尽勤勉义务导致邮件无法发送至其新地址的，通知应被视为已经送达至最后为人所知的地址，仲裁庭无须再查询收件人的地址，① 当事人不能再以此理由行使撤销权。

（4）证据被仲裁庭不适当地处置。在 2008 年中国山东省东营市中级人民法院受理的东营市 A 房地产开发有限责任公司申请撤销仲裁裁决案中，仲裁庭在 A 公司对关键证据材料提出鉴定申请时未准许，法院认为符合《中华人民共和国仲裁法》第 58 条第 3 项，即程序不当，支持撤销该仲裁裁决。②

（5）超出法院审查范围和理由的，法院不能撤销仲裁裁决。在 2009 年加拿大魁北克高等法院受理的 Terrawinds Resources Corp. v. Abb Inc. 一案③中、2010 年中国江苏省徐州市中级人民法院受理的徐州 A 房地产开发有限公司申请撤销仲裁裁决案④中、2010 年 Ministry of Transport and Communications of Peru v. Consorcio Vial Yupash 一案⑤中、2010 年魏某与洛阳某置业有限公司申请撤销仲裁裁决案⑥中、2010 年张某与青岛某物业管理有限公司申请撤销裁决纠纷案⑦中，法院驳回了撤销申请的原因都是因为实体问题不是法院审查范围，即法院在审查撤销仲裁案件时不应当审查实体范围，法院最终对申请撤销不予支持。

---

① 林一飞：《最新商事仲裁与司法实务专题案例》（第十卷），对外经济贸易大学出版社 2013 年版，第 107 页。

② 林一飞：《最新商事仲裁与司法实务专题案例》（第十卷），对外经济贸易大学出版社 2013 年版，第 107 页。

③ 林一飞：《最新商事仲裁与司法实务专题案例》（第九卷），对外经济贸易大学出版社 2012 年版，第 128 页。

④ 林一飞：《最新商事仲裁与司法实务专题案例》（第十卷），对外经济贸易大学出版社 2013 年版，第 153 页。

⑤ 林一飞：《最新商事仲裁与司法实务专题案例》（第十卷），对外经济贸易大学出版社 2013 年版，第 154 页。

⑥ 林一飞：《最新商事仲裁与司法实务专题案例》（第十卷），对外经济贸易大学出版社 2013 年版，第 155 页。

⑦ 林一飞：《最新商事仲裁与司法实务专题案例》（第十卷），对外经济贸易大学出版社 2013 年版，第 156 页。

三、不予承认与执行仲裁裁决的问题

裁决的执行对整个仲裁程序而言是一个核心问题，虽然只有仲裁庭有权就争议作出裁决，而且其裁决是终局的、有约束力的，但只有法院才有执行仲裁裁决的强制权利，实践中并非每一个仲裁裁决都需要法院的强制执行，大约90%的仲裁裁决能够由败诉方自动履行。尽管如此，法院对仲裁裁决强制执行的重要性不在于多少仲裁裁决实际需法院执行，而在于法院强制执行机制的存在为仲裁裁决提供了保障。承认和执行经常被放置在一起表述是习惯问题，但并不是所有的裁决都一并实施这两种行为，如驳回索赔的当事人请求的仲裁裁决，被索赔的当事人仅需有关国家的法院予以承认而无须该法院执行裁决。① 在国际上，一国法院判决的执行远远落后于仲裁裁决的执行，尽管一国法院的判决有许多国际法和国际条约的保护，仲裁裁决的强制执行却缺乏如此多的保护措施。这仿佛是一种悖论。

外国仲裁裁决的承认与执行，为国际商事仲裁裁决效力的最终实现提供了国家强制力的保障，大多数国家都加入了《纽约公约》，更是为了保证裁决执行的顺利进行，国际商事仲裁裁决的国际识别是裁决承认与执行的首要环节，国内裁决与外国裁决、《纽约公约》裁决与非《纽约公约》裁决通常需要适用不同的承认及执行程序。历史上，仲裁裁决国籍的判断标准一度非常混乱，裁决作出地、仲裁程序进行地、适用的程序法、仲裁机构所在地等都曾被用以确定仲裁裁决的国籍，有的国家甚至兼采两种标准，稍微对识别裁决的国籍作了一些统一，还有一些国家立法简化识别仲裁国籍问题而直接采用了仲裁地标准。

我国采纳的是仲裁地域性原则，凡以我国为仲裁地作出的裁决为中国裁决，凡以我国以外的国家为仲裁地作出的裁决均为外国裁决。② 国际商

---

① Emmanuel Gaillard & John Savage, *Fouchard Gaillard Goldman on International Commercial Arbitration*, CITIC Publishing House, 2004, p889.

② 李虎:《网上仲裁法律问题研究》，中国民主法制出版社2006年版，第203页。

事仲裁裁决若符合正当程序的要求，那么将会得到法院的承认与执行，申请人在申请国际商事仲裁裁决承认与执行时，应首先了解执行地国家的相关法律制度，做好准备工作，及时了解与执行相关的法律问题，同时解决被执行人可能以各种理由阻碍裁决的行为。①

《纽约公约》整体的宗旨是鼓励缔约国支持裁决书的执行，在第5条中规定了仅有的可以拒绝执行的理由，但看待这一条要注意几个方面：《纽约公约》把有关的法院分为两种：其一是主要的法院，指仲裁地点的法院，有责任监督仲裁程序的公正与顺利进行，在裁决书有严重缺陷时撤销它；其二是次要的法院，是指执行地点的法院，即是140多个《纽约公约》签署国任何其中一个法院，责任就是根据《纽约公约》执行裁决书，但没有权力与责任撤销裁决书，裁决书的实质原因是对是错不应归次要的法院操心，这一责任区分体现在公约的第5条第(1)(e)款。②

（一）承认和执行国际商事仲裁裁决的程序和条件

一般当事人会选择有执行财产的地方作为执行地，在美国，承认之诉和执行之诉分别向联邦法院和州法院提起，我国是由中级人民法院作为一审法院受理承认与执行外国仲裁裁决案件。

1958年《纽约公约》第3条规定：各缔约国应承认仲裁裁决具有拘束力，并援引裁决地之程序规则及下列各条所载条件执行之。承认或执行适用本公约之仲裁裁决时，不得较承认或执行本国仲裁裁决附加之过苛之条件或征收过多之费用。公约的第3条规定体现，外国仲裁裁决的执行程序规则应依援引裁决地即被申请执行地国的法律。《示范法》对内外裁决一视同仁，采取统一的执行方式，不论其在何国境内作出均应承认其有拘束力，《示范法》是为了统一和协调没有加入《纽约公约》的国家，是为了给各国以示范，让各国依据《示范法》去指定自己的本国法，在这个意义上，

① 齐湘泉：《外国仲裁裁决承认及执行论》，法律出版社2010年版，第54页。
② 杨良宜、莫世杰、杨大明：《仲裁法——从开庭审理到裁决书的作出与执行》，法律出版社2010年版，第677页。

《示范法》是为巩固《纽约公约》而存在的。

形式要件和实质要件是承认和执行外国仲裁裁决的两个方面的条件。1958 年《纽约公约》第 4 条中规定了承认和执行外国仲裁裁决的形式要件，依据该条胜诉的一方当事人在申请承认和执行时应提出该条规定的书面证据和文件。1958 年《纽约公约》第 4 条规定："(一)经正式认证的裁决正本或经过正式证明的副本；(二)第二条所称的仲裁协议正本或正式证明的副本。"此外，此公约第 4 条第二款还规定，倘若前述裁决或仲裁协议行为援引裁决地所在国之正式文字写成，申请承认和执行裁决的当事人应提交这些文件的此种文字译本。

《日内瓦公约》规定当仲裁裁决取得双重许可时，才能得到承认与执行，即取得裁决作出国允许执行的许可和执行地的执行许可，《纽约公约》比《日内瓦公约》更加鼓励仲裁裁决的承认和执行，已经取消了《日内瓦公约》的这种双重许可制度。① 另外，《日内瓦公约》将举证责任分担给申请执行的一方当事人，并且满足执行所需的各种条件和举证责任繁多，而《纽约公约》中拒绝执行的有限理由的举证责任留给了被申请执行人一方。《纽约公约》第 7 条第 1 款的规定被称为公约中的"更优权利条款"，若执行地有比公约更优惠的权利，那么申请执行裁决的一方当事人便可援引和利用该项更为有利和优惠的规定并以此取代公约的规定，从而更加维护了申请执行一方当事人的权益。②

国际商事仲裁中的当事人申请外国仲裁裁决的承认与执行时，必须在法定的申请执行期间向有管辖权的法院提出申请，法院将按照规定的程序审查当事人的申请是否符合法定的条件，以决定是否予以承认和执行，这些程序包括是否举行辩论、法院决定可否上诉等。当事人向一国法院申请与执行一个外国仲裁裁决，必须提交相应的文件，即满足承认与执行的形

① 黄亚英：《商事仲裁前沿理论与案例》，中国民主法制出版社 2013 年版，第 34 页。

② 黄亚英：《商事仲裁前沿理论与案例》，中国民主法制出版社 2013 年版，第 23 页。

式要件，否则，法院将无法作出是否准予承认及执行的决定。完全统一各国关于仲裁裁决的执行规则是不现实的，因而《纽约公约》对外国仲裁裁决的执行程序未作具体规定，只是确立了执行地程序应予适用的一般原则，同时要求各国不得对外国裁决的承认与执行施加更严格的条件。《纽约公约》要求申请人提交仲裁裁决、仲裁协议及必要的译本，并提供必要的证明，这种规定简化了申请手续，减轻了申请人的举证负担，有利于裁决的执行。

在 2010 年俄罗斯联邦最高仲裁法院受理的 ProdOpt v. First 案中，申请人向莫斯科商事仲裁法院申请承认仲裁裁决。最高法院依据仲裁程序法第 38(8) 条规定，仅在承认仲裁裁决的申请作为抗辩裁决的案件中提出反请求时适用，即抗辩仲裁裁决时才可以向仲裁庭所在地即裁决作出地提出申请，若仲裁裁决未被提出异议，依据第 236 条第 3 款，承认仲裁裁决的申请应在被申请人所在地或其财产所在地。[1] 从这个案件中，可以看出承认裁决的管辖法院与撤销裁决的管辖法院不同。

(二)撤销程序与执行程序的关系

(1)撤销程序不是必经程序：在 2010 年德国联邦法院受理的 No. III ZB 100/09 案中，德国联邦法院认为，没在法国启动撤销程序不妨碍当事人在执行程序中提出缺乏管辖权的主张，德国仲裁法第 1061 条规定，外国仲裁裁决在德国的承认和执行专属于《纽约公约》管辖，无论是德国民事诉讼法典还是《纽约公约》，均未要求当事人在对执行提出异议前必须寻求外国救济。德国联邦法院认为，未在先前申请撤销仲裁裁决本身并不违反诚信，允许被申请人在执行程序中以管辖权为由提出异议。[2]

(2)已撤销的裁决被执行的情形：在 2010 年荷兰最高法院受理的 OAO

---

① 林一飞：《最新商事仲裁与司法实务专题案例》(第十一卷)，对外经济贸易大学出版社 2013 年版，第 127 页。

② 林一飞：《最新商事仲裁与司法实务专题案例》(第十卷)，对外经济贸易大学出版社 2013 年版，第 168 页。

Rosneft v. Yukos Capital 案中，仲裁裁决在俄罗斯作出后，Rosneft 在俄罗斯法院申请撤销裁决，法院撤销了裁决。荷兰一审法院认为应当尊重撤销裁决的决定，不予执行。荷兰最高法院认为可以执行该被撤销的裁决。① 在2007 年法国上诉法院受理的 Societe PT Putrabali Adyamulia v. Societe Rena Holding 案中，原告认为裁决被仲裁庭撤销后对当事人没有了效力，因此不能执行。上诉法院认为，国际仲裁裁决并不属于任何国家法律体系，其效力应依据裁决被请求承认和执行的国家法律规则来审查，依据《纽约公约》第 7 条，被告人请求在法国承认裁决是允许的，可以依赖法国关于国际商事仲裁的规则，而这其中并不包括外国仲裁裁决的撤销。② 执行法院不承认裁决书被主要法院撤销或被判无效的情况，美国华盛顿地方法院认为不执行该裁决书是违反美国的公共政策，美国的案例中漠视主要法院已经撤销裁决书或令其无效的事实表明，被撤销的裁决可以重新寻求承认与执行。③

（3）撤销与执行程序同时存在：在 2010 年加拿大不列颠哥伦比亚最高法院受理的 Wires Jolley LLP v. Peter Wong 案中，不列颠哥伦比亚最高法院认为，在仲裁地申请撤销仲裁裁决的诉讼尚未审结之前，执行法院有权决定是否承认和执行裁决。④

（三）拒绝承认和执行仲裁裁决的理由和情形

法院干预与监督仲裁程序主要是为了确保仲裁程序符合自然公正的要求，针对仲裁庭在程序中作出的决定，由于仲裁员是程序的主人，法院不

① 林一飞：《最新商事仲裁与司法实务专题案例》（第十一卷），对外经济贸易大学出版社 2013 年版，第 135 页。

② 林一飞：《最新商事仲裁与司法实务专题案例》（第七卷），对外经济贸易大学出版社 2011 年版，第 186 页。

③ Gary B. Born, *International Commercial Arbitration*, Kluwer Law International, 2009, p2673.

④ 林一飞：《最新商事仲裁与司法实务专题案例》（第十一卷），对外经济贸易大学出版社 2013 年版，第 136 页。

会作出改变。目前法律已经明确仲裁庭对程序的决定是最终的，但在决定中若违反自然公正，法院才会给予干预，这种干预不是直接改变仲裁庭的决定，而是根据严重的程度赶走仲裁员或撤销裁决书。法院以往对仲裁程序是否符合自然公正一直很严格，仲裁员很容易被指违反自然公正的天条。1698 年《英国仲裁法》规定若仲裁程序涉及仲裁员的"不恰当的手法"，裁决书就会被撤销，到 1889 年《英国仲裁法》"不恰当的手法"变为仲裁员的"不良行为"，由于很多案件仲裁员没有过错，1934 年《英国仲裁法》变为"仲裁员或仲裁程序有不良行为"，1996 年《英国仲裁法》变为"严重不正常"。在"不良行为"准则下，英国法院对仲裁程序干预与监督十分严格，即便仲裁员做事情完全合情合理，也会因为一些与仲裁员毫无关系也控制不了的"程序上的不幸"或当事人的误解等情况，导致正义不能得到伸张而引来了法院的干预。为了减少这种干预，1996 年《英国仲裁法》也用"严重不正常"代替"不良行为"。美国一般依据宪法修正案来衡量正当程序的标准，并且美国一般审查内国仲裁和外国仲裁裁决时采取一视同仁的衡量标准。[1] 根据《纽约公约》第 5 条拒绝承认与执行裁决的情形有以下方面，需注意的是，公约对这些理由的规定是"穷尽的""仅有的"。[2]

1. 违反正当程序

关于违反正当程序的认定标准学者们有和实践不同的看法，但对于公约裁决拒绝执行的态度是一致的，对于是否违反正当程序，判定的标准主要不在于国内法的规定，仍在于事实的认定即仲裁活动是否显失公平和公正，故只有严重的不当行为才构成违反公约规定的正当程序。违反正当程序抗辩与公共政策抗辩不同之处在于，如果违反正当程序作为一个单独的理由，法院就不能以此为由自行拒绝裁决的执行，而必须经当事人举证证实该理由后才能作出这样的决定，而且法院也不能以违反本国公共政策为

---

[1] Gary B. Born, *International Commercial Arbitration in the United States: Commentary & Materials*, Kluwer Law and Taxation Publishers, 1994, pp.552-553.

[2] Alan Redfern and Martin Hunter, *Law and Practice of International Commercial Arbitration*, London: Sweet & Maxwell, 2003, p459.

由接受被诉人拒绝执行裁决的请求。大多数国家都认为国际商事仲裁中正当程序是公共政策的一部分,①　瑞士在实践中也没有清晰地界定正当程序和公共政策的范围。②

（1）当事人没有被给予指定仲裁员或进行仲裁程序的适当通知。如果没有给予败诉方适当的委任仲裁员通知及有关仲裁程序的通知，就会剥夺了败诉方出庭抗辩的机会，剥夺了败诉方委任自己仲裁员或是参与委任过程的机会，这显然对败诉方是不公平的。当事人方若有律师代表，仲裁庭与法院做法一样，直接与当事人律师代表通信往来，不接触当事人，完全假设该法律代表会通知他的当事人，并让该律师把仲裁的程序及有关问题向他的当事人报告、解释与作出建议。在国际商会仲裁中(ICC)，大家会把双方当事人通信往来的方式与做法在"审理范围书"中写明。没有给仲裁程序的通知可以发生在任何阶段，若是次要的通知没有通知到败诉方也不会造成严重的不公正，可以在后来的程序中作出补救。

（2）违反正当程序的另外一个情形是：当事人没有陈述自己的意见。这种情形包括，败诉方提出抗拒因种种理由被仲裁庭所否定，或者是被告没有参与仲裁，不给予机会进行抗辩，这种情形之所以可以被认定为违反正当程序，是败诉方无法陈述他的争辩不能是败诉方自己的错误造成的，若败诉方已被仲裁庭给了足够的通知，因败诉方自身的原因不陈述的，是其自己的错误。在缺席裁决中，仲裁庭要十分小心，千万不要增加一些内容是缺席的被告没有机会作出抗辩的。这样事后，缺席的被告会以此为由提出抗辩。通常情况下，缺席裁决和普通裁决一样具有可执行性。③

当事人以未能进行申辩为由请求法院拒绝承认及执行外国仲裁裁决的

---

①　Troy L. Harris, The "Public Policy" Exception to Enforcement of International Arbitration Awards Under the New York Convention: With Particular Reference to Construction Disputes, *J. Int'l Arb.*, Vol. 24, No. 9, 2007, p17.

②　Elliott Geisinger, Implementing the New York Convention in Switzerland, *J. Int. Arb.*, Vol. 25, 2008, p691, p699.

③　Christopher Style Gregory Reid, The Challenge of Unopposed Arbitrations, *Arbitration International*, Vol. 16, 2000, pp. 219-224.

情况，有以下几种：

第一，当事人未接到仲裁通知，未能出庭陈述事实，申辩权无法行使，这种有充分理由的抗辩一般能够得到法院的支持。

第二，仲裁委员会送达仲裁通知程序上存在瑕疵，但当事人事实上接到了仲裁通知，却抓住仲裁通知送达程序仲裁的瑕疵不放，以此为借口不参与仲裁活动，不出庭申辩，这样的抗辩难以得到法院的支持。一般是由于被申请人恶意规避仲裁，意图在仲裁裁决承认及执行程序中抓住仲裁委员会仲裁文件通知瑕疵不放，以期达到全面否定仲裁裁决的目的。

第三，当事人在仲裁程序中进行了申辩，但由于仲裁庭或仲裁员的原因，当事人未能充分行使申辩权。实践中，是否充分行使申请权的尺度没有确定性，很难把握，完全由法官自由裁量。我国的仲裁制度中，应遵循交叉询问原则，关注我国的质证原则。

第四，被申请人不讲事实、不讲证据，盲目地将《纽约公约》中规定的所有拒绝承认及执行外国仲裁裁决的法定事由依次列举，当然包括将自己未能获得申辩权在内的理由都呈递给法院。

第五，被申请人以《仲裁规则》规定的答辩期限过短，以致无法行使或无法完全行使申辩权为由请求拒绝承认及执行外国仲裁裁决。

第六，被申请人申请推迟开庭仲裁庭没有采纳的，被申请人在承认及执行仲裁裁决程序以未获申辩权为由提出抗辩。实践中，被申请人申请推迟开庭的理由有：准备证据时间不足；未能找到合适的委托代理人；被申请人的代理人开庭前辞去代理；己方证人因不可抗力不能按时到达仲裁地。实践中，仲裁庭不同意延期开庭的，常常都有适当的理由，否则，当事人会以延期开庭未被同意向法院请求拒绝执行外国仲裁裁决。

第七，仲裁庭没有接收被申请人提交的证据。

第八，被申请人提请仲裁庭对某一事实进行调查或申请某一证人出庭作证，被申请人的申请未获仲裁庭采纳。

对被申请人未获得充分申辩权的抗辩，支持和否定被申请人抗辩的情况都存在，同样的事实或同样的情形在同一国家的不同法院提出抗辩，法院的判决结果都可能不同，因此在申请承认及执行外国仲裁裁决时，应关注执行地国家以往的判例来指导自己的行动。

2. 仲裁员超越权限

仲裁员超越权限的情形包括，仲裁裁决的内容没有包含在仲裁协议提交的争议中，或超出仲裁协议的范围，或是仲裁协议以外的事项。根据《纽约公约》的规定，若裁决未超出的部分可以与超出的部分分开的，那么未超出的部分仍可以被承认和执行。这一理由涉及了仲裁庭缺乏对一些裁决事项的管辖权，也涉及仲裁庭违反了自然公正。杨良宜教授主张把此条归属于"正当程序"的范畴。

实践中，应该把当事人委托仲裁员与作出仲裁通知所用的文字或措辞作出同样宽泛的解释，并应假设双方当事人既然开始了仲裁，就应有意图把所有双方存在的争议都交付给委任的仲裁庭，否则此类管辖权的质疑会在现实中被恶意利用。①

3. 仲裁庭的组成或仲裁程序的不当

若当事人举证证明仲裁庭的组成与当事人的仲裁协议不符，或者仲裁程序与当事人的仲裁协议不符，或者当事人约定与仲裁地法律不符时，法院都可以拒绝承认和执行此项仲裁裁决。由于根据仲裁协议组成的仲裁庭才会有管辖权，所以这一个可以让执行法院拒绝执行的理由基本上与攻击仲裁庭没有管辖权是一致的。

4. 仲裁程序并非按照双方当事人所约定

仲裁程序若没有依照双方当事人约定而导致管辖权有缺陷或是越权，例如，若双方当事人约定仲裁是按照 UNCITRAL Arbitration Rules 进行，则仲裁庭就必须严格依照这一套联合国的仲裁规则推进仲裁。

5. 裁决不具约束力或已被撤销

《纽约公约》规定，若被执行人能够举证证明裁决不具有约束力的，该

---

① 杨良宜、莫世杰、杨大明：《仲裁法——从开庭审理到裁决书的作出与执行》，法律出版社 2010 年版，第 709 页。

仲裁裁决将不被承认和执行，裁决将被撤销或停止执行。在裁决的承认和执行阶段，裁决已被有关机关撤销可以成为执行地法院拒绝承认和执行裁决的一条理由。有关机关作出撤销裁决的决定应当是确定的，如果仅仅是提起了撤销裁决之诉而主管机关尚未作出决定，则不影响裁决的执行，被诉人只有提出有效的证据证明裁决已被有管辖权的主管机关撤销，才构成执行地法院拒绝承认和执行裁决的理由。裁决的终止也可以成为拒绝执行裁决的理由，当事人欲达到拒绝仲裁的目的，则必须证明有管辖权的主管机关已作出了这样的决定。

根据《Arbitration Ordinance》s.44(5)，如果一份《纽约公约》裁决书的执行中，被强制执行裁决书的一方向执行地法院证明有关裁决书对双方当事人还未具有约束力，或该裁决书已被作出裁决的国家法院根据仲裁地点的国家法律予以作废、撤销或终止，执行地的法院若认为恰当，可中止执行程序。

在英国，裁决书中要明确原因，这也是大多数国家的要求，即若仲裁员不为裁决书给出原因，也是违反正当程序，则败诉方可要求仲裁员作出解释，若解释后败诉方仍拒绝的，法院就可以干预，包括"撤销""发还"给仲裁员，要求其作出原因解释。

(四)正当程序对申请执行时的要求

执行过程本身也有正当程序的要求，若违背这些要求也会影响仲裁裁决的实际执行。例如，向中国香港地区法院申请执行时需要以宣誓的形式提供证据，另外申请人必须对事实与案件进行全面与真实的披露，所需要提供的是一份完整的裁决书，以及包含了仲裁协议文件的相关资料，提交仲裁协议时是不需要提交整个合约文本的，若现实中仲裁协议是由其他的一些文件材料构成，则这些文件材料需要披露。向英国法院申请执行时需要以"宣誓书"或"证人证言"的形式提供一些证据。在认为恰当的情况下，中国香港地区法院有中止申请承认与执行裁决书的管辖权。通常的情形包括法院觉得它没有管辖权，或者是不方便管辖，或者要求提供费用担保的命令没有被遵照执行。这时，法院可以自由裁量是否要求被执行人提供担保。

在 2010 年加拿大安大略高等法院受理的 CJSC "Sanokr-Moskva" v. Tradeoil Management 案中，法院认为，联合国国际贸易法委员会国际商事仲裁示范法要求申请执行的一方当事人提供裁决书的公证原件、经证明的翻译件及仲裁协议原件或经证明的副本。这些程序性的要求是强制性的，但本案所涉执行申请人并未提供此种材料，因此不予支持执行。①

另外，承认不是执行的必经程序。No. 299/09 一案中，比利时方当事人就国际商会仲裁员仲裁裁决在葡萄牙法院申请执行，一审法院和上诉法院认定裁决未经此前的承认程序予以承认，故并非可执行的法律文件。最高法院认为，《纽约公约》要求缔约国不得以比国内仲裁的承认和执行更严格的方式对待外国仲裁裁决，而在葡萄牙，国内仲裁裁决并不需要现经过承认，故同样的外国仲裁裁决也不需要承认。

(五)法院对正当程序的监督挑战仲裁机密性

也有学者认为仲裁合议的机密性不如司法裁判庭的机密性，理由是仲裁需要法院监督其合议的过程是否符合"自然公正"。法院对正当程序的监督是否影响仲裁合议机密性的问题值得探讨，承认与执行程序中提交的法律文件并不是都可以成为公众记录的部分，法院可以在司法系统网站上公布，并不是每一个人都有权看到判决或命令，法院有自由裁量权限制公众对这些资料的检阅权利。若有听证程序，听证程序可以在法院内廷中进行，通常情况下这种开庭不公开，为了保持机密性，只要任何一方提出申请，一审法院和上诉庭就不得就此程序公开进行。对于判决裁决书是否要公开，视情况而定，只要所有当事方同意或者法院认为它的公布行为不会披露任何一方希望保持机密的信息情况下，在中国香港地区的一审法院或

---

① 林一飞：《最新商事仲裁与司法实务专题案例》(第十一卷)，对外经济贸易大学出版社 2013 年版，第 128 页。

上诉庭进行的申请承认与执行《纽约公约》裁决书程序所作出的裁决书，才可以被公开。如果该程序在法院不是公开进行的，但法院认为裁决书对法律的发展完善有益处，它可以指令将裁决书在法律报告或专业刊物上发表，根据我国 2021 年新修订的《民事诉讼法》第 137 条，规定除非是涉及国家秘密、商业秘密或者个人隐私，在中国开庭均需要公开进行。在英国，一方或者双方当事人向英国法院请求有关裁决书的救济时，法院不可能让其保持机密性，涉及仲裁的法院判决在上诉庭的指引下，大部分都是公开的。

（六）实证分析

1. 因违反正当程序不予执行的案例

2010 年俄罗斯最高仲裁法院受理的 ALUR v. Capital NN 案，所涉仲裁由莫斯科商会仲裁院进行。一方当事人要求在合同翻译完毕之前中止程序，仲裁庭拒绝了该项请求，法院认为，此种情形拒绝当事人提出的此种要求相当于违反平等对待当事人的原则，该方当事人被剥夺了充分陈述的机会，构成拒绝执行裁决的理由。[①] 2009 年美国俄勒冈地区法院在 A Co. v. B Inc 一案中，申请人与被申请人签订的合同中约定争议提交中国的一家仲裁委员会仲裁，之后发生争议，申请人提起仲裁。裁决作出后，申请人向美国俄勒冈地区法院申请执行，被申请人则根据《纽约公约》请求不予执行，理由是其未得到进行仲裁程序的通知。法院认为，被申请人所获得的通知不构成向当事人发出的合理通知，没有给予当事人发表意见的权利，被申请人并未同意以中文进行仲裁，虽然中文材料可能包括了相关细节，但此种通知是不充分的。[②] 在 2009 年，中国最高人民法院受理的浙江展诚建设集团股份有限公司申请不予执行外国仲裁裁决案中，最高人民法

---

① 林一飞：《最新商事仲裁与司法实务专题案例》（第十一卷），对外经济贸易大学出版社 2013 年版，第 130 页。

② 林一飞：《最新商事仲裁与司法实务专题案例》（第九卷），对外经济贸易大学出版社 2013 年版，第 121 页。

院认为，本案中包括决议程序及仲裁听证会日期的快件并未送达给浙江展诚建设集团股份有限公司，导致此公司未能出庭陈述意见，故符合《纽约公约》第 5 条中拒绝承认与执行的情形。[1]

那不勒斯(Naples)上诉法院拒绝承认与执行某奥地利裁决，其理由是给予意大利被申请人一个月的通知要求其出席在维也纳进行的审讯不够充分，因为当时被申请人所在地区正遭受了一次严重的地震；英国上诉法院支持拒绝承认与执行某印度裁决，其理由是其中一方当事人的严重疾患，在审讯过程中寻求延期未果，表明对他参与仲裁程序包括作出答辩的期待不切实际；中国香港地区高等法院拒绝执行某裁决，认为中国国际经济贸易仲裁委员会(CIETAC)没有给被申请人机会对由仲裁庭指派的专家出具的报告作出评论和解释。

以违反正当程序为由但拒绝不成功的例子包括：仲裁员未准予为方便反对执行一方当事人之证人而对审讯重新排期；仲裁庭未准予延期并反对额外的调查取证；仲裁庭未准予因破产程序而进一步延期和暂停仲裁程序；仲裁庭对推定或举证责任所作出的决定；仲裁庭据称在裁决中采用新的、未经辩论过的法律理论；仲裁庭省略了对某一证人的盘问；当事人未能出席审讯因为害怕在审讯地被逮捕；某公司代表不能出席审讯因为不能获得签证。

2. 因当事人自身原因造成程序不当的应予执行

2010 年新西兰上诉法院在 Hi-Gene Ltd v. Swisher Hygiene Franchise Corporation AS 一案中，Swisher 申请执行裁决，Hi-Gene 拒绝，理由是在其未派代理人出席的情况下仲裁庭依然开庭构成对自然公正的违反，一审法院和上诉法院都认为，如果当事人在收到适当通知后，选择不参加开庭，则程序可以在一方缺席的情况下继续，此程序不构成对自然公正的违反。[2]

---

① 林一飞：《最新商事仲裁与司法实务专题案例》(第九卷)，对外经济贸易大学出版社 2012 年版，第 126 页。

② 林一飞：《最新商事仲裁与司法实务专题案例》(第十卷)，对外经济贸易大学出版社 2013 年版，第 114 页。

再如 2010 年奥地利最高法院受理的奥地利个人诉乌克兰某公司一案中，最高法院认为原告已经被适当传唤，得到了参加庭审及进行陈述的充分机会，而其未参加完全是由于自身原因，最终结论是，最高法院认为不应拒绝执行。[①]

3.《纽约公约》鼓励更优惠权利条款的适用

在实践中，当地法较之《纽约公约》的规定有可能更有利于裁决的承认与执行。[②] 2010 年德国联邦法院受理的 No. III ZB 69/09 案中，德国最高法院认为，《纽约公约》第 7 条更优惠权利条款允许适用德国民事诉讼法第 1031 第 2 款和第 3 款，因为该条对于仲裁协议的形式规定了比《纽约公约》更为优惠的条件，应予适用。《纽约公约》第 7 条允许国内法中关于仲裁裁决的承认与执行上的更优惠条件得到适用。《纽约公约》的目的在于便利外国仲裁裁决的执行，而不是创设较国内法更严格的标准。[③]

4. 仲裁庭的组成不当情形

根据《纽约公约》第 5 条第(1)(d)款之上述第一种理由提出反对但不成功的案例包括：慕尼黑上诉法院拒绝因仲裁庭组成未按照当事人约定而反对执行的要求。该案仲裁庭由一名而非按照仲裁条款约定的两名或多名仲裁员组成。法院指出被申请人明知仲裁庭之组成与原约定不同，但却没有在仲裁过程中提出反对。西班牙最高法院审理的一个案件中，其仲裁协议规定于法国的 ACPCA (Association Cinematographique Professionnelle de Conciliation et d' Arbitrage) 仲裁，由于被申请人未能指定仲裁员，国际电影制片人协会联盟主席为其制定了仲裁员，被申请人对此反对认为违反了当事人之间的协议，法院否决了被申请人的反对，认为该指定符合 ACPCA 规则中的相关规定。

---

① 林一飞：《最新商事仲裁与司法实务专题案例》(第十卷)，对外经济贸易大学出版社 2013 年版，第 114 页。

② Alan Redfern and Martin Hunter, *Law and Practice of International Commercial Arbitration*, Sweet & Maxwell, 2003, p483.

③ 林一飞：《最新商事仲裁与司法实务专题案例》(第十卷)，对外经济贸易大学出版社 2013 年版，第 170 页。

根据第 5 条第(1)(d)款之上述第一种理由提出反对获得成功的案例包括：1978 年弗洛伦斯上诉法院认为仲裁地于伦敦的两个仲裁员组成的仲裁庭违反了当事人之间的仲裁协议，尽管这符合当时仲裁发生地之法律，其仲裁条款规定应当指定三名仲裁员，因为他们对案件的结果持一致意见，当时英国法对此是允许的。美国第二巡回上诉法院拒绝承认与执行某裁决由于没有按照约定的程序指定仲裁员而违反了当事人之间关于仲裁庭组成的协议，该案件一方当事人申请法院指定了首席仲裁员，而按照仲裁协议的相关约定首席仲裁员应当由双方当事人指定的仲裁员共同协议指定。

5. 仲裁程序同当事人间的协议不符

按照第 5 条第(1)(d)款之上述第二种理由提出反对但不成功的案例包括：布莱梅上诉法院驳回了被申请人提出的有关在土耳其进行的仲裁程序中仲裁庭没有遵照土耳其民事诉讼程序法的理由。被申请人认为仲裁庭没有遵照土耳其民事诉讼程序法准予其口头审讯的要求且不理会其对新证据的提议。布莱梅上诉法院则认为仲裁庭遵照了当事人同意的伊斯坦布尔商会仲裁规则行事。

美国北佛罗里达区际法院审理的某案中，被申请人 Devon(中国海事仲裁委员会(CMAC)仲裁中的申请人)认为 CMAC 拒绝了对方当事人反诉请求以后又允许其另外提出新请求之后再与 Devon 的原诉合并，这与中国法律不符。法院驳回了被申请人的这一理由，认为 Devon 未能证明该 CMAC 仲裁不符合中国法。

按照第 5 条第(1)(d)款之上述第二种理由提出反对获得成功的案例包括：

瑞士上诉法院拒绝承认与执行某德国裁决，认为其仲裁程序与当事人协议不符；当事人约定在汉堡仲裁其仲裁协议规定："所有争议应当在同一仲裁程序中解决。"然而，发生了两次仲裁程序：首先有两名专家对争议进行仲裁，其后再有三名仲裁员进行仲裁。土耳其上诉法院拒绝承认与执行某瑞士裁决，其理由是当事人同意的程序法未被适用。意大利最高法院执行了某斯德哥尔摩的裁决却拒绝执行对同一争议于北京作出的裁决，认为北京裁决不符合当事人所预期的只有一个仲裁程序的协议，或是在斯德哥尔摩或是在北京仲裁，由先开始仲裁程序的一方当事人决定。

6. 不可仲裁

少数案件按照第 5 条第(2)(a)得以拒绝执行，包括：比利时最高法院拒绝执行某裁决的理由是按照比利时法律终止独家分销协议不能通过仲裁解决，通过对有关分销商的特别立法法院享有排他管辖权；莫斯科地区联邦商事法院认为某斯洛伐克裁决不可执行，因为裁决作出时俄罗斯被申请人已经被商事法院判决破产，按照俄罗斯联邦破产法，商事法院对破产债务人的债务金额和性质享有排他管辖权，法院实际上将其决定作为公约第 5 条第(2)(b)款之理由认为可仲裁性被看作属于公共政策。

7. 公共政策

德国策勒上诉法院审理的一案中，卖方请求执行某俄罗斯联邦工商会国际商事仲裁庭(ICAC)裁决。买方声称如果允许执行会导致违反公共政策，或是由于仲裁程序有不当之处，或是由于仲裁裁决准予了不成比例的过高的合同损害赔偿金。法院拒绝了买方的论点并认为：

"于外国仲裁裁决的特定案例中，外国仲裁对国内程序法之强制规定的背离并非自动地违反公共政策，更确切地说，必须违反了国际公共政策。因此，对外国仲裁裁决的承认通常受益于比对国内仲裁裁决更为宽松的制度。问题关键不是德国法官是否会按照德国的强制性法律得出不同的结论。而是，只有当某个具体案件中由于适用于外国法导致与德国的规定如此不一致，以至于其结果按照德国的原则无法被接受，这时才构成违反国际公共政策。本案并非如此。"

法国 SNF v. Cytec 一案中，SNF 根据两个单独的协议向 Cytec 购买某化学混合物，第二个协议中规定 Cytec 为独家供应商，仲裁庭认为第二个协议违反了欧盟竞争法，于是作出了对 Cytec 有利的裁决。案件到了法国最高法院，SNF 实际上主张法院不应当准予执行该裁决，由于该裁决的基础为限制竞争的合同，因此有违欧盟法律及公共政策。法国最高法院认为该案的关键是国际公共政策，法院只有在"昭彰地，事实上且具体地"违背国际公共政策时才会介入以阻止执行。

裁决所依据的法律推理或仲裁庭的行为有误并不违反公共政策，只要该错误不影响申请执行地的根本道德理念及其法律体系的公正，即不违背国际公共政策。又例如，中国香港特区终审法院认为检验在被申请人缺席时进行不能作为拒绝执行的理由，因为被申请人被告知检验完成后没有要求应当着代理人的面重新检验。

其他尽管被声称违反了公共政策仍然被予以承认与执行的案例有：

缺乏经济能力：葡萄牙被申请人辩称因为缺乏经济能力没有参加在荷兰进行的仲裁，葡萄牙最高法院拒绝认为裁决有违公共政策。

仲裁员不公平：法院认为"存在有偏见的迹象"不足够；必须有"事实上的偏见"，即，仲裁员必须实际上有偏袒的行为。

裁决缺乏理据：按照其强制性法律裁决必须说明理据的国家法院通常同意执行不包含理据的裁决，倘若该裁决依裁决作出地法有效。

按照第 5 条(2)(b)款被拒绝承认与执行的案例有：

巴伐利亚上诉法院拒绝承认与执行某俄罗斯裁决，其理由是该裁决与当事人达成和解协议后作出，仲裁员被隐瞒了和解的事实，这违反了公共政策。

俄罗斯联邦托木斯克地区联邦商事法院拒绝执行于法国作出的某 ICC 裁决，认为裁决涉及的贷款协议属于同一集团的公司之间的非法的安排且其争议是虚假的。

第五章　中国国际商事仲裁正当程序制度的完善

第一节　中国国际商事仲裁正当程序制度

一、中国国际商事仲裁的起源

我国的涉外仲裁实践起步于 20 世纪 50 年代，远远早于我国仲裁法的颁布，中国《仲裁法》使用"涉外仲裁"，而不使用"国际仲裁"，是为了与《民事诉讼法》保持一致，当时为适应国际经济交往的需要，我国在 1952 年便成立了中国贸促会，促进中国公司和外国公司间的经济往来，在经济往来的合同中约定将之间的争议提交仲裁解决，1954 年我国建立了第一个仲裁机构——对外贸易仲裁委员会，1958 年在中国贸促会下设立海事仲裁委员会。中国涉外仲裁制度的发展完全是在经济潮流的推动下进行的，可谓经济基础决定上层建筑。1978 年后，中国涉外仲裁制度进入长足发展阶段，国务院分别在 1980 年、1988 年对对外贸易仲裁委员会进行改名，最终改为"中国国际经济贸易仲裁委员会"，简称"贸仲"。1987 年，我国加入了《纽约公约》，这是我国涉外仲裁历史上具有里程碑意义的事件。

在中国，改革开放的浪潮推动着中国国际商事仲裁制度从小到大的长足发展，从 1954 年中国设立第一个仲裁机构，到 1994 年 8 月 31 日通过的我国第一次颁布调整仲裁关系的法律《中华人民共和国仲裁法》已于 1995 年 9 月 1 日付诸实施，再到 2014 年上海国际经济贸易仲裁委员会审议通过

《中国(上海)自由贸易试验区仲裁规则》。2021年7月，我国司法部发布拟定的《中华人民共和国仲裁法(修订)(征求意见稿)》，急待解决的仲裁程序部分得以修订和完善，征表了我国国际商事仲裁逐步与国际接洽和融合的轨迹，具有较高的前瞻性和实践性。

二、中国国际商事仲裁立法现状

在我国的法律体系中，我国缔结和参加的有关双边和多边国际公约和我国国内立法构成了调整国际商事仲裁关系的法律规范体系，目前我国1994年《仲裁法》和2021年《民事诉讼法》是调整我国国际商事仲裁主要的国内立法。《民事诉讼法》关于海事、国际运输及国际经济贸易的仲裁给予规定，此外，该法还对中国涉外仲裁裁决在中国的执行和外国的仲裁裁决在中国的执行作了简要规定。

(1)《中华人民共和国民事诉讼法》：1991年的《民事诉讼法》早于中国《仲裁法》规定国际商事仲裁，目前现行的2021年《民事诉讼法》在第六章"证据"、第九章"保全和先予执行"、第十二章"第一审普通程序"、第二十章"执行的申请和移送"、第二十六章"仲裁"和第二十七章"司法协助"的条文中，都对国际商事仲裁的正当程序有所涉及。

(2)《中华人民共和国仲裁法》：从1995年施行，到现在已有二十余载，第七章以专章的形式对国际商事仲裁的事项予以规定，最高人民法院不断发布司法解释对《仲裁法》的适用予以完善，但我国《仲裁法》至今没有得到正式修订。1994年的《仲裁法》对涉外仲裁也有特别规定：如中国商会可组织设立涉外仲裁委员会，涉外仲裁庭的组成及涉外仲裁的当事人可以申请证据保全，涉外仲裁裁决的撤销和不予执行的条件适用2021年《民事诉讼法》第281条的规定等基本内容。

(3)我国仲裁机构的仲裁规则：1996年国务院下发通知，允许我国的仲裁机构受理国际商事案件，贸仲的2000年仲裁规则也扩大受案范围，受理国内和国际的仲裁案件。在我国有影响力的仲裁机构的仲裁规则有：2015年《中国国际经济贸易仲裁委员会仲裁规则》、2022年《北京仲裁委员会仲裁规则》、2022 年《上海仲裁委员会仲裁规则》、2011 年《深圳仲裁委员会仲裁规则》、2015 年《上海国际经济贸易仲裁委员会仲裁规则》、2022 年《华南国际经济贸易仲裁委员会仲裁规则》、2014 年《中国(上海)自由贸易试验区仲裁规则》等。

(4)有关国际商事仲裁重要的司法解释:《关于适用〈中华人民共和国仲裁法〉若干问题的解释》《关于适用〈中华人民共和国民事诉讼法〉若干问题的意见》《关于执行我国加入的〈承认与执行外国仲裁裁决公约〉的通知》等。另外,最高人民法院发布的关于内地与中国香港特别行政区、中国澳门特别行政区互相认可与执行仲裁裁决的安排,以及人民法院执行中国台湾地区民事判决的相关文件对涉外商事仲裁都有重大意义。

(5)中国参加了 1958 年《纽约公约》和 1956 年《华盛顿公约》这两个影响较大的国际公约,承担了公约规定的义务,推动了我国涉外仲裁制度的国际化。同时,《联合国国际贸易法委员会国际商事仲裁示范法》虽然没有强制执行力,但由于《国际商事仲裁示范法》是对国际商事仲裁实践的良好回应,所以世界上大多数国家都以该示范法为蓝本进行立法,我国的国际商事仲裁立法也应该尽快地汲取《国际商事仲裁示范法》的营养成分完善我国的仲裁法,以便更加合理高效地解决国际商事纠纷,从而适应 2021 年《法治中国建设规划》的要求,增强我国有关国际商事仲裁案件的话语权和影响力。

三、正当程序下中国的立法和仲裁规则

(一)中国各地立法

中国《仲裁法》颁布后,北京市组织了一次关于企业仲裁意识的问卷调查,其中企业选择解决纠纷方式时主要考虑的因素依次是:能有效得到执行 65.8%,公正性 63.5%,办案速度 44.2%,不伤和气 25.7%,收费高低 20.8%,保密性 6.7%。① 可见正当程序的价值目标公正和公平是当事人选

---

① 韩德培主编:《国际私法问题专论》,武汉大学出版社 2004 年版,第 336 页。

择仲裁的主要原因。国外学者对我国国际商事仲裁的批判和外国当事人对我国国际商事仲裁的不信任都首先集中于仲裁员和仲裁机构的独立性和公正性、仲裁员的素质、职业道德以及部分仲裁员可能存在的腐败和徇私舞弊等问题，要增强我国国际商事仲裁的吸引力，首先必须提高仲裁员的素质和职业道德，进一步规范仲裁员和仲裁机构的行为。①

《仲裁法》的颁布，使我国真正建立起现代意义上的商事仲裁制度。《仲裁法》对仲裁的案件范围、仲裁机构、仲裁的基本原则和制度、仲裁协议、仲裁程序、申请撤销仲裁裁决、仲裁裁决的执行和涉外仲裁等问题作了详细规定，并且在仲裁机构的性质和法律地位、仲裁协议以及仲裁裁决的法律效力等方面，都作出了与现代商事仲裁法律制度的要求基本一致的规定。②《仲裁法》以专章对涉外仲裁的特定事项作出了有别于国内仲裁的特别规定，包括涉外仲裁机构的设立、仲裁员资格、采取保全措施的法院、涉外仲裁裁决的撤销与不予执行等。③

中国香港地区的法律渊源有普通法、衡平法、条例、附属立法和习惯法。因此，对于中国香港地区现行的商事仲裁制度来说，主要由成文法性质的经过多次修改的《香港仲裁条例》和判例法性质的各种商务仲裁判例组成，中国香港地区的商事立法追求高度意思自治和高效率。④

中国澳门地区一直在东西交流中起着桥梁作用，澳门地区的商事仲裁主要以澳门地区政府《核准仲裁制度》和《涉外商事仲裁专门制度》为依据。中国澳门地区现行立法充分但有限地尊重当事人的意思自治，当事人可以约定指定仲裁员的程序、仲裁地点和仲裁程序。对于仲裁中的很多事项，法律都规定应当首先遵从当事人的约定，在当事人没有约定时，才可按照法令执行。⑤

---

① 石现明：《国际商事仲裁当事人权利救济制度研究》，人民出版社 2011 年版，第 361 页。
② 刘晓红、袁发强：《国际商事仲裁》，北京大学出版社 2010 年版，第 51 页。
③ 刘晓红、袁发强：《国际商事仲裁》，北京大学出版社 2010 年版，第 54 页。
④ 刘晓红、袁发强：《国际商事仲裁》，北京大学出版社 2010 年版，第 58~60 页。
⑤ 刘晓红、袁发强：《国际商事仲裁》，北京大学出版社 2010 年版，第 61 页。

中国台湾地区现代商事仲裁制度肇始于 20 世纪 60 年代，1961 年中国台湾地区颁布了《商事仲裁条例》，1982 年和 1986 年对该条例进行了修正，1998 年中国台湾地区仲裁法强调了"国际化与自由化"，并加强了对仲裁当事人权益的保障、尊重当事人自治、确保仲裁人与仲裁程序的公正性。该法不仅广泛借鉴英、美、德、日等国的仲裁制度，而且注重吸收《示范法》的先进立法经验，其立法思想和具体规定基本符合国际仲裁制度的最新发展趋势，尤其确立了效率优先的基本价值取向，既注重扩大当事人意思自治的范围和程度，又赋予仲裁庭较大的权力，把仲裁机制中权利与权力的平衡推向新的高度，保障并促进了仲裁程序的便捷进行。①

(二) 中国国际经济贸易仲裁委员会

我国在 1952 年便成立了中国贸促会，经过几十年的努力，涉案数量已位于世界前列，涉及当事人有四十多个国家和地区，作出的仲裁裁决已在美国、英国、日本、德国等二十多个国家和地区得到承认和执行，在国际上的影响力等同于伦敦国际仲裁院、国际商会仲裁院、瑞典斯德哥尔摩商会仲裁院等知名仲裁机构，② 现已成为联合国国际贸易法委员会非政府组织观察员、亚太区域仲裁组织主席单位。③ 这里有必要对中国国际经济贸易仲裁委员会进行单独的介绍。

表 5-1 是贸仲官网公布的贸仲近年来总会与分会的涉外案件受案数据统计。④

---

① 刘晓红、袁发强：《国际商事仲裁》，北京大学出版社 2010 年版，第 62 页。

② 参见 http://blog.sina.com.cn/s/blog_492a2cb4010005il.html，2015 年 1 月 2 日访问。

③ 参见 http://www.chinanews.com/ga/2014/11-28/6827479.shtml，2015 年 1 月 2 日访问。

④ 参见 http://www.cietac.org.cn/AboutUS/AboutUS4Read.asp，2015 年 3 月 2 日访问。

表5-1 贸仲近年来总会与分会的涉外案件受案数据统计表（件）

年度	北京总会	上海分会	华南分会	天津金融仲裁仲中心	西南分会	总计
2006	240	99	103	0	0	442
2007	251	106	72	0	0	429
2008	288	152	107	1	0	548
2009	300	167	90	2	0	559
2010	241	102	70	1	4	418
2011	237	149	80	4	0	470
2012	303	16	5	3	4	331
2013	322	43	7	0	3	375

从2012年和2013年中国国际经济贸易仲裁委员会受理涉外案件的数量来看，涉外案件的受理数量有下滑趋势，因此呼吁贸仲需要通过改变仲裁规则来适应国际商事仲裁当事人的要求，只有在程序上尊重当事人的意思自治，仲裁才会重现生机。2014年至2022年，贸仲涉外案件受案总计分别为：387件、437件、483件、476件、522件、617件、739件、636件、642件。2014年11月4日，国际贸易促进委员会/中国国际商会修订并通过了《中国国际经济贸易仲裁委员会仲裁规则》，自2015年1月1日起施行，自2015年修订《贸仲规则》以来，涉外案件受案数量明显开始增多，仲裁作为解决纠纷的重要途径重新开始得到重视。为了明确其中的内容，下面将2015年版和2012年版贸仲仲裁规则在表5-2中进行比较。

表5-2 《中国国际经济贸易仲裁委员会仲裁规则》2012年版和2015年版对比表

2012版原条款内容	2015版对应条款修订后内容
第2条第2款 仲裁委员会设秘书局	第2条第2款 仲裁委员会设有仲裁院

续表

2012 版原条款内容	2015 版对应条款修订后内容
第 2 条第 4 款 在仲裁委员会分会/中心秘书长的领导下	第 2 条第 4 款 在分会/仲裁中心仲裁院院长的领导下
第 2 条第 5 款、第 34 条第 2 款、第 43 条第 3 款、第 46 条第 2 款、第 60 条第 2 款、第 69 条第 2 款语句中"仲裁委员会秘书长"	第 2 条第 5 款、第 36 条第 2 款、第 45 条第 3 款、第 48 条第 2 款、第 62 条第 2 款、第 71 条第 2 款中修改为"仲裁委员会仲裁院院长"
第 2 条第 6 款、第 13 条第 4 款、第 14 条第 1 款、第 15 条第 1 款及第 4 款、第 18 条第 1 款及第 2 款、第 20 条、第 34 条第 2 款、第 55 条、第 64 条第 2 款、第 66 条第 3 款、第 71 条第 2 款语句中"仲裁委员会秘书局"	第 2 条第 6 款、第 13 条第 4 款、第 15 条第 1 款、第 16 条第 1 款及第 4 款、第 20 条第 1 款及第 2 款、第 22 条、第 36 条第 2 款、第 57 条、第 66 条第 2 款、第 68 条第 3 款、第 81 条第 2 款中修改为"仲裁委员会仲裁院"
第 9 条标题 "诚信合作"	第 9 条标题 "诚实信用"
第 17 条 合并仲裁	第 19 条 合并仲裁 条款内容改变
第 21 条第 1 款：仲裁委员会秘书局	第 23 条第 1 款：仲裁委员会
第 21 条第 3 款	第 23 条第 3 款：仲裁庭采取临时措施的权力
第 33 条第 5 款	第 35 条第 5 款：首席仲裁员安排程序的权力
第 42 条第 3 款：任何一方当事人	第 44 条第 3 款：一方当事人
第 43 条第 1 款	第 45 条第 1 款：双方当事人共同或分别请求
第 44 条第 3 款：仲裁委员会秘书长	第 46 条第 3 款：仲裁委员会仲裁院院长
第 54 条第 1 款：人民币 200 万元	第 56 条第 1 款：人民币 500 万元
第 61 条：人民币 200 万元	第 63 条：人民币 500 万元的案件

续表

2012 版原条款内容	2015 版对应条款修订后内容
第 71 条第 3 款：仲裁庭或仲裁委员会秘书局	第 81 条第 3 款：仲裁庭或仲裁委员会仲裁院
第 72 条第 1 款	第 82 条第 1 款：增加仲裁员的特殊报酬
15 版删除内容	
原第 2 条第 7 款、第 21 条第 3 款	
15 版新增内容	
第 14 条 多份合同的仲裁	
第 18 条 追加当事人	
第 21 条第 2 款：紧急仲裁员程序	
第 35 条第 5 款：增加首席仲裁员安排程序的权力	
第 40 条第 3 款：聘请速录人员速录庭审笔录	
第 46 条第 3 款：增加"可以"二字	
第 50 条第 1 款：增加"先行"二字	
第 56 条第 1 款：增加"或双方当事人约定适用简易程序的"	
第六章　香港仲裁的特别规定	
第 82 条第 1 款：增加"仲裁员的特殊报酬"	

　　从 2015 年版《中国国际经济贸易仲裁委员会仲裁规则》和 2012 年版对比可以看出，规则加强了对当事人意思自治原则的尊重；通过完善程序规则中的措辞更加保障了仲裁的灵活高效；通过多个条款明确仲裁委员会仲裁院院长的职责，增加管理办案质量以及提高服务质量；在强化当事人意思自治被尊重的基础上更加明确了仲裁庭管理程序的权力；更加明确正当程序的要求给予当事人对程序的选择权；借鉴国际先进做法，建立合并仲裁和仲裁第三人制度；通过增加仲裁员特殊报酬提高仲裁员的积极性和公正性；特别规定了"香港仲裁""紧急仲裁员程序"。

　　2015 年版仲裁规则适应当事人在中国香港地区仲裁的需要，自 2012 年贸仲委在中国香港地区设立仲裁中心后一直采用 2012 年版贸仲规则，但是内地与中国香港地区仲裁实践存在差别，2015 年版增加的适用于中国香港地区的特别规定，符合时代的呼唤。在中国香港地区受理案件适用什么法律和仲裁地的界定在新版仲裁规则中都能找到依据，并且当事人有很广泛的选择仲裁员的权利。紧急仲裁员制度和临时措施维护了当事人的实体权利，并且给予仲裁庭一定的对程序决定的权力也是一大亮点。中国人民大学副校长王利明称，此次修订的最大亮点便是"国际化"，再次体现了贸仲委仲裁服务与国际仲裁紧密接轨的特点和引领仲裁行业不断发展的作用。①

(三) 正当程序规定之比较

1. 国际上正当程序的相关规定

本书主张正当程序的广义概念，正当程序的最低要求和中心内容是规定仲裁员的公正性、独立性，给当事人平等的机会陈述案件，即公平、平等地对待当事人。因正当程序广义概念涉及的条款过多，表 5-3 仅列举有关正当程序最低要求的条款。

表 5-3

1985 年《联合国国际贸易法委员会国际商事仲裁示范法》	第 12 条第 2 款、18 条、第 34 条第 2 款第 2 项(b)、第 36 条第 1 款第 1 项(b)和第 2 项(b)、第 34 条第 2 款
1958 年《纽约公约》	第 5 条第 1 款(b)、第 2 款(b)
1965 年《华盛顿公约》	第一章第四节中第 14 条第 1 款
2010 年《联合国国际贸易法委员会仲裁规则》	第 11 条、第 12 条

---

① 赵爱玲：《贸仲委"2015 仲裁规则"突出国际化》，载《中国对外贸易》2014 年第 12 期，第 43 页。

续表

1998 年《国际商会仲裁院仲裁规则》	第 7 条第 2 款、第 11 条第 1 款、第 15 条第 1 款
1998 年《伦敦商会仲裁院仲裁规则》	第 5 条第 2~3 款、第 14 条第 1 款
2005 年《美国仲裁协会仲裁规则》	第 12 条、第 16 条第 1 款、第 29~30 条
1994 年《世界知识产权组织仲裁中心仲裁规则》	第 38 条(b)
《解决投资争端的国际中心仲裁规则》	第 50 条第 1 款(c)
《新加坡国际仲裁中心仲裁规则》	第 17 条第 2 款
1998 年《德国民事诉讼法典》	第 1034 条第 2 款、1036 条第 2 款、1042 条第 1 款、第 1059 条第 2 款(b)、1060 条第 2 款和 1061 条
1988 年《荷兰民事诉讼法典》	第 1028 条、1033 条第 1 款、1039 条第 1 和第 2 款
1996 年《英国仲裁法》	第 24 节第 1 款(a)和第 33 节第 1 段
1999 年《瑞典仲裁法》	第 8 节和第 24 节
《瑞士国际私法法典》	第 190 条第 2 款(a)和(d)
1925 年《美国联邦仲裁法》	第 10 节第 1 款第 1~3 项
法国《新民事程序法典》	第 1502 条第 2 款、第 4~5 款
1997 年《欧洲仲裁院仲裁规则》	第 7 条第 4 款、第 9 条第 9 款
《斯德哥尔摩国际仲裁院仲裁规则》	第 20 条第 3 款
《芬兰仲裁规则》	第 20 条第 1 款

　　程序性的公共政策规则包含着正当程序的要求，《纽约公约》第 5 条第 2 款(b)规定的有关公共政策也包含正当程序的情形。从各国立法和国际上有影响力的仲裁规则中可以看出，正当程序已作为最基本的原则深入各立法，并且，若违反正当程序，各仲裁法或仲裁规则都允许撤销仲裁裁决或不予承认和执行仲裁裁决，同时，撤销和不予执行又不能被恶意利用或随意为之，必须在法定的条件下进行。

2. 我国正当程序具体规定的比较

（1）对仲裁申请的受理期限和受理通知的比较。具体如表5-4所示。

表5-4

法律或规则	对仲裁申请受理期限的规定	受理仲裁的通知发送时间	向被申请人发送受理案件的通知时间
《仲裁法》	第24~25条	没有明确从"决定受理之后"到"发出受理通知"之间的期限	未明确
2015年《上海国仲规则》	第12条	手续已完备后的5日内发出受理通知	第12条第2款规定：明确了时间
2022年《沪仲规则》	第15条	没有明确从"决定受理之后"到"发出受理通知"之间的期限	没明确
2011年《深仲规则》	第15条	没有明确从"决定受理之后"到"发出受理通知"之间的期限	没明确
2022年《北仲规则》	第9条	明确规定了受理通知的发送时间	没明确
2015《上海自贸规则》	第12条	秘书处应在5日内	5日内

从表5-4中可以看出2015年《上海国仲规则》和2014年《中国（上海）自由贸易试验区仲裁规则》对受理仲裁的通知发送时间和向被申请人发送受理案件的通知时间都作出了详细的规定。

（2）国际商事仲裁正当程序要求平等地给予双方当事人陈述案件的权利，被申请人答辩的期限和发送给申请人答辩书的期限的规定比较，如表5-5所示。

表 5-5

法律和仲裁规则	被申请人答辩期限的条款	发送给申请人答辩书的期限条款
《仲裁法》	第 25 条	没有相关规定
2022 年《北仲规则》	第 11 条第 1 款	第 11 条第 2 款：本会自收到答辩书之日起 10 日内，将答辩书及其附件发送申请人
2022 年《华南国仲规则》	第 14 条第 1 款	
2015 年《贸仲规则》	第 15 条第 1 款	
2022 年《沪仲规则》	第 17 条第 1 款	没有相关规定
2011 年《深仲规则》	第 17 条 1 款	第 17 条 2 款：仲裁委员会应当自收到答辩书之日起三日内将答辩书副本及其附具的证据材料送达申请人。
2015 年《上海国仲规则》	第 13 条第 1 款	
《中国(上海)自由贸易试验区仲裁规则(2014)》	第 13 条第 1 款	

从上表中可以看出我国《仲裁法》和多数仲裁规则都没有明确将被申请人答辩书发送给申请人的期限。

(3)开庭通知规定的比较。具体如表 5-6 所示。

表 5-6

法律和仲裁规则	条款(开庭通知时间)	条款(当事人申请延期开庭)
《仲裁法》	第 41 条	第 41 条
2015 年《贸仲规则》	第 37 条第 1 款	第 37 条第 1、2 款

续表

法律和仲裁规则	条款(开庭通知时间)	条款(当事人申请延期开庭)
2022 年《华南国仲规则》	第 37 条第 1 款	第 37 条第 1~2 款
2015 年《上海国仲规则》	第 32 条第 1 款	第 32 条第 2~3 款
2022 年《北仲规则》	第 31 条	第 31 条第 1 款
2022 年《沪仲规则》	第 38 条第 1 款	第 38 条第 1 款
2011 年《深仲规则》	第 49 条	第 49 条
《中国(上海)自由贸易试验区仲裁规则(2014)》	第 39 条第 1 款	第 39 条第 2 款

（4）仲裁员回避制度和披露制度。仲裁员披露义务是自我审查的过程，是指仲裁员在接受指定时自认为存在，或之后的程序中发现或出现应予披露和回避的情形的，应主动在《仲裁员声明书》或程序中予以书面说明。应予披露和回避的情形在多数仲裁规则中都有体现。披露义务是贯穿在仲裁全过程的，《仲裁员声明书》由秘书转交给各方当事人，供当事人考虑是否对该仲裁员申请回避。

①仲裁员回避制度的比较。具体如 5-7 所示。

表 5-7

	条　款
《仲裁法》	第 34 条："必须回避"的措辞体现当事人在此处不能合意弃权，但第 35 条却对当事人提出回避申请的时间进行限制，两者相矛盾，何况第 34 条中一些措辞模糊不易把握(我国仲裁法应对哪些可以弃权予以明确)
《仲裁法》	第 35 条：回避请求的提出，当事人申请应承担举证义务当事人提出回避申请，应当说明理由，在首次开庭前提出。回避事由在首次开庭后知道的，可以在最后一次开庭终结前提出。
2011 年《深仲规则》	第 30 条：仲裁员回避情形同《仲裁法》。

续表

	条　款
2022年《沪仲规则》	第34条：仲裁员的回避
2015年《上海国仲规则》	第26条：仲裁员的回避
《中国(上海)自由贸易试验区仲裁规则(2014)》	第32条
2015年《贸仲规则》	第32条：仲裁员的回避

我国仲裁员回避制度中，仲裁委员会主任的决定是终局的，不可复议的，且没有义务说明理由，并且仅当仲裁委员会主任或副主任决定仲裁员需要回避时，申请人提出的回避理由才可被视为成立。与中国诉讼活动中要求"被申请回避的人员在人民法院作出是否回避的决定前，应当暂停参与本案的工作"不同，仲裁中被提请回避的人员在仲裁委员会主任就仲裁员是否回避作出决定前，应当继续履行职责。①

②仲裁员披露制度。2015年《贸仲规则》31条第2款、2015年《上海国仲规则》第25条、2012年《华南国仲规则》第31条、北仲《仲裁员守则》第5条、2022年《华南国仲规则》第32条、《中国(上海)自由贸易试验区仲裁规则(2014)》第31条、2011年《深仲规则》第31条都对仲裁员披露制度进行了规定。另外，《中国国际经济贸易仲裁委员会仲裁员行为考察规定》第8条对《仲裁法》34条第3项的"其他关系"进行了解释。

国际上对仲裁员的回避事由作出较为建设性规定的是国际律师协会于2004年公布的《国际律师协会国际仲裁利益冲突和指引》，它是由国际律师协会仲裁和替代性争端解决机制委员会指派的一个由来自14个国家的19位国际仲裁专家组成的工作组，在研究了国内法、司法判例、仲裁规则、

① 许进胜、陈曦：《中国涉外商事仲裁实务指引》，法律出版社2014年版，第296页。

实践操作及适用的基础上，针对国际仲裁中的公正、独立和披露的问题草拟的指引，工作组认为，通过对利益冲突和对公正性影响的严重性进行排序，哪些情形属于不可弃权的事项便一目了然。除了不可弃权的红色清单外，另外三种清单中的情形均可在满足一定条件下由当事人合意选择放弃适用。① 我国可以借鉴这种分类。

③关于仲裁员义务的条款。

表 5-8

仲裁规则	仲裁员义务的条款
《中国国际经济贸易仲裁委员会仲裁员行为考察规定》	第 1~4 条、6 条、7 条
北仲《仲裁员守则》	第 3~8 条
北仲《仲裁员守则》	第 3 条
北仲《仲裁员守则》	第 3 条第 4 款
《中国国际经济贸易仲裁委员会仲裁员行为考察规定》	第 5 条
《中国（上海）自由贸易试验区仲裁规则（2014）》	第 25 条

（5）确定举证期限、庭前证据交换的比较。

①举证期限比较。如表 5-9 所示。

表 5-9

2022 年《北仲规则》	第 33 条
2011 年《深仲规则》	第 39 条

① 许进胜、陈曦：《中国涉外商事仲裁实务指引》，法律出版社 2014 年版，第294 页。

续表

2015 年《贸仲规则》	第 41 条第 2 款
2022 年《沪仲规则》	第 42 条
2015 年《上海国仲规则》	第 37 条 2~3 款
2022 年《华南国仲规则》	第 42 条第 1 款
《中国(上海)自由贸易试验区仲裁规则(2014)》	第 44 条第 2 款

②庭审调查、庭审辩论的规定,最后陈述的规定的比较,具体如表 5-10 所示。

表 5-10

《仲裁法》	第 43 条(当事人自行举证);第 43 条第 2 款(仲裁庭自行收集证据);第 47 条:当事人在仲裁过程中有权进行辩论
2015 年《贸仲规则》	第 39 条第 1 款(当事人对自己主张的案件事实进行举证)
2015 年《贸仲规则》	第 41 条 举证
2022 年《北仲规则》	第 37 条、第 38 条:质证和认证;第 40 条:最后陈述意见
2011 年《深仲规则》	第 55 条规定庭审调查顺序
2011 年《深仲规则》	第 40 条证据质证;未经当事人质证的证据,仲裁庭不得作为认定事实的依据
2022 年《沪仲规则》	第 42 条、第 43 条、第 44 条
2015 年《上海国仲规则》	第 38 条仲裁庭自行调查、第 40 条质证
2022 年《华南国仲规则》	第 43 条质证、第 44 条仲裁庭调查
《民事诉讼法》	第 67 条、第 71 条
2015 年《自贸规则》	第 45 条仲裁庭自行调查、第 47 条质证

现在国际上运用广泛的是 2020 年《国际律师协会国际仲裁取证规则》，当事人可以约定适用证据规则，仲裁规则一般对证据规则仅作基本规定，当事人对适用的证据规则没有约定的具体细节通过仲裁程序的适用法补充。我国参考《民事诉讼法》第六章证据的规定和最高人民法院《关于民事诉讼证据的若干规定》对证据的指引。

在仲裁证据的提供方面，我国国际商事仲裁立法与实践中进行"谁主张、谁举证"的原则。在证据的获取方面，仲裁法规定了仲裁庭可以依法自行取证，但是没有规定司法协助取证，仅在第 46 条和第 68 条对证据的保全作了规定，这样在实践中，碰到取证困难时便没有法律依据。在证据的认定方面，北京仲裁委员会 2022 年仲裁规则中规定无论是当事人提供的证据，还是专家证据，其最后的认定均应当由仲裁庭决定。在全球一体化的今天，在国际商事仲裁统一的趋势下，我国《仲裁法》以及仲裁机构的仲裁规则和实践需要参考国际实践，需要进一步完善。

(6)仲裁裁决的撤销、承认与执行的标准与理由。法院对国内仲裁、涉外仲裁、外国仲裁裁决的司法审查标准只能依照公约、条约或法律规定的标准，对当事人申请的撤销、不予承认和执行予以监督审查并作出决定，这体现了我国司法审查标准是法定的，当事人不能约定排除适用。如表 5-11 所示。

表 5-11

《纽约公约》	第 5 条拒绝承认和执行外国仲裁裁决的理由，实践中，各国在适用和解释《纽约公约》时都较严谨，不常用"公共政策"拒绝承认和执行仲裁裁决
2000 年最高人民法院《关于中国内地与香港特别行政区相互执行仲裁裁决的安排》	第 7 条规定了中国内地与香港互相执行仲裁裁决的审查标准

2008 年最高人民法院《关于内地与澳门特别行政区相互认可和执行仲裁裁决的安排》	第 7 条规定了中国内地与中国澳门地区互相认可和执行仲裁裁决的审查标准
我国《仲裁法》对涉外仲裁裁决的案件仅审查程序，不审查实体，与《纽约公约》精神一致	第 70 条、第 71 条：被申请人提出证据证明涉外仲裁裁决有民事诉讼法第 258 条第 1 款规定的情形之一的，经人民法院组成合议庭审查核实，裁定不予执行
《中国(上海)自由贸易试验区仲裁规则(2014)》	第 62 条

《纽约公约》规定的司法审查标准和中国内地与中国香港、中国澳门互相认可及执行仲裁裁决标准的基本一致，但中国内地与中国台湾地区互相认可及执行仲裁裁决的司法审查标准目前缺乏详细的规定，并且法律应明确规定："中国台湾地区仲裁机构作出的裁决应当符合'一个中国'的原则。"

《纽约公约》经过批准已经成为我国法律的组成部分，2021 年《中华人民共和国民事诉讼法》第 244 条规定我国拒绝承认和执行仲裁程序不当的外国仲裁裁决。在实践中，仲裁员在仲裁程序中若感情用事，使得存在过错的一方当事人在仲裁程序中受到不公正的待遇，并借用仲裁程序打压另一方当事人的，其仲裁庭所作裁决将因违法正当程序而被拒绝执行，那么本来可以获得补偿的一方也得不到保障。即使有错误的一方当事人明显要承担赔偿责任，也应该通过法定程序确认，而不能在仲裁程序中故意剥夺其权利。若在程序中造成双方当事人的仲裁地位不平等，那么仲裁裁决将被拒绝承认及执行，应该受赔偿的一方的合法权益也无法得到保障。

（四）《中国(上海)自由贸易试验区仲裁规则》的尝试

《中国(上海)自由贸易试验区仲裁规则》(以下简称《上海自贸区规

则》)的规定已跟上时代步伐，代表着国际商事仲裁程序规则的先进水平，我国仲裁机构有望跻身于国际商事仲裁制度的潮流中立于不败之地，下面简单介绍其中几处闪光点。

1. 完善了仲裁临时保全措施

该规则关于临时保全措施的规定非常周全，其一，完善临时保全措施的主体，赋予仲裁庭决定保全措施的权力，这一规定符合国际主流，如《联合国国际贸易法委员会仲裁规则》和《示范法》都是如此规定，但我国《民事诉讼法》只允许人民法院有决定临时措施的权力，这里出现仲裁规则与仲裁法的冲突。其二，明确完善采取临时保全措施的客体。除了常见的证据保全和财产保全之外，还有行为保全等。其三，扩大采取临时保全措施的时间，使当事人在仲裁前和仲裁庭组成后都能受到保护，为保障将来裁决的执行。其四，在法律适用上要注意不能违背执行地法，可见，若执行临时措施的地点在中国，那么就不能违背民诉法的规定，不能由仲裁庭对临时措施作出决定。第五，允许当事人对临时措施寻求救济的权利，并可对此提出异议，可见，此仲裁规则十分注意尊重的当事人的权益。第六，为保证当事人的便利提出临时措施，设立了紧急仲裁庭制度，又叫紧急仲裁员制度，专门为当事人在紧急情况下采取临时措施服务，便于在组庭前维护当事人的权益。为实现正当程序的要求，此仲裁规则还要求成立紧急仲裁庭的仲裁员遵守回避制度和履行披露义务。

2. 确立了仲裁员开放名册制

相对于仲裁员名册制度，名册制建立了一个"专家数据库"，在方便当事人选择仲裁员的同时也束缚了当事人的意思，此仲裁规则即允许仲裁员从固定名册中被选中，也允许从名册外被选择，当然，若选择的仲裁员在名册外要经过审核程序，即要经过仲裁委员会主任同意，以保证选择符合基本的法律要求。

3. 合并仲裁制度的完善

合并仲裁制度一般与仲裁第三人制度是相关联的，合并仲裁是两个以上仲裁程序的合并，2014 年《上海自贸区规则》把合并仲裁制度规定得很完善，规定当出现同一类或有联系的仲裁争议标的时，在双方当事人都同意的前提下，由仲裁庭对是否合并仲裁进行决定，对于合并仲裁，仲裁庭一般是分别作出裁决书的，但是若当事人一致同意时也可以只作出一份仲裁裁决书。可见，当事人的意思和有共同的仲裁客体是决定是否能合并仲裁的关键。

4. 规定了仲裁第三人制度

与诉讼中的第三人一样，都是程序上的概念，但在理论界和实践中，对仲裁第三人的范围界定和如何加入仲裁程序等问题还没有一致的看法。2014 年《上海自贸区规则》没有直接谈到第三人的说法，而是称为"他方当事人"和"案外人"，此规则把第三人分为：仲裁协议的当事人和非仲裁协议的当事人，并且规定得非常详细，对仲裁庭组庭之前和仲裁庭组庭之后的情况给予分别规定，其中，秘书处和仲裁庭分别享有决定的权力。

5. 仲裁程序中证据规则的完善

仲裁中的证据，包括文件证据、证人证言、专家证据等。在仲裁中，当事人可以选择所适用的证据规则。在当事人没有约定时，仲裁庭在遵循正当程序的前提下，对于有关证据事项享有决定权。仲裁程序对证据的要求比较灵活，当事人意思自治原则以及与之相适应的仲裁庭所享有的自由裁量权，始终主导着仲裁证据规则的适用。2014 年《上海自贸区规则》有关"证据"的条款为第 35 条第 4 款、第 43 条庭审记录、第 44 条举证、第 45 条仲裁庭自行调查、第 46 条专家报告及鉴定意见和第 47 条质证。具体内容评析如下：第一，规定仲裁庭可以自行调查收集证据，体现出仲裁自治的原则。第二，第 35 条第 4 款增加了关于仲裁庭可以就证据材料的交换、核对等作出安排的规定。中国《仲裁法》规定证据应当在开庭时出示，当事人可以进行质证，前述增加的相关规定，可以使得证据较多的案件，在庭审前就证据材料进行核对，从而提高庭审时证据出示和质证的效率。第三，在仲裁中当事人可以约定证据规则。这是以往中国的仲裁规则中未规定的，但在国际仲裁规则中较为常见。第四，在第 47 条第 1 款质证中，特别规定：除非当事人另有约定，一方当事人提交的证据材料应经本会秘书处转交其他当事人及仲裁庭。此条体现出仲裁委员会在质证程序中只起一个转交的作用，并非裁决机关。第五，对专家证据作出了详细规定：①当事人可以申请要求专家作证，仲裁庭认为必要，也可以请求专家作证。②规定了专家证人的资格，既可以是中国的机构或自然人，也可以是外国的机构或自然人。③专家证人可由当事人共同选定，不能共同选定时，由仲裁庭指定。④当事人有义务预缴费用，提供或出示任何有关资料、文件或财产、货物。⑥对专家证言的当庭质证程序。这些关于专家证据的规定与2020年国际律师协会制定的《国际仲裁取证规则》相符，也符合其他国际商事仲裁机构的通常做法。

6. 完善仲裁和调解相结合的制度

仲裁与调解相结合的形式主要有"先调解后仲裁""调解与仲裁同时进行（影子调解）""在仲裁中进行调解""仲裁后调解"等。目前，被中国仲裁机构普遍采用的是"在仲裁中进行调解"，即为解决当事各方争议，先启动仲裁程序，在仲裁程序进行过程中，由仲裁员对案件进行调解，调解不成后或调解成功后再恢复进行仲裁程序。由于法律观念和价值取向不同，仲裁员能否在同一案件中担任调解员，这在国际仲裁界有持久而热烈的讨论。支持者认为从有效解决案件的角度看，仲裁员可以在同一案件中担任调解员，实现调解与仲裁的有机结合；反对者则认为调解不成的，调解员不能再担任仲裁员，否则即是违反正当程序的要求。

《上海自贸区规则》第6章为仲裁与调解相结合，主要包括4个条文：调解员调解、仲裁庭调解、仲裁机构外的和解、调解内容不得援引。这其中具有创新意义的规定，在于第50条调解员调解，即仲裁庭组庭前的调解。上海国际仲裁中心处理国际商事争议的经验表明，当事人对仲裁庭审理案件之前的调解意愿和请求不时发生，为此，《上海自贸区规则》规定了仲裁前进行调解的条件和要求。

根据《上海自贸区规则》第50条的规定，仲裁前进行调解的特点有以下几点：

第一，形式要求：双方当事人书面同意调解。调解程序进行的前提是，双方当事人同意调解。

第二，时间要求：仲裁案件受理后仲裁庭组成之前。理论上，只要当事人同意，调解可以在任何阶段进行。但本条之规则仅限于"仲裁庭组成前"，即仲裁机构受理案件之后至仲裁庭组成之前。一旦仲裁庭组成的通知送达给当事人，则该调解程序终止。

第三，调解员产生：由仲裁机构主任在调解员名册中指任。此外，在个案中，上海国际仲裁中心主任根据案件的具体情况，在征询其《仲裁员名册》中的仲裁员意见后，可指定该名仲裁员担任案件的调解员。

第四，调解与仲裁的关系：仲裁程序前的调解不影响仲裁程序的进行。仲裁前的调解程序，不影响仲裁庭组成之前的仲裁程序——包括仲裁申请和仲裁反请求的提出、临时措施的申请、仲裁员和仲裁庭的选择等。另外，除非得到当事人的书面同意，在同一案件中担任过调解员的人士不再担任仲裁员，这是程序公正的具体体现。

第五，调解的后果：可由当事人选择。如果经调解达成和解协议的，当事人有两种选择：一是撤回仲裁申请；二是继续组成仲裁庭由仲裁庭按和解协议作出仲裁裁决。另外，在调解程序中，任何一方当事人都可以提出终止调解。

7. 建立友好仲裁制度

友好仲裁的特点是根据公平善良原则进行裁决，不严格依照法律的规定，即完全依赖于自然公正正当程序的理念裁决争议。2014 年《上海自贸区规则》第 56 条对友好仲裁进行了规定，其中要求，当事人的合意是友好仲裁的基础，但是此规则强调了友好仲裁的适用不能违反法律的强制性规定和公共秩序。由于友好仲裁本身可能带来较大的灵活性和不确定性，因此仲裁规则施加了一定限制，以避免友好仲裁成为当事人违背强制性规定的手段。而所谓强制性规定，是指不能根据当事人事先的协议选择、修改以排除或变通其适用的法律规则，这些规则的识别和界定需要结合制定该法律规则的宗旨、该法律规则所在法律文件的上下文及违反该法律规则的后果等多方面因素进行考量；同时，公共秩序则是体现在一国政治制度、经济制度、法律制度和主流道德习俗中的根本利益。通过此种限制，法院得以对友好仲裁进行底线控制和监督，也避免仲裁庭权力的滥用。

第二节　中国国际商事仲裁正当程序制度的完善

仲裁法制定的形式关系到其在大众心目中的地位，但我们不能太注重法律立法的形式，应注重内容。我们制定出科学的法律目的是发展中国的仲裁事业，吸引更多的仲裁案件到中国进行仲裁，以拉动中国的经济增长并提升中国的国际形象。①

国际商事仲裁涉及多个国家仲裁立法，在国际商事仲裁法趋同化的大背景下，不能将我国的仲裁立法与实践和其他国家隔离开来。我们应该在考虑我国国情的基础上，学习国际上的一些通行做法，这样才有利于完善我国的立法与实践。2021 年司法部组织起草了《仲裁法（修订）（征求意见稿）》对仲裁法内容进行了较为丰富的修订，针对仲裁程序增加了"正当程序""程序自主"等五项一般规定，增加"临时措施"一节，统一临时措施的适用和实践，增加网络信息送达、网络仲裁等新方式，征求意见稿的修订结合形势发展与仲裁实践的需要为仲裁高质量发展提供了法律规范的更新，展现了仲裁特色，但在正当程序方面仍有不足急待完善，针对征求意见稿没有作出充分回应的部分，我国《仲裁法》应急需修改的条款如表 5-12 所示。

表 5-12

原条款	应修改为的内容
第 20 条第 2 款：限制了当事人对仲裁协议的效力提出异议的时间	应允许当事人自应当知道或知道仲裁协议效力缺陷时再立即提出异议。（当事人根据自身的情况不同可能发现仲裁协议效力缺陷的时间也不同，2021 年《征求意见稿》放宽了当事人对仲裁异议的效力提出异议的时间，并且明确了仲裁庭对仲裁协议的效力及其管辖权问题的自主审查权，非常值得肯定。）

---

① 张圣翠：《国际商事仲裁强行规则研究》，北京大学出版社 2007 年版，第 200 页。

续表

原条款	应修改为的内容
第 34 条关于回避的规定	对仲裁员回避的情形增加一条概括性的条款，或设立一条兜底性条款，可借鉴瑞典 1999 年《仲裁法》
第 47 条	第 47 条的基础上补充强调仲裁庭应在仲裁的全过程给予当事人平等的提供证据机会和陈述案情机会，可以借鉴的条款有：《示范法》第 12、第 18 条；德国 1998 年《民事程序法典》第 1036 条和第 1042 条；瑞典 1999 年《仲裁法》第 9 条
第 55 条：仲裁庭仲裁纠纷时，其中一部分事实已经清楚，可以就该部分先行裁决。	尊重意思自治原则，允许当事人协商部分裁决如：1999 年《瑞典仲裁法》第 29 条（2021 年《征求意见稿》第 74 条补充规定了部分裁决和中间裁决，非常值得肯定）
应增加条款	我国《仲裁法》应增加仲裁员缺员时裁决的规定，并及时将情况通知给当事人，可以参考 1998 年《德国民事诉讼法典（第十编）》第 1052 条第 2 款

一、正当程序下当事人权利制度的完善

正当程序的宗旨是尊重当事人的权利，当事人间的仲裁协议不但是启动国际商事仲裁的基础，更是当事人意思的直接体现，完善仲裁协议相关规定是正当程序的基本要求。

（一）对国际商事仲裁协议形式规定应更方便于当事人

《纽约公约》将国际商事仲裁协议的形式界定为书面形式，我国对仲裁协议的形式没有正面的规定，只是在《仲裁法》和《民事诉讼法》中侧面规定了仲裁协议的形式，我国《民法典》第 469 条对书面形式进行了界定，但是《仲裁法》是特别法，虽然《民法典》相对于《仲裁法》是新法，但不能一味地依赖《民法典》去补救《仲裁法》关于对书面形式的认定。目前，国际上普

遍赞同："一方不否认另一方在首次文件交换中提及的仲裁协议时的书面协议"和"一方对另一方提请仲裁不否认参加仲裁并被仲裁庭记录的形式"这两种书面形式，在我国也是找不到相关的法律依据的，希望我国能尽早吸纳该规定，[1] 以使仲裁协议的规定符合当事人实际的需要。2021年《征求意见稿》第21条不仅规定了商事仲裁协议形式，而且顺应国际潮流引入了默示仲裁协议规则。但在该条当中，对默示仲裁协议规则的规定有待完善，一方当事人对仲裁协议主张时采取何种形式，《征求意见稿》并没有明确。[2]

(二)国际商事仲裁协议内容规定应体现当事人意思自治

我国《仲裁法》第16条和第18条规定了国际商事仲裁协议的内容要求，体现我国禁止临时仲裁，因为我国要求仲裁协议中必须约定仲裁委员会，这一规定与国际主流做法不同，不利于我国国际商事仲裁制度的发展，虽然征求意见稿考虑到我国加入《纽约公约》的现实情况，提出了临时仲裁制度规定，但最终是否能够以成文法的形式最终落地还是未知，并且我国法律没有明确规定在什么情况下的内容会导致仲裁协议无效，只能从实践中最高人民法院的函中推知：仲裁协议中约定两个以上仲裁机构的有效、未写明仲裁机构的名字但能从协议中推知是哪个仲裁机构的有效、仲裁机构的名字没写全但能推知是哪个仲裁机构的亦有效。征求意见稿在这一点上遵从《纽约公约》和《示范法》规定，更新删除了必须明确仲裁机构的要求，使仲裁协议的效力尽可能最大化，但该意见稿对于仲裁协议效力的明确认定仅限于主从合同、企业代表诉讼等特殊情况，不具有普适性。希望我国仲裁法能尽快对仲裁协议的内容界定清楚，并符合国际的立法趋势以适应国际商事仲裁制度的发展。为体现当事人意思自治的原则，我国应

---

① 张圣翠：《国际商事仲裁强行规则研究》，北京大学出版社2007年版，第191页。

② 崔宵焰，嵇钰涵：《国际商事仲裁协议效力之司法认定——兼评〈仲裁法(修订)(征求意见稿)〉第二十一条》，载《商事仲裁与调解》2022年第1期，第52页。

允许当事人协议选择仲裁机构，如美国、法国、意大利等国家都允许当事人协议选择仲裁机构。我国目前《仲裁法》对仲裁协议的形式和实质要求规定的都很烦琐，这种规定会把很多想依赖仲裁解决纠纷的当事人阻隔在仲裁大门之外，这与国际商事仲裁的宗旨不协调，也会人为阻碍我国国际商事仲裁事业的发展。2017 年《横琴自由贸易试验区临时仲裁规则》是我国首部适用于临时仲裁程序的规则，该规则的发布意味着我国临时仲裁在实践当中得以实施，① 为自贸区的经济发展奠定了法律基础。

(三)国际商事仲裁协议的主体范围应明确

我国仲裁法采取笼统的方式规定，国际商事仲裁协议订立主体排除无民事行为能力、限制行为能力人，但是没有详细明确的主体范围，《关于贯彻执行〈中华人民共和国民法通则〉若干问题的意见(试行)》第 179—181 条中详细规定了自然人订立仲裁协议能力的准据法；第 184 条可以确定外国法人订立仲裁协议能力问题。我国法律没有明确订立国际商事仲裁协议的主体范围是否包含国家机关和政府部门，但是，对于《华盛顿公约》的加入表明我国认可订立国际商事仲裁协议的主体包含有国家或公法法人，WTO《装运前检验协议》第 4 条再次证实这一点。但这些只是旁敲侧击的推断，希望我国《仲裁法》能对国际商事仲裁的主体予以明确。②

(四)我国法律应完善弃权制度的建立

为了公平有效地解决国际商事中出现的争端，必须对仲裁规则合理设置，防止仲裁当事人为了推卸责任或其他私利而利用仲裁规则的程序性、形式性，来拖延或挫伤仲裁程序的进行，使得争端不能正常有效地解决。而弃权制度通过从负面规定当事人不诚信的后果，很好地规制了纠纷解决

---

① 黎群：《论国际商事仲裁合作机制的构建》，载《法商研究》2023 年第 3 期，第 146 页。

② 张圣翠：《国际商事仲裁强行规则研究》，北京大学出版社 2007 年版，第 188 页。

中的不诚信行为。假如在仲裁程序中，当事人发现仲裁程序不当时可以提出却故意不提出的，反而等问题出现很久才提出，这是对仲裁资源的浪费，也对对方当事人不利。在我国，仲裁比诉讼昂贵的多，根据现行的《中国国际经济贸易仲裁委员会收费表》和国务院公布的《诉讼费用交纳办法》，同样的标的额在中国国际经济贸易仲裁委员会审理所要缴纳的仲裁费用是在法院诉讼所要缴纳诉讼费用的 3.5 倍，若要聘请外籍专家或仲裁员将会更加昂贵。

正当程序规则在仲裁程序的适用一般不以当事人的意志为转移，但当事人在一定条件下可以弃权。并且根据《纽约公约》规定的几种情形，必须是当事人提出并举证，法院才可能(非必须)撤销仲裁裁决，根据《纽约公约》第 5 条第 2 款(b)法院主动审查的有两种情形。

各国有关弃权制度的规定如表 5-13 所示。

表 5-13

仲裁法或仲裁规则	条款
《示范法》	第 4 条
《荷兰民事程序法典》	第 1033 条第 2 款
《瑞士国际私法法典》	第 180 条第 2 款
意大利《民事程序规则》	第 839 节当事人对仲裁员不遵守独立性或公正性的弃权无效
1996《英国仲裁法》	第 33 节、第 73 节第 1 节不许弃权
澳大利亚	不许弃权的条款
新加坡	不许弃权的条款
加拿大	不许弃权的条款
美国	以判例形式允许弃权的条款

1. 放弃仲裁权利的立法与实践

我国关于放弃仲裁权利的规则与各国规定类似。有法律规定的主要体现在四个方面：第一，如果当事人未在规定时效内提起仲裁则被视为放弃仲裁权利，《仲裁法》对仲裁时效有规定的适用该规定，没规定的适用诉讼时效规定；第二，我国立法确认了被告通过参加法院程序而放弃了仲裁权利，且明确规定当事人是否放弃的时间是首次开庭前；第三，我国法院认为被告放弃仲裁权利必须以作为方式，始终不参加法院程序不代表其放弃仲裁权利；第四，当事人向法院申请临时性保全措施不代表其放弃仲裁权利。

判定仲裁协议人是否放弃仲裁权利是为了迅速确立争议解决方式，防止当事人利用规则来拖延和挫伤仲裁程序的进行。因此我国立法应对那些可能使仲裁程序陷入僵局的情形加以规制。

2. 放弃对仲裁程序异议权的立法与实践

我国《仲裁法》中没有基本的放弃仲裁程序中异议权的条款，只能通过整合现有法律规定总结出实践中对该问题的法律适用模式。就放弃管辖异议权来说，目前其适用的法律依据有 2015 年的《CIETAC 规则》、1995 年实施的《仲裁法》、2006 年颁布的《仲裁法司法解释》及仲裁案件所适用的规则。构成放弃管辖异议权的要件是：仲裁庭无管辖权、当事人知道仲裁庭无管辖权且当事人未在首次开庭前提出异议。我国仲裁委员会和法院会根据仲裁规则判定当事人是否放弃管辖权异议。目前适用的法律依据有《仲裁法》第 20 条，《仲裁法司法解释》第 7 条和第 13 条和第 27 条以及仲裁案件所适用的仲裁规则。征求意见稿第 33 条虽然新增了放弃异议权规则，但仲裁实践的应用性较差，没有明确可放弃的权利范围、放弃期限和构成要件等具体内容。在实践中，法院很少通过列举适用的法律进行逻辑详细的论证。

就放弃仲裁庭组庭异议权来说，《仲裁法》只有第 35 条规定了申请仲裁员回避的期限，其他组庭异议，如组庭程序不当等仍要适用仲裁规则中的相关规定。综合得出构成当事人放弃仲裁庭组庭异议权的要件有：仲裁庭组庭不当，当事人明知组庭不当且未在相应合理时间内提出。就放弃仲裁庭行为不当异议权来说，我国《仲裁法》和《仲裁法司法解释》都没有进行规定，其只能适用于仲裁规则中的放弃异议权条款。构成当事人放弃仲裁庭行为不当异议权的要件为：仲裁庭存在不当行为、当事人知道但未在合理期限内提出异议。

我国实践中出现当事人放弃对仲裁程序提出异议权的情况较多，但我国《仲裁法》却没有一条相关的规定，目前，在我国只能整合现有法律规定的基础上总结出对实践有指导的做法。借鉴国外常用做法，我国对仲裁程序中放弃异议权问题应当主要由仲裁规则进行规定，仲裁法只须规定法院在监督仲裁裁决阶段对此加以认可即可，对仲裁程序需法院监督的事项应设定期限，以配合规制仲裁裁决挑战权的使用，对当事人在仲裁程序中具体行为也应加以规制。

3. 放弃对仲裁裁决挑战权的立法与实践

我国《仲裁法》中对撤销仲裁裁决的理由作了明确规定，而对仲裁裁决的执行采取的是国内案件和涉外案件的双轨制。《仲裁法》规定当事人申请撤销仲裁裁决应当自收到裁决书之日起六个月内提出，否则被视为放弃撤销仲裁裁决的权利。在放弃撤销与拒绝执行上我国法律不要求当事人必须先行使撤销权，也不支持以同一理由先向人民法院申请撤销仲裁裁决，在申请被驳回后又以同一理由申请的不予执行仲裁裁决。当事人以可仲裁性和公共利益为由对仲裁决议提出挑战的权利不能由当事人放弃，而对于判定当事人是否放弃以仲裁程序不当为由的挑战，当前根据立法和司法解释只能判断当事人以仲裁协议效力和仲裁员异议为由的放弃。对其他异议权的放弃只能根据仲裁规则中的弃权条款进行。

我国在修订仲裁法时应借鉴《UNCITRAL 示范法》的做法，并参考《英国仲裁法》列举可放弃事项的方式，明确规定当事人的哪些异议权是可以放弃的，为国际商事仲裁实践提供指挥棒。我国立法应当设立一条总体的放弃异议权或挑战权的条款，来处理那些不能从正面对当事人行使异议权和挑战权的期限作出规定的情形，对当事人可放弃的事项也应作出明确规定。例如可以规定："参加仲裁程序的当事人不立即或不在仲裁协议约定或仲裁规则、仲裁庭及本法规定的期限内对下列情形提出异议的，该当事人不得再向仲裁庭提出该异议或以存在下列情形为理由申请撤销仲裁裁决或抗辩仲裁裁决的执行，除非当事人能证明其在法定、约定或合理的期限内不知道下列情形的存在，或非因自己的原因没有提出异议：（一）仲裁协议无效；（二）裁决的事项不属于仲裁协议的范围或者仲裁委员会无权仲裁；（三）仲裁庭的组成或仲裁的程序违反法定程序；（四）当事人因仲裁委员会或仲裁庭的原因未能陈述意见。"

我国 2012 年《贸仲规则》第 10 条规定："一方当事人知道或理应知道本规则或仲裁协议中规定的任何条款或情事未被遵守，仍参加仲裁程序或继续进行仲裁程序而且不对此不遵守情况及时地、明示地提出书面异议的，视为放弃其提出异议的权利。"即随后当事人再以程序违背正当程序的要求申请撤销或不予执行裁决的，法院很可能就不再支持当事人的请求。2012 年和 2015 年《贸仲规则》第 9 条专门规定了"诚实信用"，即"仲裁参与人应遵循诚实信用原则，进行仲裁程序"。2021 年《征求意见稿》第 33 条规定："一方当事人知道或者应当知道仲裁程序或者仲裁协议中规定的内容未被遵守，仍参加或者继续进行仲裁程序且未及时提出书面异议的，视为其放弃提出异议的权利。"

可见，仲裁规则和 2021 年《征求意见稿》都要求当事人遵守仲裁的正当程序要求，在仲裁程序的推动上应本着诚实信用原则合作，合理、合法利用仲裁规则，不得恶意拖延或破坏仲裁程序，那么弃权制度的建立在一定程度上可以遏制当事人这种不诚信行为。

二、正当程序下有关仲裁庭制度的完善

下面就我国应完善的几个具体制度予以分析介绍。

（一）完善关于有效通知和送达的立法

在国际商事仲裁中，只有有效实际的送达，当事人才能顺利地参加仲裁程序实现自己的权利，这是国际商事仲裁程序的基本要求之一。

仲裁文件若没有有效地送给当事人，当事人则失去一起仲裁的权利，

我国法律只是规定有此情形出现的仲裁裁决可以被撤销或不予执行，但《仲裁法》和《民事诉讼法》都没有具体规定有效送达的标准。

其一，送达方式。仲裁规则规定的送达方式有两种：当面送达和邮寄送达。邮寄送达的方式不同、规则界定不同。

其二，送达地址。根据 2015 年施行的《贸仲规则》第 8 条，送达地址确定的方式有：

（1）当事人或其仲裁代理人自行提供的或当事人约定的地址。

（2）当事人或其仲裁代理人没有提供地址或当事人对地址没有约定的，按照对方当事人或其仲裁代理人提供的地址发送。

（3）双方当事人均未提供地址的，送达地址应是发送对象的营业地、注册地、住所地、惯常居住地、身份证载明的地址、户籍所在地、合同约定的通信地址等。

其三，成功送达，文件当面送给当事人提供的地址或查明的地址成功送达给当事人，且当事人或其代理人已经在送达回证上签字或盖章并注明签收日期的，则视为成功送达。

其四，如经对方当事人合理查询不能找到上述任一地点，仲裁委员会仲裁院以挂号信或特快专递或能提供投递记录的包括公证送达、委托送达和留置送达在内的其他任何手段投递给收件人最后一个为人所知的营业地、注册地、住所地、惯常居住地或通信地址，即视为有效送达。可见，这里的合理查询责任在于对方当事人。

2021 年《征求意见稿》第 34 条充实了有关送达方式和送达地址的规定，进一步明确了有效送达的标准，非常值得肯定。

（二）有关临时性保全措施发布与实施的完善

依照我国《仲裁法》的立法，当事人申请证据和财产保全临时措施的，仲裁机构无权直接发布命令，临时保全措施的实施机关只能是人民法院。我国《仲裁法》的这一规定，一是不符合国际商事仲裁的惯用做法；二是与仲裁效率的价值相违背，因当事人申请证据和财产保全的，要先将材料提交给仲裁机构，由仲裁机构再提交给法院，这样势必会损害效率；三是我国的这一规定不利于保护申请人的利益，因我国法律不允许申请人在仲裁之前申请保权措施，而只能在当事人申请仲裁之后提出，这样被申请人早就利用时间转移了财产和毁灭了证据。

2013年的《民事诉讼法》是我国首次对仲裁前给予财产和证据保全措施作出规定，而我国《仲裁法》只对仲裁程序过程中的保全措施作出了规定，使得在实践中，申请保全措施的一方很难达到保全证据和财产的目的，《仲裁法》作为特别法应跟上步伐，完善对仲裁保全措施的规定。我国民诉法把决定采取财产保全的权力交给了人民法院。其实在我国，早在1958年的《关于在中国国际贸易促进委员会内设立海事仲裁委员会的决定》中就有赋予仲裁委员会主席可以决定临时措施的规定，我国应该把裁定商事仲裁程序中的财产保全的权力直接交给具体负责审理有关商事仲裁案件的商事仲裁庭。《中国(上海)自由贸易试验区仲裁规则(2014)》终于实现了这一规定，认可财产保全是仲裁庭的权力，是仲裁庭在行使仲裁权的体现，法院也对仲裁庭权力予以支持和保证，再次说明，仲裁庭是仲裁的主体。这一点在征求意见稿中也得到了认同，意见稿对保全与其他临时措施进行整合，赋予了仲裁庭对临时措施的决定权，并将请求采取临时措施的时间由仲裁程序过程中提前至仲裁前。但意见稿没有明确对于法院和仲裁庭均享有决定权的情况下是否可以同时向二者提出申请，如若可以，在二者决定存在冲突时应当优先执行哪一决定的问题。

三、法院对正当程序监督与协助制度的完善

关于内国法院和国际商事仲裁的关系，人们在界定时使用了各种不同的表述，其中常用的有司法干预、司法审查、司法监督、司法支持、司法协助、司法介入等。其中，司法介入的表述较全面，国际商事仲裁中的司法介入，泛指内国法院对于国际商事仲裁所施加的各类积极性或消极性的法律影响，一般而言具有两方面的含义：一方面是法院赋予国际商事仲裁的支持与协助，如命令当事人依仲裁协议将争议提交仲裁、任命更换仲裁

庭/仲裁员、在仲裁中实施保全措施、承认和执行仲裁裁决等；另一方面是法院对国际商事仲裁的监督和控制，如拒绝承认与执行仲裁裁决、撤销或宣布仲裁裁决无效、裁定重新仲裁等。①

仲裁庭的组成是正当程序的基础堡垒，很多学者认为，对于仲裁庭的组成当事人起着重要的作用。② 但是若当事人没有指定或没有就此问题达成一致意见时，仲裁将面临如何解决该问题的困境，这时便需要内国法院的帮助。目前，国际条约并未明确规定国内法院有权指定仲裁员，如 1958年《纽约公约》和 1961 年《关于国际商事仲裁的欧洲公约》。1965 年《华盛顿公约》规定，若仲裁庭不能如期组成，由国际投资争议解决中心行政理事会主席任命。公约中，只有《UNCITRAL 示范法》明确规定了如何任命仲裁员的问题，并对没有约定的情况下如何解决这一问题给出了答案。可见，多数国际公约将此问题留给了各内国法来规制法院协助仲裁庭的组成。多数仲裁制度发达的国家都依法赋予法院根据申请协助或直接任命仲裁员的权力，如美国、英国、法国、瑞士、意大利等，我国法律没有赋予法院指定仲裁员或撤换仲裁员的权力，而是交由仲裁委员会主任行使，这一立法内容会增加当事人选择在我国仲裁的成本，不利于我国仲裁事业的发展。

合并仲裁是仲裁制度发展的趋势，其中离不开法院的协助。我国《仲裁法》没有作出关于合并仲裁的明确规定，但随着尊重当事人意思自治的思想不断深入，我国将不会排斥合并仲裁。目前，已有许多仲裁机构的仲裁规则对合并仲裁进行了规定，但毕竟仲裁规则的效力远不及仲裁法，我国应在仲裁法中明确规定合并仲裁制度，以免在实务中产生冲突。

法院对正当程序的监督主要通过对国际商事仲裁裁决进行司法审查进

---

① 申黎：《国际商事仲裁的司法介入制度研究》，华东政法大学 2012 年博士学位论文，第 17 页。

② Gary B. Born, *International Commercial Arbitration in the United States—Commentary & Materials*, Deventer；Boston：Kluwer Law and Taxation Publishers，1994，p731.

行的。对于涉外仲裁裁决的司法追诉制度，我国法律分别规定了撤销仲裁裁决和裁定不予执行仲裁裁决两种方式，而且对这两项司法追诉规定的异议成立理由是相同的。当事人依法既可以申请撤销仲裁裁决，也可以申请裁定不予执行，理论上存在着法院对同一裁决实施两次介入的可能性。2021 年《征求意见稿》中为此删除了申请不予执行的制度，这一方式有利于提高仲裁执行效率，遏制投机和拖延行为，但同时也存在仲裁裁决纠错机制减少，国内外仲裁裁决执行审查标准不一致的问题。我国仲裁法应明确两种司法追诉的关系，防止正当程序遭到破坏。

四、中国《仲裁法》正当程序制度有关条款的构建

（1）我国《仲裁法》在第 25 条后应增加一款明确受理仲裁通知的发送时间，以及明确向被申请人发送受理案件的通知时间，条款可以设计为："仲裁委员会应当在申请仲裁的手续已完备后的 5 日内发出受理通知，随附仲裁规则、仲裁员名册、仲裁费用表。仲裁机构在向申请人发出受理案件的通知后 5 日内向被申请人发送仲裁通知，随附仲裁申请书及附件材料、仲裁规则、仲裁员名册、仲裁费用表。"

（2）我国《仲裁法》在第 25 条后应增加一款明确被申请人答辩的期限和发送给申请人答辩书的期限，条款设计为："被申请人应在收到仲裁通知之日起 45 日内向秘书处提交答辩书；对于国内争议案件，期限为 20 日。仲裁委员会应当自收到答辩书之日起十日内将答辩书副本及其附具的证据材料送达申请人。"2021 年《征求意见稿》也没有明确被申请人答辩的期限和发送给申请人答辩书的期限这两个期限。

（3）我国《仲裁法》应在第 41 条中明确通知给当事人开庭的时间，以及当事人有正当理由申请延期开庭的时间，条款设计为："仲裁案件第一次开庭审理的日期，经仲裁庭决定后，由秘书处在开庭前 20 日通知双方当事人；对于国内争议案件，由秘书处在开庭前 15 日通知双方当事人。当事人有正当理由的，可以请求延期开庭，但必须在开庭前 7 日以书面形式向仲裁庭提出；是否延期，由仲裁庭决定。"

(4)我国《仲裁法》第 34 条没必要用"必须回避"的措辞，申请仲裁员回避是当事人的权利，那么当事人当然也可以放弃自己的这种权利，第 34 条可以改为："仲裁员应当不偏不倚，如存在可能减损对仲裁员公正性的信任的事由，经当事人请求，仲裁员应回避。"另外，我国原《仲裁法》缺少对披露制度的规定，征求意见稿已在第 52 条增补了对披露制度的规定，并且征求意见稿还明确了当事人自接到仲裁员的披露后，若要行使申请仲裁员回避的权利，征求意见稿给当事人限定了十日的时间，若当事人没有在规定的时间内行使申请回避的权利，那么当事人将丧失此项权利。

(5)关于证据规则，笔者认为我国《仲裁法》应借鉴英国 1996 年仲裁法的规定，建议拟定的条款为："在不违背当事人有权商定任何事项的前提下，仲裁庭可以决定所有程序和证据事项。包括：(a)何时何地进行任何程序。(b)程序中使用的一种或数种语言及是否须提供相关文件的翻译。(c)是否采用及采用何种形式的书面请求和答辩、何时提交此类文件及之后能在多大程度上予以修改。(d)当事人在何阶段披露何种文件或文件类别及是否应由当事人提供。(e)何种问题应由当事人何时并以何种形式互相询问并回答。(f)当事人就事实或意见的任何事项所提交的材料(口头、书面或其他形式)的可采信性、相关性或重要性是否适用严格证据规则(或其他规则)，此类材料相互交换和出示的时间、方式和形式。(g)是否及在何种程度上仲裁庭可以主动确定事实和法律。(h)是否及在何种程度上应提交口头或书面证据或材料。仲裁庭应当确定当事人遵守其指令的期限，并可在其认为适当时延长所确定的期限。"

(6)针对弃权规则，笔者建议拟定的法条为："当事人一方若知道有规定的要求未得到遵守，但仍继续进行仲裁而没有在仲裁规则规定的时限内对此种不遵守的行为提出异议，则应视为已放弃自己提出异议的权利。"2021 年《征求意见稿》第 33 条有类似的规定，但是《征求意见稿》没有明确规定当事人放弃异议权的范围，在这种情况下，用"若知道有规定的要求未得到遵守"涵盖的范围更广，并且，《征求意见稿》没有规定当事人行使异议权的期限，这样在实践过程中可能会造成一些不必要的障碍。

（7）关于有效通知和送达，我国《仲裁法》应增加的条款可拟定为："当事人可自由约定通知或其他文件送达的方式。若无约定，可以适用以下规定：（1）通知或其他文件可以任何有效方式送达个人。（2）如果通知或其他文件写明地址并预付邮费，以邮递方式寄送至下列地址，应被视为有效送达：（a）收信人最后为人所知的主要居住地，或如其正在或已在从事贸易、职业或商业活动，则为其最后一个为人所知的主要营业地，或（b）如收信人是法人组织，则为其登记注册地或主要办公地。"目前，征求意见稿第34条补充了类似的规定，充实了有关送达方式和送达地址的规定，进一步明确了有效送达的标准，非常值得肯定。

（8）就仲裁程序的合并，我国《仲裁法》可以规定："仲裁庭可以依据当事人的合意决定是否合并审理两个相关联的案件。"

（9）目前在处理多方当事人仲裁活动中，往往无法提供令人满意的解决方案，① 众多国家已接纳强制性合并仲裁，并且这种趋势已得到众多学者的肯定。② 我国《仲裁法》应接纳仲裁第三人制度，可拟定的条款为"仲裁庭可以根据当事人的合意决定是否增加仲裁案件的当事人，仲裁庭组成前，可由秘书处作出决定，但是相关的当事人得自愿放弃一些选择仲裁员的权利"。

（10）我国《仲裁法》可尝试建立友好仲裁制度，拟设定的条款为："依据当事人的合意，仲裁庭可仅依据公允善良的原则作出裁决，但不得违反法律的强制性规定和社会公共利益。"

五、刑事规范对国际商事仲裁正当程序的规制

我国目前对于仲裁程序的调整主要以《民事诉讼法》《仲裁法》为依据，

---

① Philippe Leboulanger, Multi-Contract Arbitration, *Journal of International Arbitration*, Vol. 43, 1996, p43.

② S. I. Strong, Intervention and Joinder as of Rifht in International Arbitration: An Infringement of Individual Contract Right or a Proper Equitable Measure? *Vand. J. Trananat'l L.*, Vol. 31, 1998, p915, p962.

加之学界对于仲裁"民间性"的强调，作为国家公权力代表的刑法规范对国际商事仲裁正当程序的维护和规制一直处于被忽略的状态。然而仅以民事途径对权利被侵害人加以救济，不足以遏制破坏仲裁正当性行为的出现，缺乏司法威慑力，有必要明确刑法对仲裁程序的规制，重视刑法对仲裁的介入。刑法作为兜底性法律，对社会各领域内具有一定危害的行为均有权加以规制，国际商事仲裁虽含有涉外因素，但其中关涉中国国家和公民利益的行为仍需遵从刑法的强制性规定。仲裁程序正当性的实现依赖于仲裁活动的各方参与者，对仲裁参与者的刑事规制能够督促其遵循仲裁法和仲裁规则从而保障仲裁程序的正当性。此外，刑法对于不在刑法框架内进行的仲裁活动的否定评价能够有效阻断非正义仲裁结果的生效。

我国《刑法》第 399 条之一对依法承担仲裁职责的人员故意违背事实和法律实施枉法仲裁的行为作出了专门规定。该法条以是否承担仲裁职责为限定，使得犯罪主体不仅限于仲裁员，还包括仲裁委员会主任、秘书长、专家委员会成员等。[①] 这意味着刑事规范对仲裁活动的规制不仅限于裁决阶段，对于仲裁申请的受理、送达以及财产保全、仲裁员的回避和制定、仲裁庭的组成和开庭等法定程序的违反同样可能受到刑法处罚，如仲裁员王某某因批准受理不符合仲裁受理范围的案件构成枉法裁判罪。[②] 仲裁人员必须依照法律规定的仲裁程序展开活动，否则渎职严重者将要承担枉法仲裁的刑事责任。

除履行仲裁职责的人员外，仲裁当事人及证人也是影响仲裁程序正当性的关键因素，许多当事人为了获取非法利益，联合证人虚构事实或自认不利事实、伪造证据，借仲裁裁决申请强制执行，严重干扰了正当的仲裁程序，损害了仲裁公信力。对此我国刑法并未规定专门的虚假仲裁罪，虚假诉讼罪的适用范围仅限于民事诉讼，根据当事人及证人的虚假仲裁表现，可以诈骗罪、帮助毁灭、伪造证据罪、伪造公司、企业、事业单位、

[①]　余文权：《枉法仲裁罪法律适用问题探析》，载《人民检察》2013 年第 17 期，第 61 页。

[②]　安徽省桐城市人民法院〔2019〕皖 0881 刑初 73 号刑事判决书。

人民团体印章罪等罪名加以处罚。但这些罪名对于虚假仲裁行为及法益不能进行完整评价，并且在司法实践中存在一定争议，对于维护国际商事仲裁的正当程序缺乏直接的刑事震慑力。

在商事仲裁程序中，当事人与仲裁员间的贿赂往来也对仲裁程序存在间接影响，仲裁员因金钱利益诱惑违反法定程序对仲裁案件的受理、推进和协调进行关照的情况屡见不鲜，而仲裁法对于实施了贿赂行为的仲裁当事人缺乏规制能力，对受贿的仲裁员至多予以解聘，缺乏惩戒和预防的效果。刑法根据仲裁员是否为国家工作人员，可以受贿罪、非国家工作人员受贿罪对仲裁员予以处罚，对仲裁当事人可以行贿罪、向非国家工作人员行贿罪予以处罚。仲裁人员在缺乏利益驱动的情况下，其主动违反正当仲裁程序的可能性大大降低，能够间接实现刑法对程序正当性的规制效果。

参 考 文 献

一、著作类

[1] 崔起凡：《国际商事仲裁法中的证据问题研究》，浙江工商大学出版社 2013 年版。

[2] 邓瑞平：《国际商事仲裁法学》，法律出版社 2010 年版。

[3] 杜新丽：《国际民事诉讼和商事仲裁》，中国政法大学出版社 2005 年版。

[4] 杜新丽：《国际商事仲裁理论与实践专题研究》，中国政法大学出版社 2009 年版。

[5] 范春莹：《法律思维研究》，法律出版社 2012 年版。

[6] 冯玉军：《法经济学范式》，清华大学出版社 2009 年版。

[7] 韩健：《现代国际商事仲裁法的理论与实践》，法律出版社 2000 年版。

[8] 何家弘主编：《证据法学研究》，中国人民大学出版社 2007 年版。

[9] 黄进主编：《国际商事争议解决机制研究》，武汉大学出版社 2010 年版。

[10] 黄亚英：《商事仲裁前沿理论与案例》，中国民主法制出版社 2013 年版。

[11] 姜霞：《仲裁司法审查程序要论》，湘潭大学出版社 2009 年版。

[12] 寇丽：《现代国际商事仲裁法律适用问题研究》，知识产权出版社 2013 年版。

[13] 李虎：《网上仲裁法律问题研究》，中国民主法制出版社 2006 年版。

［14］林一飞：《国际商事仲裁法律与实务》，中信出版社 2005 年版。

［15］林一飞：《中国国际商事仲裁裁决的执行》，对外经济贸易大学出版社 2006 年版。

［16］林一飞：《仲裁裁决抗辩的法律与实务》，武汉大学出版社 2008 年版。

［17］林一飞：《最新商事仲裁与司法实务专题案例》（第四卷），对外经济贸易大学出版社 2010 年版。

［18］刘仁山：《国际私法》，中国法制出版社 2019 年版。

［19］刘晓红、袁发强：《国际商事仲裁法案例教程》，北京大学出版社 2018 年版。

［20］刘晓红：《国际商事仲裁协议的法理与实证》，商务印书馆 2005 年版。

［21］刘晓红主编：《国际商事仲裁专题研究》，法律出版社 2009 年版。

［22］卢云华、沈四宝：《在线仲裁研究》，法律出版社 2009 年版。

［23］马占军：《仲裁法修改新论》，法律出版社 2011 年版。

［24］齐湘泉：《外国仲裁裁决承认及执行论》，法律出版社 2010 年版。

［25］乔欣：《仲裁权研究——仲裁程序公正与权力保障》，法律出版社 2001 年版。

［26］乔欣主编：《比较商事仲裁》，法律出版社 2004 年版。

［27］乔欣主编：《和谐文化理念视角下的中国仲裁制度研究》，厦门大学出版社 2011 年版。

［28］乔欣著：《仲裁权论》，法律出版社 2009 年版。

［29］石现明：《国际商事仲裁当事人权利救济制度研究》，人民出版社 2011 年版。

［30］石育斌：《国际商事仲裁第三人制度比较研究》，上海世纪出版集团 2008 年版。

［31］石育斌：《国际商事仲裁研究》，华东理工大学出版社 2004 年版。

［32］史飚：《商事仲裁监督与制约机制研究》，知识产权出版社 2001 年版。

［33］宋航：《国际商事仲裁裁决的承认与执行》，法律出版社 2000 年版。

［34］宋连斌、林一飞：《国际商事仲裁——新资料选编》，武汉出版社

2001 年版。

[35]宋连斌、林一飞:《国际商事仲裁资料精选》,知识产权出版社 2004 年版。

[36]宋连斌:《国际商事仲裁管辖权研究》,法律出版社 2000 年版。

[37]宋连斌主编:《仲裁法》,武汉大学出版社 2010 年版。

[38]汪祖兴:《中国仲裁制度的境遇及改革要略》,法律出版社 2010 年版。

[39]魏建:《法经济学:分析基础与分析范式》,人民出版社 2007 年版。

[40]徐伟功:《国际商事仲裁理论与实务》,华中科技大学出版社 2017 年版。

[41]谢石松:《商事仲裁法学》,高等教育出版社 2003 年版。

[42]谢新胜:《国际商事仲裁程序法的适用》,中国检察出版社 2009 年版。

[43]徐亚文:《程序正义论》,山东人民出版社 2004 年版。

[44]许进胜、陈曦:《中国涉外商事仲裁实务指引》,法律出版社 2014 年版。

[45]扬帆:《商事仲裁国际理事会之 1958 纽约公约释义指南:法官手册》,法律出版社 2014 年版。

[46]杨弘磊:《中国内地司法实施视角下〈纽约公约〉问题研究》,法律出版社 2006 年版。

[47]杨良宜、莫世杰、杨大明:《仲裁法——从 1996 年英国仲裁法到国际商务仲裁》,法律出版社 2006 年版。

[48]杨良宜、莫世杰、杨大明:《仲裁法——从开庭审理到裁决书的作出与执行》,法律出版社 2010 年版。

[49]杨玲:《国际商事仲裁程序研究》,法律出版社 2011 年版。

[50]杨树明:《国际商事仲裁法》,重庆大学出版社 2002 年版。

[51]尹力:《国际商事调解法律问题研究》,武汉大学出版社 2007 年版。

[52]于喜富:《国际商事仲裁的司法监督与协助——兼论中国的立法与司法实践》,知识产权出版社 2006 年版。

[53]张斌生主编:《仲裁法新论(第三版)》,厦门大学出版社 2008 年版。

[54] 张圣翠：《国际商事仲裁强行规则研究》，北京大学出版社 2007 年版。

[55] 张文显：《法学概论》，高等教育出版社 2004 年版。

[56] 赵健：《国际商事仲裁的司法监督》，法律出版社 2000 年版。

[57] 赵生祥主编：《海峡两岸商务仲裁制度比较研究》，法律出版社 2010 年版。

[58] 赵相林：《国际私法》，中国政法大学出版社 2000 年版。

[59] 赵秀文：《国际商事仲裁案例解析》，中国人民大学出版社 2005 年版。

[60] 赵秀文：《国际商事仲裁法原理与案例教程》，法律出版社 2010 年版。

[61] 赵秀文：《国际商事仲裁及其法律研究》，北京大学出版社 2002 年版。

[62] 赵秀文：《国际商事仲裁现代化研究》，法律出版社 2010 年版。

[63] 赵秀文：《国际商事仲裁法》，中国人民大学出版社 2008 年版。

[64] 赵秀文：《国际商事仲裁法》（第三版），中国人民大学出版社 2012 年版。

[65] 中国国际经济贸易仲裁委员会编：《〈纽约公约〉与国际商事仲裁的司法实践》，法律出版社 2010 年版。

[66] 钟澄：《国际商事仲裁中的弃权规则研究》，法律出版社 2012 年版。

[67] 朱建林主编：《国际商事案例选评》（第 2 版），对外经济贸易大学出版社 2010 年版。

[68] 朱克鹏：《国际商事仲裁法律适用》，法律出版社 1999 年版。

[69] 朱莉：《管辖权、法律选择方法与规则的经济学分析》，法律出版社 2008 年版。

[70] ［法］菲利普·福盖德、依曼纽尔·盖拉德、贝托尔德·戈德曼：《国际商事仲裁》，中信出版社 2004 年版。

[71] ［法］盖拉德：《国际仲裁的法理思考和实践指导》，黄洁译，北京大学出版社 2010 年版。

[72] ［美］E. 博登海默：《法理学：法律哲学与法律方法》，邓正来译，中国政法大学出版社 1999 年版。

[73] ［美］道格拉斯·G. 拜尔、罗伯特·H. 格特纳、兰德尔·C. 皮克：

《法律的博弈分析》，法律出版社 2006 年版。

[74]［美］德拉奥萨：《国际仲裁科学探索：实证研究精选集》，陈福勇、
丁建勇译，中国政法大学出版社 2010 年版。

[75]［美］圭多·卡拉布雷西：《理想、信念、态度与法律——从私法视角
看待一个公法问题》，胡小倩译，北京大学出版社 2012 年版。

[76]［美］杰瑞·L. 马肖：《行政国的正当程序》，沈岿译，高等教育出版
社 2005 年版。

[77]［美］罗斯科·庞德：《法理学》，封丽霞译，法律出版社 2008 年版。

[78]［美］迈克尔·D. 贝勒斯：《法律的原则——一个规范的分析》中国大
百科全书出版社 1996 年版。

[79]［美］斯蒂文·G. 米德玛：《科斯经济学——法与经济学和新制度经济
学》，罗君丽、李井奎、茹玉骢、张旭昆译，上海三联书店 2007
年版。

[80]［日］谷口安平：《程序的正义与诉讼》，王亚新、刘荣军译，中国政
法大学出版社 1996 年版。

[81]［日］棚濑孝雄：《纠纷的解决与审判制度》，王亚新等译，中国政法
大学出版社 2004 年版。

[82]［西］帕德罗·马丁内兹-弗拉加：《国际商事仲裁——美国学说发展与
证据开示》，蒋小红、谢新胜等译，中国社会科学出版社 2009 年版。

[83]［英］艾伦·雷德芬、马丁·亨特：《国际商事仲裁法律与实践》（第四
版），林一飞等译，北京大学出版社 2005 年版。

[84] 克里斯多佛·R. 德拉奥萨、理查德·W. 奈马克：《国际仲裁科学探
索：实证研究精选集》，陈福勇等译，中国政法大学出版社 2010
年版。

二、论文类

[1] 崔起凡：《论国际商事仲裁中证据的可采性》，载《西南政法大学学报》
2012 年第 4 期。

［2］郭剑伟：《浅析仲裁第三人制度的构建》，载《长春教育学院学报》2012年第1期。

［3］韩成军：《国际商事仲裁规则中庭审程序法律问题研究》，载《河北法学》2012年第7期。

［4］华倩：《论国际商事仲裁中强行法的适用》，载《云南财经大学学报（社会科学版）》2012年第5期。

［5］姜茹娇：《国际商事仲裁的自裁管辖权原则探析——兼议我国〈仲裁法〉的完善》，载《重庆师范大学学报（哲学社会科学版）》2012年第4期。

［6］刘群芳：《我国重新仲裁的若干法律问题探讨》，载《北京仲裁》第81辑。

［7］吕悦、彭剑波：《〈国际商事仲裁示范法〉与中国仲裁法关于临时措施的比较研究》，载《法制与经济》2012年第12期。

［8］王瀚、李广辉：《论仲裁庭自裁管辖权原则》，载《中国法学》2004年第2期。

［9］杨玲：《论国际商事仲裁程序的开始——兼评中国仲裁机构的实践》，载《西北大学学报（哲学社会科学版）》2012年1月。

［10］张圣翠：《论我国仲裁裁决撤销制度的完善》，载《上海财经大学学报（哲学社会科学版）》2012年第1期。

［11］张圣翠：《仲裁员与调解员身份互换规范的比较与借鉴》，载《政治与法律》2012年第8期。

三、英文类

（一）Works

［1］Anne Marie Whitesell, *Multiparty Arbitration：The ICC International Court of Arbitration Perspective*, *in multple Party Actions In International Arbtration*, Permanent Court of Arbitration, 2009.

［2］Arthur T. von Mehren, *International Commercial Arbitration：A Transna-*

tional Pespective, West, 2009.

[3] Bruce Harris, Rowan Planterose & Jonathan Tecks, *The Arbitration Act 1996, a Commentary*, Blackwell Science, 2007.

[4] Claudia Alfons, *Recognition and Enforcement of Armulled Foreign Arbitral Awards*, Peter Lang, 2010.

[5] Gary B. Bom, *International Commercial Arbitration*, Wolters Kluwer Law & Business, 2009.

[6] James H. Carter, *The International Arbitration Review*, Law Business Research, 2012.

[7] Jerome A. Cohen, *Arbitration in China: A Practical Guide*, Sweet & Maxwell Asia, 2004.

[8] Katherine V. W. Stone, *Arbitation Law*, Foundation Press, 2003.

[9] Laurent Levy, V. V. Veeder, *Arbitration and Oral Evidence*, ICC Publishing S. A. , 2005.

[10] M. Kurkela and S. Turunen, *Due Process in International Commercial Arbitration*, Oxford University Press, 2010.

[11] Margaret L. Moses, *The Principles and Practice of International Commercial Arbitration*, Cambridge University Press, 2008.

[12] Nigel Blackaby, Constantine Partasides, Alan Redfem, and Martin Hunter, *Redfem and Hunter on International Arbitration*, Oxford University Press, 2009.

[13] Patricia Nacimiento and Alexey Barnashov, *Recognition and enforcement of arbitral awards in Russia*, International Arbitration, 2010.

[14] Robert Merkin, *Arbitration Law*, Informal Legal Publishing, 2004.

[15] Rufus V. Rhoades, Daniel M. Kolkey, Richard Chernick, *Practitioner's Handbook on International Arbitration and Mediation*, Oxford University Press, 2007.

[16] SI Strong, *Research and Practice in International Commercial Arbitration*,

Oxford University Press, 2009.

[17] Teresa Giovannini and Alexis Mourre, *Written Evidence and Discovery in International Arbitration: New Issues and Tendencies*, ICC Publishing S. A. , 2009.

[18] Tibor Varady, *International Commercial Arbitration: A Transnational Perspective*, Thomson, 2006.

(二) Papers

[1] Alexis Mourre, Valentine Chessa, The new French Arbitration Law: Innovation & Consolidation, *Dispute Resolution Journal*, 2011.

[2] Anna Chuwen Dai, The Reach of an Arbitration Clause: Concerning Several Agreements in One Business Transaction, *Australasian Dispute Resolution Journal*, 2012.

[3] Anthony Connerty, The 2012 revision of the CIETAC Arbitration Rules: A Look at the Most Significant Changes, *Dispute Resolution Journal*, 2012.

[4] Anthony Connerty, The 2012 Revision of the CIETAC Arbitration Rules: A Look at the Most Significant Changes, *Dispute Resolution Journal*, 2012.

[5] Constantine Partasides, The Selection, Appointment and Challenge of Arbitrators, 5 *V. J.* 2001.

[6] Eric A Schwartz, Is Procedure Really Neutral? The Seat: Does It Matter? ATale of More than Two Cities, *Dispute Resolution International*, 2012.

[7] Erin Collins, Pre-tribunal Emergency Relief in International Commercial Arbitration, *Loyola University Chicago International Law Review*, 2012.

[8] Jason Fry, Interim Measures of Protection: Recent Development and the Way ahead, *International Arbitration Law Review*, 2003.

[9] Jingzhou Tao, Salient Issues in International Commercial Arbitration: Salient issues Arbitration in China, *American University International Law Review* 807, 2012, 27.

[10] John Yukio Gotanda, An Efficient Method for Determing Jurisdiction in International Arbitrators, *Columbia Journal of Transnational Law*, 2001.

[11] Ling Li, Binding Effect of Arbitration Clauses on Holders of Bills of Lading as Nonoriginal Parties and a Potential Uniform Approach Through Comparative Analysis, *Tulane Maritime Law Journal*, 2012.

[12] Luc Bigel, Julien Soupizet, Todd J. Fox, The New Law of Arbitration in France: New Features to Reaffirm Paris as a Venue for International Arbitration, *International Law Practicum*, 2012.

[13] Neelanjan Maitra, Domestic Court Intervention in International Arbitration: The English View, *Journal of International Commercial Arbitration*, 2006.

[14] Norah Gallagher, Legal Privilege in International Arbitration, *International Arbitration Law Review*, 2003.

[15] Sarah Rieko MacLean, CIETAC, From Underdog to Role Model: Bringing the ICC Back to the Forefront in the Field of International Arbitration, *Gonzaga Journal of International Law*, Fall, 2012.

[16] Simon Greenbeg, The Law Applicable to the Merits in International Arbitration, *V. J.*, 2004.

[17] Song Lu, The New CIETAC Arbitration Rules, *Journal of International Arbitration*, 2012.

[18] William H. Knull, Ⅲ and Noah D. Rubins, Betting the Farm on International Arbitration: Is It Time to Offer an Appeal Option? *The American Review of International Arbitration*, 2000.

[19] Xi Lian, Cross-Cultural Perspectives on the Business Dispute Resolution System in China, *Contemporary Readings in Law and Social Justice*, 2012.

[20] Yifei Lin, Judicial Review of Arbitration Agreements in China, *Arbitration International*, 2012.

四、公约类

[1] 1923 年《日内瓦议定书》(仲裁条款议定书)。

[2]1927 年《日内瓦公约》(执行外国仲裁裁决公约)。

[3]1958 年《纽约公约》。

[4]1965 年《华盛顿公约》(即《解决国家与他国国民间投资争议的公约》)。

[5]1961 年《关于国际商事仲裁的欧洲公约》。

[6]1975 年《美洲国家间关于国际商事仲裁的公约》。

[7]1991 年《南方共同市场国际商事仲裁公约》。

[8]1987 年《阿曼阿拉伯国家商事仲裁公约》。

[9]1985 年《联合国国际商事仲裁示范法》。

五、网络资源

[1]http：//www. china-arbitration. com 中国仲裁网。

[2]http：//lab. ccpit. org 中国国际贸易促进委员会(中国国际商会)。

[3]http：//www. cietac. org. cn 中国国际经济贸易仲裁委员会网站。

[4]http：//www. bjac. org. cn 北京仲裁委员会网站。

[5]http：//www. iccwbo. org 国际商会国际仲裁院网站。

[6]http：//www. hcch. net/index_en. php？ act = home. splash 海牙国际私法
会议官方网站。

[7]http：//www. wto. org/english/res_e/res_e. htm 世界贸易组织官方网站。

[8]http：//europa. eu/index_en. htm 欧盟官方网站。

[9]http：//www. unidroit. org/dynasite. cfm 国际统一私法协会官方网站。